中国地方志学会年鉴工作专业委员会第二届学术研讨会论文集

中国地方志指导小组办公室
中国地方志学会年鉴工作专业委员会 编

社会科学文献出版社
SOCIAL SCIENCES ACADEMIC PRESS(CHINA)

中国地方志学会年鉴工作专业委员会第二届学术研讨会论文集

主　编　田　嘉　李富强

副主编　杨军仕

编　辑　曲　巍　和卫国　杨卓轩

目 录
CONTENTS

全面总结年鉴研究成果，推动年鉴研究的

 进一步深入（代序） ………………………………… 田　嘉／1

·年鉴基础研究

宋代《年鉴》一书考略 ……………………………… 牟国义／3
论年鉴的功能 ………………………………………… 阳晓儒／19
谈地方综合年鉴服务功能的扩展 …………………… 黄　铭／29
年鉴创新研究综述 …………………………………… 刘　波／38
年鉴规范与创新关系研究 …………… 贾大清　阮关水　孙　婧／74
地方综合年鉴生命力保证的思考 …………………… 边丽君／80
地方综合年鉴入史论 ………………………………… 刘善泳／86
试论年鉴编写与续志的衔接 ………………………… 欧长生／92
关于年鉴人文灵魂的思考 …………………………… 韩　锴／97
借鉴方志学，构建年鉴学
 ——初论构建中国年鉴学学科理论体系与学科
 结构体系 …………………………………………… 陆　奇／104

• 年鉴编纂研究

年鉴框架结构研究 …………………………………… 张　维 / 115

关于地方综合年鉴金融类目编纂的思考 ………………… 孙　祺 / 125

对地方综合年鉴下级行政区栏目编辑模式的思考
　　——兼论地方综合年鉴下级行政区栏目的条目
　　组合体系 ……………………………………………… 赵　峰 / 132

浅谈年鉴对非公有制经济内容的记述 …………………… 苏　颖 / 143

年鉴内容交叉重复研究综述 ……………………………… 郭进绍 / 148

从百科全书的条目性质来看年鉴的条目性质 …………… 许之标 / 153

如何撰写深度信息条目 …………………………………… 陈超萍 / 160

年鉴条目内容的编辑 ……………………………………… 王占生 / 169

年鉴大事记编写研究综述 ………………………………… 韩　真 / 175

年鉴检索系统研究综述 …………………………………… 康丽跃 / 181

地方综合年鉴相关链接的撰写 …………………………… 温长松 / 187

谈年鉴"千鉴一面"的现象 ……………………………… 唐剑平 / 193

中国长城年鉴编纂研究 …………………………………… 董耀会 / 200

与时俱进，传承创新
　　——《中国煤炭工业年鉴》三十年回顾与思考 …… 廖永平 / 206

年鉴资料搜集的缺陷和应对之策 ………………………… 丁惠义 / 212

• 年鉴工作管理研究

年鉴与时俱进的优势
　　——地方综合年鉴对地方志工作的重要作用初探 … 孙学民 / 221

浅谈县级年鉴现状及发展对策 …………………………… 王萍芳 / 226

年鉴编纂队伍建设研究 …………………………… 王振夫　赵健敏 / 239

如何编纂"主编主导型年鉴"
　　——浅谈年鉴主编应有的作用和素养 ……………… 马艾民 / 246

试论我国年鉴信息化建设的发展方向 …………………… 马驰原 / 252

论年鉴品牌创新和市场营销策划 …………………… 杨 隽 / 261
对年鉴读者定位的再认识 …………………………… 郑 彬 / 266
评奖：撬动年鉴编纂规范与创新的有效杠杆
　——以浙江省第三届年鉴优秀成果奖评奖活动为例 …… 颜越虎 / 273

附录　中国地方志协会年鉴工作专业委员会
　　　第二届学术研讨会纪要 ……………………………… 282
编后记 ……………………………………………………… 285

全面总结年鉴研究成果，推动年鉴研究的进一步深入①

（代　序）

田　嘉

中国地方志协会年鉴工作专业委员会（注：现更名为"中国地方志学会年鉴工作专业委员会"）第二届学术研讨会的主题是"年鉴研究的回顾与总结"。主要目的是期望通过对20世纪初尤其是80年代以来我国的年鉴研究成果，特别是重要学术观点的梳理、归纳、分析、评述，摸清家底，理清学术发展史，增强今后研究的前瞻性、计划性和针对性，推动年鉴研究的进一步深入，为推进年鉴学建设、提高年鉴编纂质量、保持年鉴事业持续繁荣打下坚实的理论基础。

回顾新中国成立前的年鉴学术发展史，综合现有的研究成果，一般认为，我国的年鉴研究从20世纪初奉天提学使卢靖倡导编译《新译世界统计年鉴》、《世界教育统计年鉴》、《欧美教育统计年鉴》开始。此后，伴随着不同种类年鉴的编纂出版，年鉴编纂者以及蒋梦麟、黎锦熙等一些参与志书编修的著名学者，通过撰写年鉴序言，拟订年鉴编辑凡例、例言，制订修志办法等途径，开展了对年鉴的探讨，在年鉴的起源、定义、功能、分类、编纂方法以及志鉴关系等方面，提出了许多颇有见地的观点和看法，如将年鉴定义为"综合一年来行政状况，一一撮其大要，或列为图

---

① 这是作者在中国地方志协会年鉴工作专业委员会第二届学术研讨会上的讲话文稿，收入本书时略有删改。

表,以供现代之研究,而备后来之取鉴者也"①;提出年鉴的功能不仅可以"不出户庭而周知天下"②,还能"明既往以测将来,资参校而谋改进"③,"其有功于政治、社会、历史者大"④,等等。应当指出,新中国成立前尤其是民国时期,虽然产生了许多有理论价值和借鉴意义的成果,对年鉴编纂实践起到了很好的指导作用,但总体来看,年鉴研究还是比较分散和零碎的。

中华人民共和国成立后的30年间,我国的年鉴研究基本处于沉寂状态。从20世纪80年代初开始,以《中国百科年鉴》等多家年鉴的创办,以及对它们的宣传报道和年鉴基础知识的介绍为标志,年鉴研究随着年鉴编纂热潮的不断涌现得到快速、深入发展。截至目前,据不完全统计,最近30多年来,全国共出版年鉴著述20多部,在各类报刊发表论文和相关文章近5000篇,成果内容涵盖年鉴基础研究、编纂研究和年鉴工作管理研究等方面。在学术研究上百花齐放、百家争鸣,学术观点既有共识也有争鸣,既有广度也有深度。

在年鉴基础研究方面:最近30多年来,年鉴界对年鉴的定义、性质、特征、功能、作用、类型,以及对年鉴发展史、志鉴关系等基本理论和基本概念的研究一直在进行,取得了较多的成果,并且在不断产生新的观点和看法。如年鉴的性质有资料性文献、资料性工具书、政府年度公报等多种观点,年鉴第一位的功能有为现实服务、为保存历史文献资料服务等不同看法。尤为可喜的是,有学者提出了年鉴学的概念,探讨了年鉴学的研究对象、研究范围及学科体系等问题,这无疑是我国年鉴理论研究中取得的重大成果。

在年鉴编纂研究方面:年鉴界对年鉴编纂理论的研究相当广泛,涉及年鉴编纂的各个环节、细节。比如年鉴的框架设计和栏目设置,资料的搜集、整理、辨析和选用,各部类内容的选取和记述,条目的编写和具体要

---

① 陶履谦:《内政年鉴》序。
② 卢靖:《新译世界统计年鉴》序。
③ 顾孟余:《铁道年鉴》第一卷序。
④ 熊希龄:《世界年鉴》序言。

素，特载、专文、专记、大事记、图表、附录等记述形式的运用，文体文风和数据使用，目录和索引的编制，编校质量和装帧设计，时代特征、年度特点和地方特色的把握，规范化与创新关系的处理，都有大量的文章论述，形成了许多较为成熟的观点，达成了很多一致的意见。

在年鉴工作管理研究方面：年鉴界针对社会环境、政策环境的不断变化，结合年鉴工作实际，研究了年鉴管理体制和运行机制等重大问题，提出了一些重要观点，如建立年鉴信息产业、建立年鉴发行集团、创建统一的数据资源库等观点；围绕年鉴的创新，促进年鉴读者多元化、出版形式多样化、品种多样化等观点；围绕提高年鉴质量，建立健全审读制度、人才培训制度、学术研讨制度等观点。

深入分析总结最近30多年来的年鉴研究，可以发现，有以下几个特点比较明显。

一是年鉴研究具有较强的时代性。突出时代性和年度性是年鉴编纂的基本要求，年鉴研究也要紧紧把握时代的脉搏，随着时代的主题与时俱进。在20世纪80年代至90年代初，年鉴研究的主题是如何适应改革开放需要、为社会主义经济建设服务；90年代，开展了年鉴与社会主义市场经济的研究；进入21世纪，以改革创新为中心，探讨了年鉴编纂及年鉴工作如何贯彻落实"三个代表"重要思想和科学发展观的问题。这一特点，使研究成果不断推陈出新，年鉴研究也一直洋溢着浓厚的时代气息，保持着蓬勃的生机和活力。

二是年鉴研究具有较强的实践性。年鉴学是一门实践性很强的学科，因此，年鉴基础研究、编纂研究以及对年鉴工作管理的研究，都坚持了与编纂实践和工作实践相结合，坚持与年鉴事业发展相结合，侧重于对日益丰富的年鉴实践经验进行总结、概括和提炼。被实践证明行之有效的学术成果，如年鉴框架设计研究、条目编写研究、信息化建设研究、经营管理研究等等，又被迅速运用到年鉴实践中去，指导年鉴编纂实践、工作实践以及年鉴事业的科学发展。

三是年鉴研究具有较强的针对性。根据年鉴编纂实际和事业发展的需要，年鉴界针对一些理论问题和具体实践问题，集中进行了讨论。20世纪

80年代，在各地各部门相继创办年鉴的大背景下，针对年鉴编纂者对年鉴所知不多的情况，集中介绍了年鉴的基本知识，讨论了年鉴的基本概念，研究了编纂年鉴的基本方法；90年代，随着年鉴数量种类的逐渐增多，针对年鉴编纂的不规范现象，以及年鉴工作遇到的经费困难等问题，集中讨论了年鉴学的构建、年鉴的规范化以及创建年鉴产业等问题；进入21世纪，针对少数年鉴质量不高和进一步全面提高年鉴质量的问题，在国务院《地方志工作条例》颁布实施后，年鉴事业出现了新形势，集中讨论了年鉴的创新问题、质量问题、特色化问题以及志鉴关系问题。

回顾我国最近30多年来的年鉴研究，应当说是硕果累累、成绩斐然。可以说，中国不仅是当今世界年鉴大国，年鉴学术研究的活跃程度和成果数量也是令人瞩目。这些成果不仅有力地指导了年鉴编纂和年鉴工作实践，也为繁荣我国哲学社会科学研究作出了贡献。

当前，年鉴研究又遇到了新的发展时机。全国上下正在喜迎党的十八大召开并正在深入贯彻落实党的十七届六中全会精神，全力推动文化体制改革，努力实现社会主义文化的大发展大繁荣。年鉴工作作为文化建设的基础性工程和重要组成部分，既面临着非常好的发展机遇，又存在一系列严峻的挑战。广大年鉴工作者和研究者要系统总结我国100多年来的年鉴实践经验和研究成果，认真分析当前形势，结合年鉴编纂、年鉴工作和年鉴事业发展的现状，以更大的力度推动年鉴研究深入发展。

一是年鉴研究要和年鉴质量建设、年鉴事业长远发展结合起来。年鉴质量建设是一项综合性工程，是整个年鉴事业发展的基础。年鉴研究首先要围绕如何提高年鉴质量这个中心展开，不仅要研究年鉴的性质、功能、读者定位、框架设计、条目编写、资料搜集、内容表现形式等关系年鉴质量的基础理论和编纂理论等问题，还要研究年鉴质量的保障体系和评价体系建设问题。年鉴事业在当前形势下也有一些问题亟须我们研究和回答，比如在当今知识文化的载体和传播手段日益多样化的形势下，年鉴如何拥有和扩大自己的读者群，以及存在必要性的问题；在加强文化建设和发展地方文化的进程中，年鉴事业如何发挥自身作用的问题；在经济全球化、市场一体化的大趋势下，中外年鉴的比较研究问题；等等。总之，年鉴研究需要解决的重大问题还很多，承担的任务仍然很重，我们还不能懈怠，要以艰苦奋斗的精神、更长远的眼光来大力开展年鉴研究。

二是年鉴研究要有计划、有重点地进行。20世纪90年代，年鉴界曾有编制研究规划和发布研究课题的好做法，但后来没有很好地坚持下去。今后，在鼓励共同研究、广泛参与的基础上，我们要集中年鉴界的部分专家学者，在科学总结和分析年鉴研究成果的基础上，结合年鉴实践发展的需要，编制全国年鉴研究发展规划，成立课题公关小组，分期、分批解决困扰我们的一些理论问题，促进年鉴研究的不断深入。

三是年鉴研究要充分发挥中国地方志协会年鉴工作专业委员会等学术团体的作用。中国地方志协会年鉴工作专业委员会是全国年鉴工作者和年鉴界专家学者沟通的桥梁和联系的纽带，也是重要的学术研究基地。中国地方志协会年鉴工作专业委员会要继续按照2009年11月换届会议上提出的工作任务和努力目标，积极联系和团结其他年鉴学术团体，尽快筹备成立学术委员会，经常性举办小型专题研讨会，适时开展年鉴教材的编写工作，调动开展年鉴研究的积极性，推动年鉴理论研究和学科建设向前发展。

我国的年鉴发展史，积累了大量可资借鉴的实践经验和令人自豪的研究成果。现在，理论研究的火炬已经传到我们手中，我们相信，以本届学术研讨会为契机，全国年鉴工作者一定能把研究工作做得更好，取得更多、更辉煌的成就，为年鉴事业的繁荣发展提供强有力的精神动力和智力支持。

年鉴基础研究

中国地方志学会年鉴工作专业委员会
第 二 届 学 术 研 讨 会 论 文 集

宋代《年鉴》一书考略

牟国义

在我国古典文献中,《宋史》卷二百六《艺文五》曾有"年鉴一卷"的记载。追溯"年鉴"一词,年鉴界乃至辞书界普遍采用《宋史·艺文志》(以下简称《宋志》)记述一说。早在20世纪30年代,我国一些早期年鉴编纂者就认为:"年鉴之作,由来久矣。《宋志》列有《年鉴》一卷。原书虽佚,足征我国古代已有此书。"[①] 20世纪80年代以后,随着年鉴事业的勃兴,《宋志》中有关"年鉴"一词的记录在年鉴专业书刊、图书馆学刊乃至工具书中广为人们所采用。除多数人继续沿袭我国年鉴编纂起源于宋代一说之外,部分研究者又对"年鉴一卷"的记载提出了新的观点。一种观点认为,"年鉴"一词,在汉语中最早见于《宋志》[②];另一种观点认为,《宋志》中"年鉴一卷"的作者为宋代刘玄[③];第三种观点认为,宋代"年鉴一卷"已无从知其内容,很难说它是我国第一本年鉴,也很难断定它是否与现代概念的年鉴名副其实[④];第四种观点推测:"该书的内容可能与天文占卜有关,与我们现在讲的工具书恐无涉。"[⑤]《中国大百科全

---

① 李颖:《30年代中国年鉴学思想初探》,《年鉴信息与研究》1999年第2期。
② 程磊:《中国年鉴史话》,《广东图书馆学刊》1985年第2期;方厚枢:《中国年鉴编纂出版概况》,载中国年鉴研究会编《中国年鉴概览》,华艺出版社,1993。
③ 方厚枢:《中国年鉴编纂出版概况》,载中国年鉴研究会编《中国年鉴概览》,华艺出版社,1993。
④ 程磊:《中国年鉴史话》,《广东图书馆学刊》1985年第2期;李今山:《年鉴史初探》,《年鉴通讯》1984年第1期。
⑤ 王世伟:《中国早期年鉴编纂出版述略》,《年鉴工作与研究》1994年第1期。

书》关于"年鉴"一条的表述即采纳了上述部分观点。该书第一版《图书馆学·情报学·档案学》卷的表述是:"在中国,《宋史·艺文志》曾著录《年鉴》一卷,但原书早佚,无从知其内容";《新闻·出版》卷则在"《年鉴》一卷"的表述后注明了作者"刘玄"。新近出版的第二版本仍沿用其说。①

对宋代"年鉴"一书,目前仅在相关文章中偶有提及。"年鉴"一书始见于何时,有无撰者,属于什么内容性质的书籍,未见专门论述。本文从目录学源流角度略作爬梳,以"辨章学术,考镜源流"。

一 著录源流

我国目录之学开创自西汉刘向、刘歆父子。唐初修《隋书·经籍志》(以下简称《隋志》),分群书为经史子集四部,从此,四部分类法成为后世目录分类的标准。从目录编制的功用上划分,一般把我国古代目录书籍分为国家目录、史志目录和私家目录。国家目录即在国家藏书的基础上由政府主持编制的目录,又称官修目录;史志目录即历代史官在修史时根据当时的图书情况记录整理,成为史书的一部分而随史书流传下来的目录;私家目录则是根据私人藏书所编制的目录。据专家统计,从汉魏迄明末,官修目录60种,史志目录14种,私家目录60种。② 宋代以前,官修目录、私人藏书目录亡佚殆尽,现存的《汉书·艺文志》、《旧唐书·经籍志》、《新唐书·艺文志》(以下分别简称《汉志》、《旧唐志》、《新唐志》)及《隋志》中尚无"年鉴"一词的记述。

宋代是我国目录学发展史上一个重要时期。宋代开国后,政治统一安定,经济恢复发展,雕版印刷术广泛开展运用。在"兴文教,抑武事"的思想指导下,宋代诸朝十分重视本朝历史的修撰,搜书、刻书、校书、考订书籍成就斐然,官私目录编制日趋繁荣,目录学发展逐步走向成熟。

---

① 《中国大百科全书》(第二版),16~559"年鉴"条,中国大百科全书出版社,2009。
② 汪辟疆:《目录学研究》,商务印书馆,民国23年,第73页。

"宋世图史一盛于庆历，再盛于宣和……三盛于淳熙，四盛于嘉定。"① 这一时期，编制的政府藏书目录有《崇文总目》、《秘书总目》、《中兴馆阁书目》、《中兴馆阁续书目》等，史志目录有《三朝国史艺文志》、《两朝国史艺文志》、《四朝国史艺文志》、《中兴四朝国史艺文志》，私人藏书目录有晁公武《郡斋读书志》、尤袤《遂初堂书目》、陈振孙《直斋书录解题》（以下分别简称《读书志》、《遂初目》、《解题》）等。"年鉴一卷"即始见于北宋庆历元年（1041年）成书的宋代第一部有解题的官修目录——《崇文总目》中。元脱脱修《宋志》，即据宋代《崇文总目》、《秘书总目》等删并而成。《崇文总目》著录"年鉴一卷"的时间较1345年成书的《宋志》早了304年。

景祐元年（1034年），因昭文馆、史馆、集贤院和秘阁藏有"谬滥之书"，宋仁宗命张观、宋祁等定其存废，删去伪谬和重复，对疏漏的进行补写校对。后又派王尧臣、欧阳修等校正条目，讨论撰次，仿唐开元年间所编《群书四部录》体例，编著书目。经过七年编撰，于仁宗庆历元年（1041年）成书，由王尧臣等奏上，赐名《崇文总目》。全书分经史子集四部四十五类，著录四馆藏书三千四百四十五部、三万六百六十九卷，每类有序，每书有提要。原书六十六卷，叙录一卷。《崇文总目》在宋末元初已残缺，明清时期仅有简目流传。现存《崇文总目》版本有三：一为宁波天一阁明抄宋版《崇文总目》一卷，有目无释，上有"阙"字，称"绍兴改定本"；二为清乾隆年间编《四库全书》时，从《永乐大典》中辑出，共十二卷，为武英殿聚珍版本，也称"大典本"或"四库辑本"；三为清嘉庆四年（1799年），钱侗等人以家藏范氏天一阁抄本为基础，从《欧阳文忠公文集》、《玉海》、《文献通考》等书中，钩辑成《辑释》五卷、《补遗一卷》，辑得原序三十篇，原释九百八十条，引证四百二十条，称"钱辑本"。"钱辑本"子部五行类上著录"年鉴一卷"。②

尽管《崇文总目》早已残缺不全，不能尽见其原书全貌，但该书在我

---

① 胡应麟：《少室山房笔丛》卷一甲部，上海书店出版社，2009，第4页。
② 钱东垣：《崇文总目附补遗》卷四，《丛书集成初编》，商务印书馆，民国26年，第247页。

国目录学发展史上占有重要地位，历来为学者所重。《四库全书总目提要》评价道："今观其书，载籍浩繁，牴牾诚所难保。然数千年著作之目，总汇于斯，百世而下，借以验存佚、辨真伪、核异同，固不失为册府之骊渊、艺林之玉圃也"①。现代研究者认为，《崇文总目》上承《群书四部录》，下启《四库全书总目》，是宋代书目有传本中最早的一部，现有解题书目中（除佛家经录外）所存最早的一部，也是现存北宋所编书目唯一的一部。它的纂修，是对北宋前期太祖、太宗、真宗三朝大力搜集历史文献的总结，成为后代官私目录体例上的范例。②

自《崇文总目》首次著录"年鉴一卷"后，包括《宋志》在内，史上著录凡五次，兹按著录时间援引如下：

北宋仁宗庆历年间，王尧臣《崇文总目》卷四十二"五行类上"："年鉴一卷、通志略不著撰人"③；

南宋高宗绍兴年间，郑樵《通志·艺文略》（以下简称《通志》）"五行类·阴阳"："年鉴，一卷"④；

元顺帝至正年间，托托《宋志》卷二百五"艺文五·五行类"："年鉴一卷"⑤；

明世宗嘉靖年间，柯维骐《宋史新编》卷五十一"艺文五·五行类"："年鉴一卷"⑥；

明神宗万历年间，焦竑《国史经籍志》卷四下"五行家·阴阳"："年鉴一卷"⑦。

---

① 《四库全书总目》卷八十五，史部目录类一，中华书局，1965，第728页。
② 张围东：《宋代〈崇文总目〉之研究》第四至六章，古典文献研究辑刊初编第15册，花木兰文化工作坊，2005。
③ 见"钱辑本"卷四，《崇文总目附补遗》三，商务印书馆，民国26年，第247页。
④ 见王树民点校《通志二十略》，中华书局，1995，第1692页。
⑤ 见《宋史》第十五册，中华书局，1977，第5250页。
⑥ 见《宋史新编》，明嘉靖四十三年杜晴江刻本。
⑦ 见《国史经籍志·附录》三，《丛书集成初编》，商务印书馆，民国28年，第208页。

《崇文总目》系根据国家馆阁藏书编修而成，从现存"钱辑本"完全可以断定，"年鉴一卷"为北宋仁宗时期国家馆藏典籍，并著录于当时的官修书录中。

二　作者辨正

据专家统计，宋代三百多年间，官修目录有12种，私家目录27种，史志目录6种，绝大部分已佚。① 现存的仅有《崇文目》（残）、《宋志》、《读书志》、《遂初目》、《解题》5部。后三部私家目录，均未著录"年鉴一卷"。

史上五次著录"年鉴"的文献史料，均无"年鉴一卷"撰人的记载。"钱辑本"《崇文目》在"年鉴一卷"后注"通志略不著撰人"，乃是根据郑樵《通志》未著作者而特意增加的"补释"。钱侗《崇文目辑释小引》云："侗家旧藏四明范氏天一阁钞本，止载卷数。时或标注撰人，然惟经部十有一二，其余不过因书名相仿，始加注以别之，此外别无所见，读者病焉"，遂"区类搜采，其引见古今载籍者，辑而缀之"，"或原释无从考见，乃为博稽史志，补释撰人。"② 因"博稽史志"无果，遂采用《通志》的说法。从"年鉴一卷"五次著录的流变来看，自南宋郑樵未注明撰人之后，该书作者就不为后人所知了。

由此，有两个问题需要讨论："钱辑本"《崇文目》引《通志》"不著撰人"，北宋王尧臣等在《崇文目》收入"年鉴一卷"时有无著录撰人呢？另外，在《通志》问世近九百年后，为何在一些年鉴研究和工具文献中又出现作者"刘玄（一说刘先之）"呢？

其实，《崇文目》成书时，原有关于"年鉴一卷"撰人等情况的介绍。古代目录典籍大多有叙录。叙录，一称解题，或称释，旨在条其篇目，撮其旨意，论其指归，辨其讹谬。《崇文目》体例，原书有序释，每书首列

---

① 汪辟疆：《目录学研究》，商务印书馆，民国23年，第73页。
② 钱东垣：《崇文总目辑释小引》，见《崇文总目附补遗》，《丛书集成初编》，商务印书馆，民国26年。

书名、次列卷数,最后为撰人或注释者的姓名,每类书目前有总计此类部卷的数字。"自刘向校书,'每一书已,辄撮其指意,录而奏之',对于撰人之履历、思想、书之内容、得失、校书之曲折,皆翔缕述之。遂开后世解题一派",《崇文目》"即完全接受《别录》之体例,对于一切皆一一详论者也"①。清代学者也认为:"当时撰定诸儒皆有论说,凡一书大义必举其纲,法至善也。其后若《郡斋读书志》、《书录解题》等编咸取法于此。故虽书有亡佚,而后之学者览其目录,犹可想见全书之本末矣。"② 现代专家学者认为,《崇文总目》的解题,系在前人基础上的发展,开创了一种将各书、作者、内容、篇卷综合介绍的新的更为完善的叙录体解题形式。③ 但古代学者也对《崇文目》的叙录颇有微词。郑樵曾对其"注说"和"释"提出过批评:"古之书,但标类而已,未尝注解。其注解者,人之姓名耳","今《崇文总目》出新意,每书之下必注说焉。据标类自见,何用更为之说?且为之说也已繁矣,何用一一说焉?""有应释者,有不应释者,《崇文总目》必欲一一为之释,间有见名知义者,亦强为之释。"④ 对其"注说"和"释",郑樵显然持不同意见。

关于《崇文总目》叙录亡佚的原因,史上有二说:一说亡于郑樵。清代学者朱彝尊和《四库全书》编纂者持此观点。朱彝尊言:"《崇文总目》六十六卷,予求之四十年不获。归田之后,闻四明范氏天一阁有藏本,以语黄冈张学使。按部之日,传抄寄予。展卷读之,只有其目。当日之叙释,无一存焉。乐平马氏经籍考,述郑渔仲之言,以排比诸儒,每书之下,必出新意著说,嫌其文繁无用。然则是书因渔仲之言,绍兴中从而去其叙释也。"⑤ 《四库全书总目》评价:"考原本于每条之下具有论说,逮

---

① 姚名达:《中国目录学史》,上海世纪出版集团,2005,第 124 页。
② 朱彝尊:《崇文总目跋》,《曝书亭集》卷四十四,世界书局,民国 26 年。
③ 张围东:《宋代〈崇文总目〉之研究》第四—六章,古典文献研究辑刊初编第 15 册,花木兰文化工作坊,2005。
④ 王树民点校《通志二十略·校雠略》,"泛释无义论一篇"、"书有不应释论三篇",中华书局,1995,第 1818~1819 页。
⑤ 钱东垣:《崇文总目附补遗》附录,《丛书集成初编》,商务印书馆,民国 26 年,第 402 页。

南宋时郑樵作《通志》，始谓其文繁无用，绍兴中遂从而去其序释"，"郑樵作《通志》二十略，务欲凌跨前人，而《艺文》一略，非目睹其书则不能详究原委。自揣海滨寒畯，不能窥中秘之全，无以驾乎其上，遂恶其害己而去之。宋人忌刻之故智，非出公心"。① 一说亡于传抄者，清代杭世骏、钱大昕、钱侗等学者和近现代目录学家多持这一观点。杭世骏言："竹垞检讨谓删去解题，始于郑夹漈作《通志略》，非也。马贵与撰《通考》、王伯厚著《玉海》，生后夹漈百余年，其书皆引证其说。嘉定七年，武夷蔡骥刻《列女传》，首简亦引此书，则知此书在宋时原未有阙，后世传抄者畏其繁重，乃率意删去耳。"② 钱大昕辨析道："渔仲以荐入官，在绍兴之末，未登馆阁，旋即物故。名位卑下，未能倾动一时。若绍兴十二年，渔仲一闽中布衣耳，谁复传其言者。朱氏不过一时揣度之词，未及研究岁月。"③

至于后来又出现作者为"刘玄（一说刘先之）"，仔细查看《宋志》，属一些年鉴研究者不明古籍编目和古文文法而误读误判所致。古书没有标点，古文皆为竖排，各条连刻，容易引起后人误解。《宋志》著录各书，一般按撰人、书名、卷数的顺序，如：黄惇、通乾论、五卷。少数条文，撰人用小注形式注于卷数之后，如"韩子、二十卷、韩非撰"。撰人不明者，条下注"不知撰人"或"不知作者"。该志著录"年鉴一卷"条，前为"黄帝朔书一卷托太公、师旷、东方朔撰"，后为"刘玄一作（先）之月令图一卷"，"刘玄（一作先）之"（而非"刘玄"）当为《月令图》作者，而非《年鉴》撰人。《通志》"四民福禄论，三卷。李淳风撰"后，著录"年鉴，一卷"，则李淳风为"四民福禄论"撰人，"年鉴，一卷"未著撰人。至明代，《宋史新编》著录"年鉴一卷"条，也列明前为"黄帝朔书一卷托大公、师旷、东方朔撰"，后为"刘玄之月令图一卷玄一作先"；《国史经籍志》前为"黄帝朔书一卷师旷东方朔、月令图一卷刘先

---

① 《四库全书总目》卷八十五，史部目录类一，中华书局，1965，第728页。
② 杭世骏：《崇文总目跋》，《道古堂文集》卷二五，收入《中国历代图书著录文选》，北京大学出版社，1995，第105页。
③ 钱大昕：《十驾斋养新录》卷十四，江苏古籍出版社，2000，第312页。

生、四民福禄论三卷李淳风",后为"福禄论三卷"。

断定《年鉴》一书非"刘玄(一作先)之"的另一佐证,无过于陈乐素先生关于《宋史艺文志考证》的研究成果。该书以考异为名,根据《汉志》、《隋志》、《旧唐志》、《新唐志》、《崇文目》、《绍兴秘书省目》、《读书志》、《通志》、《中兴馆阁书目》、《解题》、《玉海》、《文献通考》、《宋会要辑稿》、《宋史列传》、《经义考》、《四库全书总目提要》、《佛藏》、《道藏》、《医籍考》等,并旁及他书,对《宋志》所著录的九千八百四十一部只有书名、卷数、撰人而无其他记载的古籍分别进行考订,凡"有与他志异,或本志上下文异者,一一举出之",并加以综合分析,指出哪些是《宋志》的错误,哪些是他书的错误。① 关于"刘玄(一作先)之月令图一卷"条,陈先生考订如下:"同类下文重出一部,作刘玄之《月令节候图》一卷,《崇文目》、《通志》作刘先之《月令图》。"② 也并没有把"年鉴一卷"归于"刘玄(一作先)之"名下。

综上所述,"年鉴一卷"在北宋前期的《崇文目》中著有撰人,及至南宋郑樵《通志》就未著录撰者姓氏了。钱侗经多方辑佚考订,仍然撰者不明。当代有关文献或工具书中署"年鉴一卷"为"刘玄"(或刘玄之)撰,乃误读误判古典文献编目所致。

三　内容探究

古典文献基本上是依据其内容性质进行分类。作为古代学术文化演进的重要文献载体,艺文志向有"学问之眉目,著述之门户"③ 之说。"凡目录之书,实兼学术之史"④。宋代"年鉴一卷",由于作者不明、解题亡佚,其内容已无从准确研判。查考见存文献,无论是宋元明清时期的各种类

---

① 陈乐素:《宋史艺文志考证》,参见《考异例言》、《误例说明》,广东人民出版社,2002。
② 陈乐素:《宋史艺文志考证》第一篇《宋史艺文志考异》,广东人民出版社,2002,第275页。
③ 王鸣盛:《十七史商榷》汉书十六《汉艺文志考证》引金榜语,上海书店,2005,第162页。
④ 余嘉锡:《目录学发微》,中华书局,2007,第9页。

书，还是马国翰《玉函山房辑佚书》等诸家辑佚典籍，均无该书流传至今的内容残存文字信息，可谓"遗文垂绝、今古悬隔"。但根据目前掌握的相关资料，从著录类别、术数发展等方面仍可窥见一些蛛丝马迹。

从古典目录分类来看，史上有关"年鉴一卷"的五次著录，在经史子集四部中均列入子部。《崇文目》、《宋志》、《宋史新编》将其归入五行类，《通志》、《国史经籍志》将其归入五行类中的阴阳家。单从目录学分类上判别，《年鉴》一书属术数中阴阳五行类书籍无疑，这也是后来有的学者判定其"与天文占卜有关"的原因。

然五行类抑或阴阳类的划分，在古代都是一个较为宽泛的历史概念，不论在名义还是在分类上，史家对此都有不同的理解和看法。《史记》的《日者列传》，叙述汉武帝聚占家决娶妇择日，有五行、堪舆、建除、丛辰、历、天人、太乙七家。"五行"即"日者"之一种，专指讲阴阳五行时令的一种术数派别。《汉书》将数术分为天文、历谱、五行、蓍龟、杂占、形法六类，其中"五行"则是此类占家的总称，内容包括阴阳五行时令、堪舆、灾异、丛辰、太乙、刑德、遁甲、六壬等31家各种择日书籍。《隋志》从"为卜筮以考其吉凶，占百事以观于来物，睹形法以辨其贵贱"①出发，把风角、式占、卜筮、形法、杂占等272种书籍归入五行类范畴。盛唐时期编纂的法典《唐六典》，认为，"凡阴阳杂占，吉凶悔吝，其类有九，决万民之犹豫：一曰嫁娶，二曰生产，三曰历注，四曰屋宅，五曰禄命，六曰拜官，七曰祠祭，八曰发病，九曰殡葬"②。陈振孙云："自司马氏论九流，其后刘歆《七略》、班固《艺文志》，皆著阴阳家。而天文、历谱、五行、卜筮、形法之属，别为《数术略》。其论阴阳家者流，盖出于羲和之官，敬若昊天，历象日月星辰。拘者为之，则牵于禁忌，泥于小数。至其论术家，则又以为羲和卜史之流……然则阴阳之与数术，亦未有以大异也。不知当时何以别之"，"隋唐以来子部，遂阙阴阳一家。至董迫《藏书志》，始以星占、五行书为阴阳类"，因"以时日、禄命、遁甲

---

① 《隋书·经籍志》卷三经籍三，商务印书馆，1955，第102页。
② 陈仲夫点校《唐六典》卷十四太常寺太卜署条，中华书局，1992，第411页。

等备阴阳一家之阙"①，将阴阳家与历数、卜筮、形法并列，收录33部书籍。《四库总目》编纂者则认为，"五行休咎见于《洪范》。盖以征人事之得失，而反求其本，非推测祸福，预为趋避计也。后世寖失其初，遂为术数之所托"，五行、阴阳"二家之理本相出入，末流合而一之，习其技者亦不能自分别矣"②，故把"物生有象，象生有数，乘除推阐，务究造化之源者"归为数学，"星土云物"归为占候，"自是以外，末流猥杂，不可殚名，史志总概以五行"，并将术数"析而别之"为相宅相墓、占卜、命书相书，"并而合之者"为阴阳五行之属。③ 其阴阳五行之属著录的书籍包括太乙、遁甲、星历、选择诸书。

最早收录"年鉴"的《崇文目》，以及后来的《宋志》、《宋史新编》诸书，未对五行类书籍进行细分，且书目的分类、编次都较为混乱（详见下文论述），"五行"在上述各书中只是除天文占书类、历数类、卜筮类（或蓍龟类）之外各种术数流派的一个总称。关于术数中五行的分类，研究最深、分类最细的当数郑樵。《通志》将天文、历数、算数、五行四类归为术数，收书1463部。其中，五行类收书1014部，细分为易占、轨革、筮占、龟卜、射覆、占梦、杂占、风角、鸟情、逆刺、遁甲、太乙、九宫、六壬、式经、阴阳、元辰、三命、行年、相法、相笏、相印、相字、堪舆、易图、婚嫁、产乳、登坛、宅经、葬书共30个小类，内中"阴阳"收书71部。焦竑编纂的《国史经籍志》，仿效郑樵的五行分类，仅将"行年"并入"三命"，其"阴阳"所收书籍与《通志·艺文略》完全相同。

郑樵关于《年鉴》一书的细分，为我们探究该书的内容提供了具体方向。参照有关文献分析，可从以下三个方面作出粗略判断。

一是清代学者姚振宗对《隋志》的研究成果。《隋志》五行类，收书272种。姚氏在《隋书经籍志考证》一书中，通过考证，细分为33类。其中，将《天皇大神气君注历》、《万年历》、《历祠》、《田家历》等10部书籍归为"历纪类"，将《东方朔历》、《太岁所在占善恶书》等9部书籍归

---

① 陈振孙：《直斋书录解题》卷十二，阴阳家序，上海古籍出版社，1987，第369页。
② 《四库全书总目》卷一○九子部术数类二，中华书局，1965，第931页。
③ 《四库全书总目》卷一○八子部术数类一，中华书局，1965，第914页。

为"杂占吉凶灾祥类",将《杂忌历》、《太史百忌历图》、《晋灾异簿》等16部书籍归为"禁忌及灾祥类"。其小注云:"《通志略》以上三类之书汇次为一,曰阴阳。阴阳所包者,广于本志,章段节目,未尽分明,故不从之也。"① "本志"即《隋志》。据此可知,郑樵的《通志》阴阳类汇集了《隋志》中历纪、禁忌、吉凶灾祥三类共35部书籍,但收录的书籍又多于《隋志》,只是未按历纪、吉凶灾祥、禁忌灾祥作进一步的细分。《通志》阴阳类所收录的书籍大致为时日吉凶禁忌方面的内容,只不过在收录的数量上更多而已。

二是史上有关"日书"、"年历"、"阴阳书"等有关记载。古代的术数历来和星命、选择时日结合在一起。择日之书,向有"阴阳"、"五行"、"时令"、"月令"、"日书"、"历书"、"历注"、"历忌"等不同叫法②。我国古代文献中有许多与"年鉴"相似的选择类书籍的记载。1975年湖北云梦出土的《睡虎地秦墓竹简》,其中就有甲、乙两种《日书》,约为战国时期作品。这两种《日书》皆采用干支纪法纪日、月,以四象二十八宿观象授时,按阴阳五行学说推断吉凶,从而选择出行、见官、谋事、造房的方向和时日,其中还有不少驱鬼、占梦、禁忌的资料。《旧唐书》卷八十三蒋义传记载,"京师云《蒋氏日历》,士族靡不家藏焉"。关于"年历",除极少数典籍在史部编年类中以"年历"冠名之外③,古文献中的"年历"大多与历法有关。《晋书》载,"汉仪,太史每岁上其年历,先立春、立夏、大暑、立秋、立冬常读五时令,皇帝所服,各随五时之","每月旦,太史上其月历,有司侍郎尚书见读其令,奉行其正",④并载皇甫谧撰《年历》一书。《梁书》也有陶弘景著《帝王年历》。唐代元稹所写的《长庆历》一诗有这样几句:"年历复年历,卷尽悲且惜。历日何足悲,但悲年运易。年年岂无叹,此叹何啧啧。所叹别此年,永无长庆历。"而关于

---

① 姚振宗:《隋书经籍志考证》卷三十六,子部十三五行家,载《师石山房丛书》,开明书店,民国25年,第576页。
② 李零:《中国方术续考》数术丛谈,《读几种出土发现的选择类古书》,东方出版社,2000,第321页。
③ 参见《崇文总目》编年类《年历图》,《通志·艺文略》史类编年《唐年历》等书。
④ 《晋书》卷十九志第九礼上,中华书局,1974。

"阴阳书"，《北齐书》宋景业传载："或曰，阴阳书，五月不可入官，犯之卒于其位。"《隋书》萧吉传云："及隋受禅让，进上仪同，以本官太常考定古今阴阳书。"据专家考证，"上述'阴阳书'乃是当时历注、时日宜忌的通称，'阴阳书'此义是后世的主流。"① 唐太宗时，"以阴阳书近代以来，渐至讹伪，穿凿既甚，拘忌亦多，遂命才与学者十余人共加刊正，削其浅俗，存其可用者，勒成五十三卷，并旧书四十七卷，十五年刊成，诏颁天下"，其中三篇为宅经、禄命、葬②。检索《通志·艺文略》阴阳类目录，不乏《广济阴阳百忌历》、《五行家国通用图历》、《选日阴阳月鉴》、《阴阳书》、《六十甲子时辰星吉凶法》、《选日精要》、《铁扫帚年月》、《五姓万事历》等诸如此类的书籍。《年鉴》一书，列于上述书目之后，当为同一类书籍。

三是"年"的概念的演变。"年"的概念最初是基于物候所产生的，其本义和农业生产密切相关。在甲骨文中，"年"呈现出的是果实丰收的形象。《说文解字》：年，从禾，谷熟也。《尔雅·释天》：夏曰岁，商曰祀，周曰年，唐虞曰载。随着历史的发展，年的含义逐渐由原来的物候特征向天象纪时转变，并与阴阳五行学说结合，广泛运用于古代天文、历数，并衍生出择日、占卜、命理、星相等众多的术数派别。"年"所与生俱来的物候和农时的本义，在农业生产生活中逐渐为"月令"、"月鉴"、"月录"、"十二月"、"七十二候"、"四时"、"田家"、"时镜"、"时节气候"、"岁时"、"时令"、"授时"、"农候"等词汇和概念所取代③。而诸如"年忌"、"行年"、"年庚"、"月值年灾"（亦作"年灾月厄"）、"年寿命运"等时令吉凶类的词汇，则广为流传开来。《灵枢经》记载："凡年忌下上之人，大忌常加，七岁、十六岁、二十五岁、三十四岁、四十三岁、五十二岁、六十一岁，皆人之大忌，不可不自安也；感则病行，失则忧矣。当此之时，无为奸事，是为年忌。"张景岳注："年忌者，忌有常数，

---

① 赵益：《古典术数文献述论稿》，中华书局，2005，第188页。
② 《旧唐书》卷八十三，列传二十吕才传。
③ 参见毛雍编《中国农书目录汇编》，金陵大学图书馆丛刊第一种，民国13年6月印行。

所以示人之避患也。"① 唐宋时期是术数发展的高潮时期。"肇于《珞琭子》，衍于李虚中，盛于徐居易"的禄命术曾经风行一时，"古今高人达士稽考天术、推察阴阳，以太乙数而推天运吉凶，以六壬而推人事吉凶，以奇门而推地方吉凶，以年月日时而推人一生吉凶"②。周必大《跋廖中〈五行精纪〉》言："今士大夫至田夫野老，人人喜谈命，故其书满天下。"③在这样一种特定的历史背景下，《年鉴》一书，与同为《崇文目》、《通志》、《宋志》著录的《选日阴阳月鉴》、《阴阳书》、《铁扫帚年月》、《四民福禄论》、《月令图》、《黄帝朔书》等书籍同时出现，其内容也就显而易见了。

可以认为，宋代"年鉴一卷"，当为术数中因阴阳五行讲时令吉凶内容的书籍。研究术数历史的现代学者，具体将"阴阳"归入杂占系统中的五行时令类④。

不过，也应当看到，按照传统的分类标准去衡量，著录"年鉴"一书的五种典籍，在目录分类上并未完全以类相从，分类不当、前后混杂、疏漏错乱之处比较普遍。《崇文目》问世后，由于是众手成书，后人不断对其加以纠正。宋代黄伯思曾校正《崇文目》，指出其人名、分类、年代、史实等17处疏谬⑤；南宋郑樵批评《崇文目》"编次失书"、"编次之讹"、"编次不明"、"看前不看后"，无日月之书，缺射覆、轨革两家⑥，《四库总目》认为"郑樵《通志·校雠略》则全为攻击此书而作"⑦；明代焦竑对《崇文目》100多种书籍的分类缺失进行纠谬⑧。对郑樵的《通志》，焦竑也同样列举了50处左右在作者、分类、重出等方面的错误。《宋志》更因成书仓促，编者水平不高，向来为后人所诟病。《四库总目》一再批评

---

① 苏颖：《黄帝内经·灵枢译注》第九卷《阴阳二十五人》，黑龙江人民出版社，2003，第361页。
② 万民英：《三命通会》卷一"论支干源流"，见文渊阁《四库全书》子部术数类。
③ 转引自刘国忠《唐宋时期命理文献初探》，黑龙江人民出版社，2009，第62页。
④ 宋会群：《中国术数文化史》第一章绪论，河南大学出版社，1999，第23页。
⑤ 黄伯思：《东观余论》卷下，中华书局，1988，第332页。
⑥ 王树民点校《通志二十略·校雠略》，中华书局，1995。
⑦ 永瑢等撰《四库全书总目》卷八五史部目录一，中华书局，1965，第729页。
⑧ 焦竑：《国史经籍志附录》，《丛书集成初编》，商务印书馆，民国28年，第4页。

该志"纰漏颠倒，瑕隙百出，于诸史志中最为丛脞。"① 近代学者陈乐素先生经过考证，列举了该志27处分类不当的错误②。至于焦竑编纂的《国史经籍志》，《四库总目》则将其列入存目，评论道："顾其丛抄旧目，无所考核，不论存亡，率尔滥载。古来书目，唯是书最不足凭。"③ 因此，具体到某部书籍特别是佚书的著录，历代史志目录、政书目录、私家目录的分类标准往往不尽相同，甚至大相径庭。同一部类著录的书籍很可能属于其他部类，不同部类的书籍往往混杂其中、真伪难辨。古代目录文献分类混乱的情况表明，一部书籍的性质内容，仅从分类或书名上是很难判别的，也是不够准确的。如《四民福禄论》、《崇文目》、《通志》、《国史经籍志》皆入五行类，而《遂初目》、《宋志》、《宋史新编》则入农家类。《年鉴》一书的内容目前不能详断，只能作如上初步判别。

四　余论

检索《崇文目》、《通志》、《宋志》等目录文献，笔者发现一个耐人寻味的现象，即带"鉴"字的书名比较多。《崇文目》中，岁时类有《时鉴新书》，卜筮类有《人伦宝鉴》，天文占书类有《古今通占鉴》，五行类中有《选日阴阳月鉴》、《太乙金鉴式经》、《六壬元鉴》、《人伦龟鉴》、《地鉴》等书；《通志》中，有《地鉴》、《易鉴》、《太上宝鉴录》、《式鉴经》、《五星明鉴经》、《龟鉴骨法》等；《宋史》中，有《韵海鉴源》、《中枢龟鉴》、《唐国鉴图》、《月鉴》、《应轮心鉴》、《周易玉鉴图》等。"鉴"字的广泛运用，可能与《资治通鉴》的编纂取名和当时避讳有很大的关系。

据清代魏松《壹是纪始》考证："史书称鉴始于宋"（光绪重刊本，文史类卷之九）。当时大量阴阳五行类书籍以"鉴"冠名，无疑是受到

---

① 永瑢等撰《四库全书总目》卷八五史部目录一，中华书局，1965，第728页。
② 陈乐素：《宋史艺文志考证》第二篇《宋史艺文志误例》，广东人民出版社，2002，第643页。
③ 永瑢等撰《四库全书总目》卷八七史部目录类存目，中华书局，1965，第744页。

《资治通鉴》命名的影响。宋太祖赵匡胤,祖名敬,追尊翼祖简恭皇帝。避正讳"敬",或改为"照",或改为"严",或改为"钦",或改为"景";避嫌名"镜",或改为"鉴"。钱东垣在《崇文目》辑本中,对因避嫌讳"镜"而改为"鉴"的有关书名进行了考释,如礼类《开元礼义鉴》,小学类《韵海鉴源》,小说类《古鉴记》,兵家类《真人水鉴》,医书类《五脏鉴元》,卜筮类《易鉴》、《太乙金鉴式经》、《连珠明鉴式经》、《六壬明鉴连珠歌》、《金娄地鉴》、《老子地鉴诀秘术》,道家类《老子心鉴》等,"鉴"作"镜"。① 近代史家陈乐素也指正了《宋志》因不明避讳"敬"而造成的22处书名错误,如故事类《中枢龟鉴》,地理类《唐国鉴图》,农家类《月鉴》,天文类《应轮心鉴》,五行类《易鉴》、《周易鉴颂》、《金图地鉴》、《地鉴书》等。② 《年鉴》一书是否本名"年镜",也因避嫌讳而改,尚缺乏进一步的研究,姑且存疑。

"年鉴一卷"的存佚,根据现有资料,目前暂时只能作出一个大致的时间判断。通常情况下,古典目录文献是于每一类中著录同一类的书籍,按成书时代先后编排。以《通志》为例③,《年鉴》前后书籍编排顺序分别为李淳风《四民福禄论》、《福禄论》(按,李淳风,《旧唐书》有传,生于公元602年,卒于670年)。经目录比对,《通志》阴阳类收录的71部作品中,有36部已见于《隋志》,除此之外又有6部见于《新唐志》,余下的29部绝大多数为推断时日禁忌、禄命吉凶方面的书籍。换言之,《通志》阴阳类收录的包括《年鉴》一书在内的29部书籍,可能是唐代后期或五代至宋初新出现的。联系到唐宋时期术数发展特别是禄命术盛行的背景,《年鉴》一书似可断定为唐末宋初作品。

与历史上许多古籍的命运一样,宋初三馆典藏的3万多卷书籍,因兵燹等故,在北宋后期许多已亡佚。北宋大观四年(1110年),即距《崇文

---

① 王彦坤:《历代避讳字汇典》,中州古籍出版社,1997,第234页。
② 陈乐素:《宋史艺文志考证》第二篇《宋史艺文志误例》第六章《避讳改名》,广东人民出版社,2002,第639页。
③ 因《崇文总目》原本已佚,目前见到的仅为清代钱氏辑释本,所收录的书籍有限,而《宋史·艺文志》"纰漏颠倒,瑕隙百出",《宋史新编》五行类与该志又几无差别,《国史经籍志》五行类也基本上是仿《通志》而作,故不予参照举证。

总目》编纂完成仅几十年之后,"按籍而求之,十才六七,号为全本者,不过二万余卷,而脱简断编,亡散缺佚之数浸多"(见《文献通考》卷一百七十四《经籍考》)。靖康之难,"太清楼秘阁三馆书、天下州府图、府库蓄积为之一空"(见《宋史钦宗纪》),"书史以来,安禄山陷长安以后破京师者,未有如今日之甚。二百年来蓄积,自是一旦扫地"(见《靖康要录》卷十四)。连《崇文总目》,到宋末元初也已没有完整的本子了。郑樵生活在北宋末期南宋初期,经历了靖康之难,以"一闽中布衣","集天下之书为一书"。当时《通志》的编纂,或许也只见其目,未见其书。现存南宋的三大私家藏书目录《遂初目》、《读书志》、《解题》,均未著录《年鉴》一书,除了上述原因外,还有可能与北宋以来对天文、六壬、遁甲、三命以及其他阴阳类书籍实行书禁有关。

(作者单位:江苏省地方志办公室)

论年鉴的功能

阳晓儒

中国的年鉴事业发轫于19世纪六七十年代,1980年后得到空前的繁荣发展。年鉴事业的繁荣发展,推动了年鉴理论研究的繁荣与发展。相对于年鉴编纂的实践,年鉴的理论研究却相对滞后。年鉴在国外已经有500多年的历史,在国内也有一百多年的历史,但是在年鉴理论研究方面至今还没有达成完整的理论体系①。对于年鉴的性质、功能等年鉴基本的理论研究也还没有达成共识。现在,国内对年鉴的基本属性是不是工具书也还存在不同的看法。国内年鉴界普遍的看法是:"年鉴是汇辑一年内的重要时事、文献和统计资料,按年度连续出版的工具书。"② 2006年国务院颁布的《地方志工作条例》却将地方综合年鉴定义为:"系统记述本行政区域自然、政治、经济、文化、社会等方面情况的年度资料性文献。"③ 对年鉴定义存在不同的看法,导致对年鉴的功能也存在着不同的认识。前不久,广东省召开一部专业年鉴组稿会,邀请年鉴界和出版界的专家参会,笔者就亲耳聆听到一位出版界的专家说,年鉴的功能就是存史,年鉴的价值主要是存史价值。会上,一位年鉴界同行听完发言后当即反驳说,年鉴是工具书,年鉴的主要功能是为现实服务,存史功能和存史价值只是其附属功能,而不是其主要功能。

---

① 孙关龙:《方志不能年鉴化 年鉴不能方志化》,载《年鉴论坛(第二辑)》,中国农业出版社,2011,第1~14页。
② 《中国大百科全书·新闻出版》,中国大百科全书出版社,1990,第224页。
③ 《地方志工作条例》第三条,国务院2006年5月18日颁布。

由此可见，对于年鉴功能的认识还存在不同的观点和看法。本文拟对国内有关年鉴功能研究的论点进行梳理、综合与归纳，并提出自己对这一问题的看法。

一　国内有关年鉴功能研究综述

国内对于年鉴的功能进行研究始于20世纪90年代初。当时的中国年鉴会特约研究员、《哈尔滨年鉴》编辑部主任范作义认为："年鉴与百科全书的基本功能是一致的，这就是资料性、知识性、学术性、科学性、客观性、检索性。"① 这一观点具有一定的代表性。一是肯定年鉴具有工具书性质，二是把年鉴和百科全书的功能相等同。这和当时全国各地创办年鉴时纷纷借鉴《中国百科年鉴》的编纂体例和框架设计密切相关，当时许多人把地方综合年鉴等同于地方百科全书。另一种观点是把年鉴等同于地方志书，认为年鉴的功能和地方志书的功能是一致的。最具代表性的是湖南省地方志编纂委员会彭峰。他认为："年鉴的主要功能就是'资治、存史、教化'。"② 实际上，这种观点是把年鉴和地方志书画等号，抹杀了年鉴的特殊性和主要功能。持这种观点的无论是年鉴界还是学术界都大有人在。试举几例：齐鲁石化公司史志办公室李守苓认为："从理论上说，志鉴的功能有三：存史、教化、资政。"③ 山西省《河津市年鉴》主编史改玲认为："年鉴，是集资料、信息、知识为一体，记载当年本地政治、经济、文化等方面情况的大型资料性工具书。它不但可以起到存史、教化的作用，更重要的是可以资政鉴世，为当地经济和社会发展提供全方位的信息服务。"④ 中铁第十一工程局办公室史志办公室叶超英认为："年鉴将继续充分发挥它在企业中的'资政、教化、存史'

---

① 范作义：《第四讲　年鉴的功能》，《年鉴工作与研究》1992年第1期。
② 彭峰：《浅谈年鉴功能和政府职能的关系》，《年鉴信息与研究》1996年第2期。
③ 李守苓：《写读用——企业志鉴功能性现实性应用性浅谈》，《年鉴信息与研究》1997年第2期。
④ 史改玲：《浅谈年鉴的资政功能》，《年鉴信息与研究》1999年第4期。

作用。"①

　　但也有许多人对此持有不同的观点。《西安年鉴》编辑部崔义萍就认为年鉴"最基本的功能不外乎两个：一是年鉴为现实服务的功能；二是年鉴的存史功能"。"作为资料性工具书、作为信息载体，年鉴具有供人们查阅资料以及信息传播的功能，归根到底具有为现实服务的功能。同时，作为地方资料性文献、作为地方志的重要组成部分，年鉴还应具有较强的存史功能。"② 时任中国版协年鉴工委会副主任周兴俊则认为："年鉴的主要功能，严格说只有一个，就是保存资料的功能，也可以说是'存史'功能。翔实、准确地保存重要资料以备查阅引证，以助编史修志，肯定是年鉴共有的普遍性功能。其他功能，因鉴而异。""尽管中国年鉴多种多样、五花八门，但它们的基本功能完全可以概括为'存史、资政、激励、鉴戒'等四种。其中的'激励'功能，是我国年鉴所特有的或最突出的需要特别关注与加强的功能。"③ 可见，认为年鉴只具有存史功能的观点也是有市场的。还有人认为年鉴的功能不是单一的，而是多方面的。肖东发和邵荣霞合著的《实用年鉴学》一书认为："由于年鉴具有多功能性和多视角性，内容覆盖社会生活的方方面面，所以它具有强大的传播功能，不是'存史、资政、教化'几个字就能概括的。"因此，他们认为年鉴具有提供时事动态信息，提供重要的法规文献及其线索，提供逐年可比的统计数据资料，提供实用性指南、便览性资料，提供综述、回溯及预测性资料五个方面的功能。④《中国林业年鉴》编辑部邵权熙主编的《行业年鉴理论与实践》一书也认为：年鉴的功能有五个方面：一是提供时事动态信息，二是提供重要的法规文献及其线索，三是提供逐年可比的统计数据资料，四是提供实用性指南、便览性资料，五是提供综述、回溯及预测性资料。⑤ 实

---

① 叶超英：《浅谈施工企业年鉴的功能和作用》，《年鉴信息与研究》2001年增刊。
② 崔义萍：《论年鉴的存史功能》，载《年鉴论坛（第一辑）》，中国林业出版社，2010，第54~55页。
③ 周兴俊：《中国年鉴的特殊功能与分类》，载易行主编《年鉴编辑手册》，线装书局，2008，第181页。
④ 肖东发、邵荣霞：《实用年鉴学》，中央文献出版社，2000，第20~26页。
⑤ 邵权熙主编《行业年鉴理论与实践》，线装书局，2009，第6~9页。

际上,具体从事年鉴编纂的工作者更多的是强调年鉴的社会服务功能。如:新疆《福海年鉴》崔先立认为:"县市综合年鉴核心功能是服务发展。""《福海年鉴》在创刊之前,就其办鉴宗旨(年鉴功能)曾进行反复酝酿,最终达成共识。年鉴'编辑说明'中开宗明义,'旨在为县域的发展提供可靠的历史借鉴,为外界认识福海提供翔实的信息资料,为读者提供多种信息服务,为今后编史修志积累宝贵的资料',此四项功能姑且简称为资政、宣传、服务、存史(未必准确),显然,四者之间既紧密联系,又相互区别,说它们紧密联系,是因为每一项功能都与服务发展直接关联。"①《连云港年鉴》的陆瑞萍认为:"年鉴是逐年出版的信息资料年刊,其主要功能是服务决策参考、服务百姓生活。"②辽宁省锦州市地方志办公室李博、夏溪认为年鉴应该努力发挥其社会功能,因为"年鉴的资料性、存史性、连续性、全面性、权威性等优势是其他传媒所不可替代和比拟的。"③《西安年鉴》王莹认为,强化年鉴的社会服务功能是年鉴创新发展的有效途径,"要彻底改变出鉴理念,强化年鉴服务功能,这是年鉴未来创新发展的突破口。""年鉴的发展,最有力的体现是需求量的增加,必须通过年鉴强化服务功能来得到全社会的认可、接受、使用,从而体现年鉴价值,实现有效发展目标。""把强化年鉴服务功能作为创新发展的突破口,使年鉴内容丰富并贴近群众,使年鉴使用价值加大并贴近市场,才能使年鉴走出一片新天地。"④福建年鉴社郑菜认为,年鉴数字化、网络化是增强年鉴社会服务功能的必经途径。⑤《宝鸡年鉴》王达山在谈论年鉴在西部大开发的定位和功能时指出:"西部地方综合年鉴亦应进一步强化实用性、时效性、检索性、史料性等常规

---

① 崔先立:《县市年鉴功能再认识——兼谈年鉴创新》,《年鉴信息与研究》2004年第1期。
② 陆瑞萍:《从〈连云港年鉴〉增强可读性的尝试兼论年鉴的社会生态记录功能》,《年鉴信息与研究》2005年第2期。
③ 李博、夏溪:《努力发挥年鉴的社会功能》,《年鉴信息与研究》2004年第5期。
④ 王莹:《强化服务功能是年鉴创新发展的有效途径》,《年鉴信息与研究》2003年第6期。
⑤ 郑菜:《增强年鉴社会服务功能的必经途径——〈福建年鉴〉数字化、网络化进程》,《年鉴信息与研究》2004年第2期。

性功能。"① 而广东年鉴社莫秀吉认为："地方综合年鉴作为政府主办的公共文化产品，成为公共信息发布窗口，具有公共信息传播功能。"② 公共信息传播归根结底就是服务社会大众，也就是说，年鉴具有服务社会的功能。中国版协年鉴工委会副主任兼学术委员会主任孙关龙则认为年鉴的功能主要是为现时服务："年鉴作为工具书主要是供人们检索，主要为现时服务，当然不排斥具有存史、资政等，但是存史、资政是其外延功能，不是核心功能……在国外，年鉴的功能就是现时功能，强调'新、快、准'，为现实服务，为社会服务。存史、资政的功能是进入中国这个史学国家后，才发掘出来的，故而讲年鉴的功能要注意的是不能本末倒置。"③ 还有人认为年鉴除具有服务现实的功能外，还应具有鉴赏功能。《中国广播电视年鉴》曲宗生认为："年鉴要服务现实，明鉴春秋，这样的鉴之本身，就有镜鉴与鉴赏的双重涵义，这应该是年鉴的基本要义。""一部年鉴所具有的鉴人、鉴世、鉴知、鉴识、鉴别、鉴采等等，往往蕴涵着智慧的美，蕴涵着一定程度的鉴赏性；而一部年鉴的封面、卷首、照片、插图、补白乃至装帧、设计等等，往往独出心裁，引人入胜，又无不直接体现着形式的美，体现着直观的鉴赏性。显然，无论其内在品质还是外在形式，年鉴都具有鉴赏性。没有鉴赏性的年鉴是苍白的、弱智的，是缺乏品位、缺乏魅力的。"④ 中国版协年鉴工委会主任许家康认为，年鉴具有多方面的功能，但其主要功能还是服务现实的功能："年鉴的基本功能包括反映年度情况、积累实用资料、提供相关信息等三个方面"；"此外，年鉴从历史的角度看，还具有存史功能，但这只是年鉴的从属性、派生性功能，而非原本的、主要的功能。年鉴从本质上看是现实性资料工具书，其基本内容追求一年之新，以年度的新情况、新资料为记述重点，只是随着时间的推

---

① 王达山：《浅谈年鉴在西部大开发中的定位和功能》，《年鉴信息与研究》2000年第4期。
② 莫秀吉：《论地方综合年鉴的公共信息传播功能》，载《年鉴论坛（第二辑）》，中国农业出版社，2011，第31页。
③ 孙关龙：《方志不能年鉴化 年鉴不能方志化》，载《年鉴论坛（第二辑）》，中国农业出版社，2011，第12页。
④ 曲宗生：《史册·手册·画册——对年鉴"鉴赏性"功能的思考》，《年鉴信息与研究》2003年第2期。

移,它才逐渐变为重要的史料。年鉴的历史性寓于现实性之中,它只有真实地记录现实,才能深刻地反映历史,它首先是现实的,然后才是历史的"。①

通过国内年鉴界对年鉴功能研究的梳理,不难看出,大家对年鉴功能还没有形成统一的认识。对年鉴究竟具有哪些功能、哪些是年鉴的主要功能、哪些是年鉴的次要功能或衍生功能,都没有形成共同的看法。对年鉴功能认识的不同,必将影响年鉴编纂出版的各个环节。下面,本文就年鉴的功能谈点看法,以求教诸位方家。

二 如何看待年鉴的功能

大家知道,年鉴是从国外引进的舶来品。如果说,地方志书是农业文明的产物的话,那么可以说,年鉴是工业文明的产物。我们在分析年鉴功能的时候,千万不要忘记年鉴是从国外引进来的这样一个事实。所以,笔者非常赞同孙关龙的观点。年鉴的功能就是为现时服务,至于年鉴的其他功能都不是年鉴的主要功能,而是其衍生功能。正如毛泽东在《矛盾论》中所说:"在复杂的事物发展过程中,有许多的矛盾存在,其中必有一种是主要矛盾,由于它的存在和发展,规定或影响着其他矛盾的存在和发展。"② 许多研究者也认为年鉴有许多的功能。但是我们看问题和分析问题要看主要方面,也就是说要抓住事物的主要矛盾,因为主要矛盾规定和影响其他矛盾的存在和发展。对年鉴功能的分析也是如此。假如我们把年鉴的存史功能作为年鉴的主要功能,那么我们就没有必要那么强调年鉴的时效性。一部年鉴何时出版、每年编纂出版一部还是三年五年编纂出版一部,对年鉴的存史功能都不会有太大的影响。我们知道,地方志书的主要功能是存史、资政、教化,所以《地方志工作条例》规定地方志书每20年左右修编一次。③ 而年鉴作为逐年编纂出版的资料性工具书,其主要功

---

① 许家康:《年鉴性质、功能和条目编写基本要领》,未刊。
② 毛泽东:《矛盾论》,载《毛泽东的五篇哲学著作》,人民出版社,2008,第75~76页。
③ 《地方志工作条例》第十条,国务院2006年5月18日颁布。

能就是为现时服务,为海内外各界了解和研究一个地方、一个行业提供基本资料和基础数据。也就是说,年鉴的性质决定了年鉴的功能就是为现时服务。至于年鉴的其他功能,都是这一主要功能的延伸。肖东发、邵荣霞以及邵权熙所提及的年鉴五个方面的功能,归纳起来都是为现时服务。服务社会、服务大众,为当时社会各界了解和研究一个地方或一个行业提供最真实、最权威的资料和数据,这才是年鉴工作者需要努力不懈追求的目标。这是其一。其二,从国务院《地方志工作条例》对地方综合年鉴的定义中也可以看出年鉴的主要功能是为现时服务。《地方志工作条例》指出:"地方志书,是指全面系统地记述本行政区域自然、政治、经济、文化和社会的历史与现状的资料性文献。地方综合年鉴,是指系统记述本行政区域自然、政治、经济、文化、社会等方面情况的年度资料性文献。"① 也就是说,地方志书是历史与现状的资料性文献,地方综合年鉴是年度资料性文献。年度资料性文献以年为限,必然要求按年出版。如果年鉴不是为现时服务,那为什么要按年出版呢?其三,从年鉴作为期刊的一种也可以看出为现时服务是年鉴的主要功能。我们知道,全国省级或副省级以上的年鉴大多数是用刊号出版的,也就是说,国家新闻出版总署是把年鉴作为期刊的一种进行管理的。同时,依据国家新闻出版总署颁布的《期刊出版管理规定》中对期刊下的定义"期刊又称杂志,是指有固定名称,用卷、期或者年、季、月顺序编号,按照一定周期出版的成册连续出版物"②,我们也可以确定年鉴就是期刊的一种,因为年鉴完全符合期刊定义的基本属性。作为期刊,它不会因为出版方式的变化而发生性质上的改变。年鉴也不会因为通过出版社出版而改变其作为期刊的基本属性。所以,年鉴编纂者在编纂出版年鉴时要注意把握年鉴作为期刊的这个特点。根据百度网站关于期刊特点的描述,期刊的第一个特点就是:"报道及时。期刊与图书相比较,出版周期短,刊载论文的速度快、数量大、内容新颖、发行与影响面广,能及时反映国内外科学技术的新成果、新水平、新动向。"③ 报道

---

① 《地方志工作条例》第三条,国务院 2006 年 5 月 18 日颁布。
② 《期刊出版管理规定》第二条,新闻出版总署 2005 年 9 月 30 日发布。
③ http://zhidao.baidu.com/question/198043804.html.

及时是期刊的第一个特点。按照这一特点来衡量年鉴，年鉴应该当年编纂当年出版。因为年鉴反映的内容是一年内的基本资料。其动态性的年度条目都是一年内的大事、要事和新事，其专题性条目的内容虽然条目名称不变，但其内容都是全新的，它要用当年的资料进行全面更新。如果年鉴不能实现当年编纂当年出版，那它就无法体现期刊报道及时的特点，无法及时为读者提供需要查检的资料，无法实现其为现时服务的主要功能。当然，年鉴的报道及时不同于新闻网站、广播电视、报纸等新闻媒体。新闻网站、广播电视、报纸等新闻媒体追求的是一时之新、一日之新。年鉴追求的是一年之新。一时之新要求的是及时更新，一日之新要求的是按日出版，那么一年之新就必然要求按年出版。所以，年鉴按年出版是年鉴作为期刊的自身要求，也是其作为期刊的本质属性之一。年鉴只有按年出版才能称之为年鉴。所以，作为年鉴从业人员，必须根据年鉴的期刊特性编纂出版年鉴，保证年鉴出版的及时性，确保年鉴为现时服务的功能，发挥其最大的效益。百度网站关于期刊第二个特点的描述是："内容广泛。期刊发表的文献，大多数是原始论文，提供的资料包括研究方法、仪器装置、结果讨论和参考文献等。此外，期刊还刊登文献述评、动态介绍、会议消息、书评和新书预告、产品广告等，内容十分丰富。不仅如此，其他类型的文献，也常常在期刊上发表，如会议论文、科技报告、学位论文等，重要的专利在期刊上也常有报告。"① 内容广泛是期刊的第二个特点。根据这一特点，年鉴也是完全符合期刊这一特性的。年鉴的表现形式除条目外，还有文章、工作报告、调研报告、统计表格、人物简介以及图片、示意图等，年鉴的内容除一个地方或行业的基础信息资料外，还有年度内的大事要闻，所以其内容也是丰富和全面的。年鉴内容的丰富性也是由其为现时服务的功能决定的。年鉴只有提供全面丰富的内容才能实现为现时服务的功能。百度网站关于期刊第三个特点的描述是："连续出版。期刊连续出版，不仅有利于情报的传递，而且它们所积累的大量文献，历史地、系统地记录了某一学科或某一研究对象的发展过程。期刊每期

---

① http://zhidao.baidu.com/question/198043804.html.

都有目录，卷末或年末编有各种索引，有的期刊还出版多卷或多年的累积索引，便于文献情报检索。"① 年鉴作为期刊的一个种类，只有遵守期刊的特性才能实现其自身的价值。年鉴的价值体现在两个方面：一是服务现时的功能。也就是说，年鉴载录的内容可以为社会各界研究和了解一个地方或一个行业提供基础、权威的基本资料。二是通过连续出版，历史地、系统地记录一个地方或行业发展的历史过程，通过累积的大量资料文献，实现其存史的价值。年鉴的价值首先体现在它的现时服务功能上，所以年鉴要及时出版。只有出版及时，才能最大限度地实现其为现时服务的功能。而其连续出版，带来的衍生功能就是其存史价值。年鉴通过连续出版，可以最大限度地发挥其存史价值。年鉴连续出版的时间越长，其存史价值也就越大。但是，年鉴的主要功能是为现时服务，其存史功能不是年鉴编纂者在编纂年鉴时重点考虑的因素，而是因为年鉴内容全面真实、资料翔实、数据准确，真实地记录了一个地方或行业一年内的基本情况和主要数据，加之其连续出版，而带来了记录一个地方或行业发展轨迹的存史价值。

通过以上分析，可以得出如下结论：年鉴的主要功能是为现时服务。年鉴的编纂出版应该围绕年鉴的这一主要功能进行。年鉴出版的时效性、年鉴内容的全面真实性、年鉴数据的准确性、年鉴资料的权威性，等等，都是服务于年鉴为现时服务这一主要功能的。至于年鉴的资政、存史、教化等功能都不是年鉴的主要功能，而是由年鉴为现时服务的主要功能衍生出来的附属功能。

参考文献

许家康：《年鉴编纂入门与创新》，线装书局，2006。

阳晓儒：《城市综合年鉴编纂散论》，线装书局，2009。

谭惠全主编《城市年鉴编纂的理论与实践》，广州出版社，2003。

---

① http://zhidao.baidu.com/question/198043804.html.

许家康：《许家康集》，线装书局，2011。

邵权熙主编《行业年鉴理论与实践》，线装书局，2009。

孙关龙主编《年鉴论坛（第一辑）》，中国林业出版社，2010。

孙关龙主编《年鉴论坛（第二辑）》，中国农业出版社，2011。

肖东发、邵荣霞：《实用年鉴学》，中央文献出版社，2000。

易行主编《年鉴编辑手册》，线装书局，2008。

《年鉴信息与研究》杂志全文检索数据库，电子出版物数据中心、《年鉴信息与研究》杂志社出品。

（作者单位：广州年鉴社）

谈地方综合年鉴服务功能的扩展

黄 铭

地方综合年鉴的功能主要包括存史、资政、服务修志、传播公共信息、鉴戒、激励、社会服务等，应该说这些都是地方综合年鉴应该具备和可以实现的功能。由此可见，年鉴的功能具有多样性，只有明确年鉴基础功能，在编纂过程中，围绕基础功能展开工作，才能提高年鉴质量，并更好地实现年鉴的其他功能。

一 工具书功能是地方综合年鉴的基础功能

许多专家、学者以及年鉴工作者都撰文强调了地方综合年鉴的工具书功能。例如，许家康认为，"年鉴是逐年编纂连续出版的资料性工具书"，强调"年鉴不是史书"，并将年鉴的性质概括为资料性、年度性和检索性。[①] 孙关龙认为："年鉴，作为一种年度资料性工具书，哪个部门、哪个机构、哪个行业都可以编，它在哪里编纂就应该具有哪里的特色，但都不能影响其'年度性'、'资料性'、'连续性'、'工具性'的本质。"[②] 许之标认为："年鉴的资料性工具书定位是其存在的根本，为地方志书编修服务是年鉴'本土化'中衍生的一个'副产品'，不能冲淡也不应该淹没年

---

① 许家康：《年鉴编纂入门与创新》，线装书局，2006，第7~10页。
② 孙关龙：《方志不能年鉴化　年鉴不能方志化》，载《年鉴论坛（第二辑）》，中国农业出版社，2011，第21页。

鉴的主体价值——年度有效信息的工具书。"① 张子忠认为："地方综合年鉴作为总揽地情之权威性资讯工具书刊的根本属性,要求它以实现资讯最大化、最优化为目的,向党政机关、企事业单位和社会相关层面读者快捷地提供管用、好使的各有关方面资讯,并在这方面成为社会各界无出其右的权威性出版物……至于年鉴由于资讯管用、好使,而在存史、资政、利业等方面释放、发挥出来的直接与间接的功能作用,应该看作是它功能作用的衍生。"②

应当说,将年鉴的基础功能定位为工具书功能,既适应社会需求,也符合年鉴的媒介性质,即地方综合年鉴的基础功能"为什么"是工具书。

一是从社会需求角度看,公众对年度地情信息有需求,但能较好地提供具有权威性的年度地情信息的媒介,只有地方综合年鉴。

在互联网时代,信息量呈井喷式增长,信息渠道增多,获取信息更加容易。受众很容易从各种媒介获得自己所需的信息资料,尤其是通过互联网搜索引擎,几乎可以在瞬间获得所需信息的各种链接。那是不是说只要有了互联网,其他媒介形态就没有存在的意义呢?其实不然。在各种媒介中,互联网所能提供的信息量最大,但也存在信息资源鱼龙混杂、真假难辨的情况。受众面对海量的信息资源,更需要作出筛选,对信息的真伪和可利用程度作出自己的判断。因此说,借助互联网,受众获取信息的难度不断下降,但对信息作出判断、选择的难度不断提高。假设我们需要了解某个地区,最快捷的做法可能是利用互联网搜索引擎,就可以搜索到关于该地的各种相关资料,但在搜索出的大量资料中,哪些是真、哪些是假,资料是否全面、准确、及时,都要依靠我们自己作出判断。

不仅仅是互联网媒介,其他诸如报纸、期刊、广播、电视等媒介,在反映年度地情信息方面也有其优缺点。这里可以通过一个表格简单地分析几种主要媒介在反映年度地情信息上的优缺点。

---

① 许之标:《地方综合年鉴社会价值最大化的一点思考》,载《年鉴论坛(第一辑)》,中国林业出版社,2010。
② 张子忠:《年鉴创新、年鉴属性及其功能作用与自主知识产权刍议——以地方综合年鉴为例》,载《年鉴论坛(第一辑)》,中国林业出版社,2010。

表1　几种主要媒介反映地情信息的优缺点比较

媒介 \ 优缺点	优点	缺点
报纸	信息权威；及时，信息更新速度较快	不够系统；资料不连续，一般无年度完整资料；无检索系统，查阅不便
期刊	信息较权威；较及时，信息更新速度慢于报纸	不够系统；资料不连续，一般无年度完整资料；无检索系统，查阅不便
广播、电视	较及时，信息更新速度较快	不够系统；资料不连续，一般无年度完整资料；影音、视听媒介，难于保存文字资料；无法检索，查阅不便
互联网	信息量大；及时，信息更新速度快；查阅、检索便利	信息权威性差；年度完整资料较少见
地方志	信息权威；内容完整，系统性强、内在逻辑性强；查阅、检索方便	信息更新速度最慢
地方综合年鉴	信息权威；内容较完整、系统性较强；查阅方便，检索系统较齐全	信息更新速度较慢

通过简单比较可以发现，在确保信息真实性的前提下，综合考虑时间因素、内容因素、检索因素等各种利弊，地方综合年鉴还是反映年度地情信息的最佳媒介形式。需要强调的是，随着互联网发展，互联网能提供庞大且免费的信息，但是不能因为网络能找到相关资源，就否认地方综合年鉴存在的价值。"如果说网上能查到就免刊，那么，年鉴中有哪些资料在网上查不到呢？应当说，绝大多数都能查得到……年鉴自然也可以不编了，甚至许多报刊都可以不办了。可是社会现实却是，网络越发达，年鉴出得越多，报纸杂志也越出越厚。为什么？道理很简单，网络发达、信息爆炸、资讯铺天盖地，带来一个很大的麻烦，就是检索越加困难，越费时间和精力，越是良莠难分、真假难辨；而人们却越来越忙，时间越来越不够用。于是，许多文摘类报刊、各种各样的工具书便应运而生，大行其道。年鉴正是在这样的背景下大发展的。"[①]

---

① 许家康：《部分市、县（区）年鉴编纂中常见的突出问题——从两广出版的30种市、县（区）年鉴谈起》，《沧桑》2012年第1期。

运用传播学中的"把关人"理论，可以很好地解释以上现象。根据"把关人"理论，媒介在发布信息时，有一个取舍过程。在这个过程中，传媒组织形成一道"关口"，控制着哪些信息可以"流向"受众。在互联网中，发布信息较为容易，而互联网媒介管理者难以对海量的信息资源逐一进行鉴别。正是由于"把关人"的缺失或"把关"不到位，才造成网络中的信息真假难辨。相对于互联网，传统媒介则对信息的选择、取舍有着更为严格的标准，执行的力度也更大，因而信息的真实性往往更有保障。这也解释了为什么在互联网信息资源发达的今天，各种传统媒体仍然能继续生存并拥有广泛的受众。年鉴也是如此。所以说，虽然媒介形式众多，各个媒介所能提供的信息量庞大，但在提供年度地情信息上，地方综合年鉴有其不可替代的作用。这也是地方综合年鉴的市场所在。我们不能说对权威的年度地情信息的需求达到人人必备的地步，但这种需求肯定存在，而且在决策分析、科研、咨询、存史、宣传等诸多领域是必不可少的。

二是从媒介性质角度看，地方综合年鉴作为一种传播媒介，其自身的媒介性质也限制着其功能发挥。

从时间角度看，年鉴的时效性和及时性无论如何都赶不上报纸、广播、电视等媒介，更遑论互联网媒介。年鉴一年一本，出版周期仅快于地方志书，远远慢于天天更新的报纸、时时更新的电视和广播，以及"分秒"更新的网络，因此年鉴相比于其他传播媒介，优势不在于时效性，而在于内容的权威性。通过一年的编辑加工，对信息进行去粗取精、去伪存真的筛选和整理，确保了信息内容的权威性，并兼顾一定的时效性。"年鉴信息的滞后性，是它的一大缺点，也是它的一大优势。但是，年鉴并不是史书，而是年度资料性工具书。年鉴内容选择的年度性决定它必须为读者及时提供新情况、新资料，规定它必须记录现实并为现实服务。年鉴当然也具有存史功能，因为它全面收录的现实性资料随着时间的推移，将会变为重要的史料。但年鉴的历史性总是寓于现实性之中，只要年鉴还在出版，年鉴的历史性就永远无法超越它的现实性。年鉴只有真实地记录现实，才能深刻地反映历史；它首先是现实的，然后才是历史的。"①

从空间角度看,地方综合年鉴采用条目体工具书的形式(包括纸质媒体形式的纸质书和数字媒体形式的电子书),是一种较为"稳定"的记录信息的模式。相比于广播、电视等视听媒介,以工具书形式记录的信息内容,不会随着影音而"转瞬即逝",而是以文字形式很好地固定下来;相比于报纸、期刊、图书等其他纸质或电子载体,虽然都是用文字记录信息,但年鉴以条目体形式组织文字内容,结构更加系统化,内容更加精简,查阅、检索更加便捷;相比于网络媒介,年鉴的最大优势就在于内容具有权威性,同时内容全面、系统、有条理。

通过以上分析可见,地方综合年鉴的基础功能应该是工具书。只有在实现工具书功能的基础上,才能更好地实现年鉴的其他功能。那么,年鉴的其他功能又有哪些呢?

二 扩展年鉴的服务功能

年鉴的基础功能是作为工具书供人查阅,然而年鉴的功能并不仅限于此。年鉴的功能应该具有多样性,还具有存史、资政、服务修志、宣传、鉴戒、激励等多种功能。

1. 存史功能,为修志服务,资料长编的功能

田骅认为,年鉴资料不能等同于志书资料,更不是志书资料的全部,但是年鉴资料作为地情资料的一个重要方面,可以为志书的编纂提供准确的数据、事物发展的脉络和重要资料的线索。② 黄长银认为,在保持相对稳定性、持续性和可比性的前提下,年鉴主要工作性条目的主要内容可以被志书大量直接引用,编纂年鉴"给续志积累了资料,打下了基础,年鉴

---

① 许家康:《关于年鉴出版周期和年鉴编纂理论研究的建议——在第二十一次全国城市年鉴研讨会上的讲话》。
② 田骅:《谈谈年鉴资料与志书资料的异同及年鉴资料在志书编纂中的作用》,《上海志鉴》2006年第2期。

工作是续志工作的基础和延续"①。马振雄从年鉴的地情书性质、年鉴新闻价值滞后和年鉴编纂内容收集与整理三个方面，阐述了编纂年鉴要注重年鉴的存史价值，为续志积累资料。②王笑貌在论述地方综合年鉴收集保持地方志资料的作用时，提出要如何兼顾地方志和年鉴的体例。③方继红在总结近年来对志鉴结合研究的基础上，提出"使年鉴成为地方志书名副其实的基础资料，起到资料长编的作用，从而使年鉴不但从形式上，而且从内容上真正归属于地方志范畴"④。

2. 宣传、鉴戒、激励功能

地方综合年鉴的宣传功能，首先体现传播信息，进而起到地区宣传作用。莫秀吉认为，地方综合年鉴作为政府主办的公共文化产品，是公共信息发布窗口和传播平台，并要将地方综合年鉴打造为有影响力的公共信息传播平台。这一观点，即认为地方综合年鉴是一个地区的城市宣传平台，既传播地方公共信息，也是地区向外推介的窗口，可以"宣传政府的工作，吸引外来投资，促进本地本行业经济发展"⑤。

年鉴的宣传功能，还可以衍生出鉴戒、激励功能。通过对好与坏、得与失等资料信息的收录，让读者在阅读中"见贤思齐焉，见不贤而内自省也"，即"把有突出贡献的社会主义新人载入年鉴，其鼓舞和激励作用是不言而喻的"⑥。

3. 社会服务功能

这是一种对年鉴功能较宽泛的定位，即服务社会、服务读者。应该说，年鉴社会服务功能是对年鉴功能的一种总结。这种功能定位将包括工具书功能在内的各种功能都囊括了，体现的是年鉴功能的多样性。方亚光

---

① 黄长银：《编好年鉴，为修志打下坚实的资料基础》，《年鉴信息与研究》2007年第4~6期。
② 马振雄：《年鉴的存史价值与修志资料的积累》，《年鉴信息与研究》2007年第4~6期。
③ 王笑貌：《要充分发挥地方综合年鉴收集保存地方志资料的作用》，《年鉴信息与研究》2007年第4~6期。
④ 方继红：《志鉴结合的几点思考》，《年鉴信息与研究》2009年第1期。
⑤ 莫秀吉：《论地方综合年鉴的公共信息传播功能》，载《年鉴论坛（第二辑）》，中国农业出版社，2011年，第31~38页。
⑥ 周兴俊：《中国年鉴的特殊功能与分类》，《年鉴信息与研究》2008年第2期。

就将年鉴的社会服务功能归纳为七个方面：决策参考和战略作用（导向价值）、横向联系和窗口作用（媒介价值）、教育培训和科研参考作用（学术价值）、生活顾问和社会服务作用（实用价值）、传播文化和积累史料作用（历史价值）、战术指导和技术顾问作用（情报价值）、惩前毖后和防微杜渐作用（鉴戒价值）①，从这七个方面，基本将年鉴的功能较为全面地概括了出来。

4. 对于年鉴功能"反规范性"的研究论述

以上对年鉴功能的总结（包括基础功能与各种服务功能等），更多地从年鉴规范性的角度进行论述，此外，还有一些"反规范性"的论述。说是"反规范性"，实则强调的是地方综合年鉴不应受"工具书定位的掣肘"，主张年鉴要摆脱工具书模式的束缚，兼顾实用性与消遣性，"在年鉴语言上，就是既保持年鉴主体为简明的记述语体，但不排斥在适当的位置穿插使用其他更富表现力的语体，从而使年鉴整体语言不再单调，甚至使全书语言因此而丰富和生动"，"在年鉴形式上，就是充分把握其'亦书亦刊'性，在编排出版上多形态、多样化，让读者喜闻乐见"。② 这种观点，归根结底还是认为年鉴具有多种功能，要扩大年鉴的功能范围，提高公众对年鉴的利用率。

三 如何更好实现年鉴的各种功能

以上对地方综合年鉴功能的研究论述，都是对功能"是什么"和"为什么是"的回答，而年鉴功能研究应该还有另一个方面，即如何增强年鉴的功能。王振夫和付莉撰文指出，地方综合年鉴要实现社会服务功能，就要突出现代实用性、突出使用价值，并在改革创新中寻求发展。③ 哈幸凌

---

① 方亚光：《当前地方综合年鉴编纂中值得注意的几个问题》，《年鉴信息与研究》2007年第4~6期。
② 曲宗生：《影响年鉴创新发展的两个根本问题》，《年鉴信息与研究》2006年第2期。
③ 王振夫、付莉：《论地方综合年鉴的社会服务功能》，《年鉴信息与研究》2009年第3~4期。

认为,应该从年鉴的框架体例、选题内容、编校质量、外观装帧等方面提高编纂质量,使年鉴成为较受读者欢迎的年度资料性工具书。① 这些关于如何加强地方综合年鉴功能的研究,从宏观层面对如何提高年鉴的质量进行了探讨,实际上也是对年鉴如何实现其功能提出了看法。应该说,年鉴的功能具有多样性,归根结底是服务社会,而基础功能定位应该说是工具书,或者说是特殊的工具书。通过这一基础功能,进而衍生出存史、服务修志、宣传、鉴戒、激励、社会服务等功能。只有在实现年鉴工具书功能的基础上,才能更好地实现其他各种服务功能。笔者认为,应该通过以下三方面来增强年鉴的功能。

一是强化"把关"意识,做好编鉴工作。上文已经指出,年鉴的编纂实则也是一个"把关"的过程,可以从把关人自身、把关原则、把关过程三方面对年鉴编纂过程进行分解。把关人自身,即地方综合年鉴的编纂者,探索如何提高自身素质,练就一身扎实的基本功,具备编好地方综合年鉴的业务能力。把关原则,即对资料的选择与取舍,探索年鉴收录材料的选择标准,使地方综合年鉴的内容更加丰富、充实,满足社会需求。把关过程,即年鉴编纂工作流程,探索建立更加科学的编纂工作流程,规范年鉴编纂工作,解决编辑过程中出现的技术问题。

二是做好用鉴工作,扩展服务功能。地方综合年鉴不仅是一本以年度地情信息为内容的工具书,也是编修地方志的重要资料准备,还可以是地区对外宣传、推介城市形象的平台。编好地方综合年鉴,关键是要用好,让地方综合年鉴不仅能用于资料查阅,还可以为修志积累资料,宣传地区形象,并在这些地方综合年鉴传统功能的基础上,开发出新的功能,并反过来促进编鉴工作的创新。

值得一提的是前文提到的"反规范性"观点,认为年鉴不应被工具书模式所束缚,要力求语言上更富表现力、编排上更多样化,认为年鉴要力争"飞入寻常百姓家"。个人认为,这个观点很好地体现了年鉴的创新,

---

① 哈幸凌:《年鉴——返璞归真后的资料性工具书》,载《年鉴论坛(第一辑)》,中国林业出版社,2010。

但在短期内是否能实现还需存疑。在国外，一些年鉴发行量巨大，这也和国外读者阅读习惯、图书消费习惯有关。尤其是地方综合年鉴，其收录范围仅限于一地而非全国，受众范围就受到限制。虽然还有出于研究需求购买的个人读者，但毕竟受众还是偏向于小众市场。此外，地方综合年鉴的定价一般较高，很少有人能承受这个价位并自费购买。

然而，这并不是说地方综合年鉴就不能加入一些指南、便览等服务性资料。比如，可以在年鉴中加入在互联网上较难找到、与公民生活相关的行政事务服务指南等内容。同时，向图书馆等场所提供这些兼具便民服务内容的地方综合年鉴，让更多读者能够接触到年鉴，学会读鉴、用鉴，提高地方综合年鉴在社会的知名度，真正实现地方综合年鉴服务社会的大功能。

三是立足工具书功能，开发地情信息数据库。在互联网时代，加快数字出版步伐已是出版界的共识。在将地方综合年鉴编成一部合格工具书的基础上，还应该积极探索地方综合年鉴网络化、数字化的发展。不少地区已将纸质版的年鉴进行图文扫描，制成电子版年鉴，这仅仅是数字化的第一步。年鉴数字化，要将图文资料转化为数字资料后，重新进行编辑加工，使数字产品能适应互联网阅读、检索的需求，同时补充因版面局限等原因没有收录到纸质年鉴中的信息内容，最终实现利用年鉴的地情信息、建立地情信息数据库的目标。

参考文献

许家康：《年鉴编纂入门与创新》，线装书局，2006。

孙关龙主编《年鉴论坛（第一辑）》，中国林业出版社，2010。

孙关龙主编《年鉴论坛（第二辑）》，中国农业出版社，2011。

郭庆光：《传播学教程》，中国人民大学出版社，2007。

伊尼斯：《帝国与传播》，中国人民大学出版社，2003。

（作者单位：《福州年鉴》编辑部）

年鉴创新研究综述

刘 波

从20世纪80年代我国年鉴事业迎来高速发展期以来,"创新"研究与实践就成为年鉴界讨论的一个重要命题。在基本达成共识的同时,创新也成为当今年鉴界所共同面临的迫切而又必须完成的任务。根据中国知网全国期刊数据库统计,从20世纪80年代至2011年底,各种杂志刊发直接以年鉴创新为标题的文章200余篇。以刊物计算,《年鉴信息与研究》刊发此类论文最多(1995~2007年发表与创新有关的文章191篇);以时间计算,则主要集中在2001~2006年。年鉴创新研究热集中在《年鉴信息与研究》及这一时间段,一是与中国版协年鉴研究会的大力推动有着巨大的关系,二就是年鉴经过20世纪80~90年代的高速发展后面临着一些发展的困惑和迫切需要解决的问题。具体到研究过程、研究内容与研究成果,主要表现为五个方面的特征,即创新共识基本达成、创新起因清晰、创新目标明确、创新方式多样、创新理论多付诸实施。

一 创新共识基本达成

创新就是破除年鉴内容单薄、资料单一、表现手法枯燥、管理体制落后等弊端,全面提升年鉴编纂质量,使其具有一定的生存发展空间。研究一致认同:不求创新、跟不上时代步伐的年鉴势必失去读者,终将被淘汰。年鉴创新的研究涉及年鉴的方方面面,从定位(性)到框架设计、内容设置、出版形式、组稿方式、经营模式等,在研究细节与表述上有所差异。内容虽多，观点虽杂，但经过多年的研究，基本形成一定的共识。

许家康《年鉴的实用性、读者定位及创新方向》[①] 提及关于年鉴创新问题，大致可以概括出三条：一是特色化风格化，二是多样化系列化，三是数字化网络化。所谓"特色化风格化"，是指现有年鉴通过创新框架，充实内容，张扬个性，办出特色，逐渐形成不同的风格，进而形成不同的流派。其根本出发点是要打破年鉴"千人一面"的格局，进一步提高年鉴的编纂出版质量。所谓"多样化系列化"，是指通过创办一批有市场潜力、实用性较强的专业年鉴（如啤酒年鉴、花卉年鉴等）和区域年鉴（如港澳台年鉴、长江三角洲地区年鉴等），并对现有年鉴的品种结构进行战略性调整，增加年鉴的品种数量，逐步形成年鉴品种多样化、系列化的新局面，进一步繁荣年鉴出版事业。所谓"数字化网络化"，是指应对信息化的挑战，利用现代信息技术，创新年鉴的编纂出版方式，使年鉴出版业在多种传媒、多种出版物的激烈竞争中立于不败之地。孙关龙《从年鉴评奖看年鉴创新和编校质量》[②] 提出，创新的内涵是全方位的，创新应包括6个方面：内容创新、品种创新、形式创新、机制创新、体制创新、思想理论创新；创新的方向则是"六化"：即年鉴的个性化、风格化、系列化、多样化、数字化、集约化。具体说，每一部年鉴应该走个性化、特色化之路，进而形成风格化，在手段上或形式上则要走数字化道路，在体制上经营上则走集约化之路。认为基本矛盾有两个：一是迅速发展的社会客观实际与年鉴客观记述之间的矛盾，二是愈来愈迫切的社会信息需求与年鉴所能提供信息之间的矛盾。许家康的《年鉴编纂入门与创新》，将年鉴界关于创新的共识进一步总结为10个方面：创新是年鉴题中应有之义；年鉴随社会转型必须创新；创新的迫切性由年鉴面临的主要矛盾所决定；创新的动力是居安思危；思想理论创新是年鉴创新的关键；创新的切入点是提高现有年鉴的内容质量；年鉴的运行机制、管理体制必须改革；内容创新与经营创新相辅相成；创新与规范不构成对立；创新的一个重要方向是集团

---

① 《年鉴信息与研究》2003年第1期。
② 《年鉴信息与研究》2005年第5期。

化、数字化、网络化。

二 创新动机清晰

研究多认为，创新是年鉴同步于社会发展的应有之义，同时认为年鉴界发展中的困境是年鉴创新的主动力。在动机清晰的前提下，提出了一些前瞻性的建议，把年鉴的生死存亡寄托在年鉴创新上。方继红《一员年鉴新兵对年鉴创新的感悟》[①] 分析年鉴创新的动力，得出"年鉴创新的动力 = 正确的从业心态 + 不灭的创新激情 + 无限的创新知识 + 多维的创新思路 + 可塑的创新环境"的公式。《上海宝山年鉴》编辑部胡新力《也谈年鉴规范与创新》[②] 一文提到，年鉴的创新来自对年鉴的理性认识，即对年鉴的属性、作用、环境的要求的认识，以及对年鉴面临的机遇和挑战的理性认识等等，也来自对形势发展的高瞻远瞩，即对未来发展的科学预见。创新的意识具有两方面的意义，一是对现状的不满足，二是前瞻性。张芝慧《创新是科技年鉴发展的动力》[③] 指出四个方面的原因：21世纪是知识经济时代、信息时代和创新的世纪，要适应时代的变化，反映时代的变化，没有创新，年鉴就没有生命力。因此，年鉴创新是时代的需要；年鉴创新是年鉴自身发展的需要，创新并不是人为强加规定的，而是年鉴发展的必然规律；提高年鉴质量需要不断创新，质量是生命，为了更好地突出时代特点、地方特色、专业特色、行业特色，满足读者需求，年鉴需要创新；适应激烈的市场竞争需要年鉴创新，优胜劣汰是自然界的规律，年鉴作为出版物的一种，需要创新来巩固市场、开拓市场，才能在激烈的竞争中立于不败之地。

（一）创新是年鉴发展的应有之义

年鉴要发展，离不开创新，离开创新的年鉴，则必然丧失发展乃至丧失生命力，这些论断使"创新"成为年鉴的属性之一。如黄丽、屈洪斌

---

① 《年鉴信息与研究》2002年第3期。
② 《年鉴信息与研究》2002年第4期。
③ 《年鉴信息与研究》2004年第3期。

《专业性年鉴发展及理论研究初探——兼谈专业性年鉴创新发展的原动力》[①]提到,年鉴创新发展的原动力就是其能不断满足社会发展需要的强大的生命力。不创新则必然面临着被淘汰的命运。杨颖《关于年鉴创新的思考》[②]指出,"年鉴作为信息产业,作为文化出版事业的一部分,要适应时代变革,为改革开放、经济建设和广大人民群众服务,就必须与时俱进,不断创新。"年鉴创新是时代发展的必然。"而一味因循守旧,缺乏创新,只会使年鉴事业陷入停滞不前的境地。"沈红岩《另类"年鉴"》[③]通过对《2003文化年鉴》这一所谓另类"年鉴"的评述以及和其他专业年鉴的对比,提出年鉴的改革问题。指出随着时代的变迁和社会形态的变化,年鉴也必须发展创新。《上海经济年鉴》执行副主编张兆安《年鉴编纂与创新的若干要点》[④]认为,"年鉴编纂工作是一个系统工程,也是一个不断协调创新的发展过程。"于友先在《〈年鉴编纂入门与创新〉序》[⑤]中高呼:创新是中国年鉴走向成熟、走向世界的不二法门。

(二) 发展困境是年鉴创新的主动力

年鉴创新的主动力来源于发展中的困境。发展困境是多方面的,主要集中在年鉴本身存在的问题及年鉴与时代脱离这两个方面,并且已经影响到年鉴自身的发展,不创新则无出路,从而进一步提出创新的紧迫性。

1. 年鉴本身存在的突出问题

年鉴编纂出版中存在的问题及年鉴本身存在的不可调和的矛盾是年鉴创新的直接动因。陈仁礼《创新既要力度大又要步子稳》[⑥]指出,大多数年鉴受计划经济模式影响较深,普遍存在着框架老化、千鉴一面、内容单调、发行量下降、经营困难、跟不上日新月异的新变化等问题。朱建新

[①] 《年鉴信息与研究》2002年第3期。
[②] 《年鉴信息与研究》2003年第2期。
[③] 《北京地方志》2004年1、2期合刊。
[④] 《年鉴信息与研究》2005年第1期。
[⑤] 许家康:《年鉴编纂入门与创新》,线装书局,2006。
[⑥] 《年鉴信息与研究》2002年第1期。

《关于年鉴创新与规范的思考》①提到年鉴暴露出的一些突出问题,如管理体制僵化、运行机制不活、市场意识淡薄、编辑力量薄弱、编辑质量不高,特别是表现在编纂形式和体例多样,无章可循,以致各行其是、五花八门等方面。许家康《地方年鉴创新的几个问题》②总结了年鉴编纂出版存在着几个突出问题:框架越来越刻板。刻板之一是一成不变,十多年来没有大的调整。某些地方年鉴的框架虽年年有微调,但大的格局并未改变。刻板之二是严重雷同。省、地(州、市)、县三级地方年鉴的框架设计和栏目设置千人一面,大同小异;同级地方年鉴的框架差异性更小,雷同性很大。内容越来越单调。由于框架长期稳定,栏目未能及时推陈出新,年鉴反映社会现实的功能相对减弱,人们普遍关心的一些热门话题和重要资料很难收入年鉴。发行量越来越少。谭惠全《抓住主要矛盾,推动城市年鉴创新发展》③概括目前影响城市年鉴可持续发展的主要矛盾是社会对城市信息的广泛需求与年鉴反映社会现实功能减弱的矛盾。蒋新甜《年鉴风格与形式、内容创新的逻辑思考》④认为,当前年鉴框架结构方面存在的突出问题是计划经济痕迹、雷同化以及处于常态下的老面孔现象。前者抹杀了时代的区别,中者淹没了地域特色,后者淡漠了年度特点,其结果必然使年鉴的使用价值受到影响。真正意义上的年鉴风格是年鉴特色化和规范化的统一。谭惠全在《年鉴信息与研究》2005年第1期上发表《把年鉴创新的讨论引向深入》中再次提到,对目前年鉴编纂出版存在的积弊,如框架越来越刻板、内容越来越单调、发行量越来越少等问题,逐步取得了共识。目前实现年鉴可持续发展的主要问题是社会对信息的广泛需求与年鉴反映社会现实能力不足的矛盾。年鉴囿于体制上的缺陷、传统采编手段的制约、惯性思维的影响,所能提供的信息资料远远不能满足社会的需要。鲁孟河《地方综合年鉴发展创新的路径选择》⑤指出年鉴存在

---

① 《年鉴信息与研究》2002年第2期。
② 《中国地方志》2002年第3期。
③ 《年鉴信息与研究》2003年第1期。
④ 《年鉴信息与研究》2004年第3期。
⑤ 《年鉴信息与研究》2006年第1期。

的问题：反映在结构上，不少年鉴工具书的基本要素不全，条目编写没有统一的要求和记述程序要求，只是按机关部门工作加以罗列汇总。反映在内容上，有的年鉴条目标题大而空洞，资料既缺乏概全性也缺乏准确性。反映在形式上，有的年鉴片面追求精美印刷、豪华装帧，读者定位和价格定位发生较大偏差，异化了年鉴的本质属性。年鉴界创新不足。金明德《论年鉴创新及编辑素质》[①] 指出，某些年鉴的创新只是一种点缀、一种模仿、一种时髦、一种口号，而其实践却步履维艰。无论创新的广度还是深度，远未达到时代发展要求，时效性差。杨振明、张东晓《创新是年鉴发展的动力》[②] 指出，年鉴编纂的劣势首先是出版周期比较长，上年的内容最快也得到次年的九十月份才能与读者见面；其次是雷同现象比较普遍，此企业与彼企业年鉴在内容、篇目设置等方面均存在雷同现象，本企业年鉴更是在篇目、内容、装帧设计等方面年复一年地沿袭，像是重复往年的故事。这些都制约着企业年鉴的发展与提高。产生的原因是多方面的。曲宗生在《影响年鉴创新发展的两个根本问题》[③] 概括为工具书定位的掣肘等因素。曹玉琦、李维怡《创新——年鉴生存的基本方式》[④] 则指出，中国年鉴大部分为政府主办，受政府影响和制约巨大。年鉴不免由此沾染一些"官腔"、"官架子"，在思想上抱着"皇帝女儿不愁嫁"的想法，疏离了市场。

2. 与社会脱离，影响了年鉴的存在空间

许家康《年鉴的实用性、读者定位及创新方向》[⑤] 指出，有些年鉴甚至成了官不爱、民不理、学者不实用"超凡脱俗"的装饰品和奢侈品。杨立鑫《关于年鉴创新的思考》[⑥] 指出，相当部分综合年鉴时代特点不鲜明，地方特色不明显，框架雷同，栏目老化，内容质量、服务功能未能满足不同读者的需求，知识含量、信息含量、科技含量普遍低，所反映的多是一

---

① 《中国地方志》2004 年第 12 期。
② 《年鉴信息与研究》2007 年第 4~6 期。
③ 《年鉴信息与研究》2006 年第 2 期。
④ 《年鉴信息与研究》2006 年第 2 期。
⑤ 《年鉴信息与研究》2003 年第 1 期。
⑥ 《保山师专学报》2003 年第 6 期。

般工作类、事务类、社会表层类信息，不能及时把握知识创新、技术创新和科技创新等成果，因而整体实用性、可读性不强，与高新技术产业以及经济发展战略等不相适应。刘小波《略论地方年鉴的创新问题》[①]认为，政府办年鉴更多地导致年鉴市场狭窄，销售渠道单一，竞争力十分有限。拓展年鉴生存空间，唯有借鉴国内外先进经验，走"背靠政府，面向市场"创新发展之路，才能使年鉴在日益激烈的竞争中取得立足之地。刘瑜在《年鉴创新是现实的要求、是年鉴的生命所在》[②]中分析了出现年鉴与社会脱离的原因：目前面临的环境已发生了很大的变化。第一，作为信息载体，年鉴与其他信息传媒间的竞争加剧，生存空间逐渐缩小，生存压力逐渐增加。第二，有关出版管理法规的出台，会使年鉴出版、经营逐渐受到限制。第三，不论是综合性年鉴还是专业性年鉴多由政府职能部门或政府直属事业单位主办，随着国内行政事业单位机构改革不断深入，财政逐渐减少补贴，"断奶"势在必行。第四，党政机关领导、工作人员是年鉴读者的重要组成部分，要想将读者群定位于上至各级领导，下至寻常百姓，能满足各色人群需要，有着一定的局限性。第五，年鉴发行一直是行政手段在起决定性作用，随着政府行政职能的变化，年鉴发行量逐步减少将成为不可逆转的趋势。房德胜《论年鉴创新的三个问题》[③]认为，市场经济的倒逼机制是年鉴创新发展的动力之一，并指出年鉴形成单方面供给信息，不考虑受众需求，不需要受众反馈。

3. 创新的紧迫性突出

许家康《地方年鉴创新的几个问题》[④]一文，从社会对信息的需求、主要传媒应对信息的情况、年鉴出版现状三个方面分析了年鉴创新的紧迫性，认为年鉴从整体上看跟不上形势发展的需要。年鉴面貌依旧、栏目依旧、内容编排依旧，一本书编到老。面对信息技术的革命，年鉴不创新，将不会有读者，不会有市场，不会有前途。年鉴创新动因基于社会对信息

---

① 《年鉴信息与研究》2006 年第 6 期。
② 《年鉴信息与研究》2004 年第 1 期。
③ 《年鉴信息与研究》2002 年第 2 期。
④ 《年鉴信息与研究》2001 年第 4 期。

需求的变化。为此，年鉴专家学者对年鉴生存的命运登高而呼，如许家康在《年鉴信息与研究》2001年第2期撰文《改革创新继往开来》中指出：唯有改革，才能闯出新路、永葆活力；唯有创新，才有生存的空间和广阔的市场前景。只有推动整个年鉴界走上改革、创新之路，才有可能实现中国年鉴出版事业的第二次辉煌。许家康在《中国地方志》2002年第3期再次撰文《地方年鉴创新的几个问题》提出，"面对信息技术革命的挑战，年鉴不创新，将不会有读者，不会有市场，不会有前途。"杨颖《关于年鉴创新的思考》[①]也得出了"创新是年鉴生存与发展的唯一出路"的结论。

三 创新目标明确

虽然创新的目标表述不一，但都紧紧围绕着年鉴的质量与生存空间这一主题思想展开，围绕"提升年鉴编纂质量，打造品牌年鉴"这一目标展开。研究也规划了年鉴创新的近期努力方向与远期奋斗目标。如许家康在《年鉴信息与研究》2001年第2期撰文《改革创新继往开来》中指出，年鉴"改革创新的目标：就个体而言，是将年鉴办成特色鲜明、拥有广大读者、靠发行量维持生存和发展的出版物；就总体而论，是造就一批过得硬的年鉴品牌，并逐渐形成不同的风格和流派，使年鉴出版业在多种传媒、多种出版物的激烈竞争中立于不败之地"。石黎明《年鉴的多样化趋势及其对城市综合年鉴的影响——谈年鉴的创新问题》[②]提到，多样化是年鉴事业改革发展的基本取向。最终构筑起中国年鉴多门类、多层次、多侧面的品种体系。除综合年鉴外，中国也应该出版其他多种多样的年鉴。《上海宝山年鉴》编辑部胡新力《也谈年鉴规范与创新》[③]认为，年鉴创新的最终目标是提高年鉴的质量。年鉴质量的内涵：一是符合资料性工具书的属性特征。年鉴是工具书，不是功劳簿、记事本，也不是总结报告、典型经验材料，只能按工具书的模式创新年鉴。二是符合年鉴属种对该种年鉴

---

① 《年鉴信息与研究》2003年第2期。
② 《年鉴信息与研究》2002年第3期。
③ 《年鉴信息与研究》2002年第4期。

内容的要求。不同属种的年鉴，其目标读者是不同的，既不能在其应涵盖的资料范围内出现缺门，也不能漫无边际地追求"飞入寻常百姓家"，去解决本不该由它解决的问题。三是符合我国出版物的质量规定。陈斌《浅谈行业年鉴的创新》① 一文把"官离不开，民用得上"定为年鉴的新目标。杨隽《浅析年鉴品牌创新与市场营销策划》② 提到，年鉴创新是大势所趋，品牌创新是首要因素，建立一个更适应读者群体的年鉴品牌势在必行。孙关龙《编校质量和年鉴创新》③ 研究提出，编校质量是年鉴创新的重要组成部分，更确切地说是年鉴创新的基础。王莹《强化服务功能是年鉴创新发展的有效途径》④ 指出，年鉴创新应达到的目标是：各类人员翻开年鉴，各有所需、各有所用、各有所获，并将其作为工具书保存珍藏。张芝慧《创新是科技年鉴发展的动力》⑤ 概括年鉴创新的目标为：年鉴创新的一个主要方向和目标，就是要通过创新年鉴的内容和形式，通过百花齐放和推陈出新，提高年鉴的出版质量，并形成不同的风格和流派。孙颖《〈大连年鉴〉在创新中成长》⑥ 提到，《大连年鉴》坚持把创新作为年鉴生机和活力的源泉，把质量作为年鉴的生命。张涛《贯彻科学发展观，推动年鉴创新与提高》⑦ 提出，要正确处理提高年鉴质量与改革创新的关系。增加价值最高、特点鲜明条目的比重，压缩常规性、一般性条目的比重，淘汰一些价值不高、信息陈旧、特点不鲜明的条目。曹玉琦、李维怡《创新——年鉴生存的基本方式》⑧ 一文希望年鉴部门逐渐成为地方政府的智库，从面脱离简单的文字资料存储、编辑，摆脱边缘化，向核心层进发。张子忠《年鉴创新、年鉴属性及其功能作用与自主知识产权刍议——以综合年鉴为例》⑨ 提议，年鉴编辑部门应该而且必须时时刻刻把提升队伍素质作为首

---

① 《年鉴信息与研究》2003 年第 1 期。
② 《年鉴信息与研究》2003 年第 2 期。
③ 《年鉴信息与研究》2003 年第 2 期。
④ 《年鉴信息与研究》2003 年第 6 期。
⑤ 《年鉴信息与研究》2004 年第 3 期。
⑥ 《年鉴信息与研究》2005 年第 1 期。
⑦ 《年鉴信息与研究》2005 年第 2 期。
⑧ 《年鉴信息与研究》2006 年第 2 期。
⑨ 孙关龙主编《年鉴论坛（第一辑）》，中国林业出版社，2010。

要的和长期的战略任务来对待,同时致力于在资讯管用、好使的权威性和时效性上,打造人无我有、人有我优、人优我特、人特我全的自主知识产权品牌。

在创新目标研究过程中,年鉴界试图理顺创新与规范、年鉴与地方志书等几种关系。理顺关系的根基都是从实际出发,解决存在的现实问题,为发展年鉴事业服务。

1. 试图理顺创新与规范的关系

研究认为两者互为补充,两者的目的都是为了提升年鉴编纂质量,不能简单地否定任何一方。朱建新《关于年鉴创新与规范的思考》[①]提到,规范是年鉴工作的立身之本,创新是年鉴事业的发展之路。《上海宝山年鉴》编辑部胡新力《也谈年鉴规范与创新》[②]指出,规范与创新本身不构成尖锐的对立,而是互动的。不能讲创新就不要规范,全盘否定规范化;也不可讲规范而限制创新,把创新视为不规范行为。杨颖《关于年鉴创新的思考》[③]一文从真实性这一方面,论述了真实性与创新的关系,认为真实性是年鉴的基本性质,谈年鉴创新不能离开真实性这个根本,否则创新就成了无源之水。姚应懿《正确处理年鉴规范、改革与创新的关系》[④]指出,规范是改革创新的前提,年鉴改革创新是对年鉴规范的补充和完善;社会效益和经济效益的好坏是检验年鉴改革创新成败的唯一标准。鲁孟河《谈谈地方综合年鉴框架设计的规范与创新》[⑤]指出,同一类型的年鉴,应该有一个最基本的框架结构。地方综合年鉴的框架结构设计,应当符合现代社会分工的实际,突出时代特征、地方特色和行业特点,做到门类合理、归属得当、个性创新、特色鲜明。规范是地方综合年鉴框架结构设计的本质要求,是第一位的;创新是地方综合年鉴框架结构设计规范化基础上的必然要求。阳晓儒《关于"规范"与"创新"关系的思考》[⑥]强调在

---

① 《年鉴信息与研究》2002年第2期。
② 《年鉴信息与研究》2002年第4期。
③ 《年鉴信息与研究》2003年第2期。
④ 《年鉴信息与研究》2003年第2期。
⑤ 《年鉴信息与研究》2004年第4~6期。
⑥ 《年鉴信息与研究》2005年第6期。

规范中创新,以创新促规范。年鉴首先要求的是规范,是为读者提供有效信息。规范是基础,是年鉴工作的前提,也是年鉴成熟的标志。规范是创新的基础,创新可以进一步促进年鉴的规范、提高年鉴的编纂质量。规范与创新是互为补充、互为促进的关系。在年鉴编纂工作中,既要强调规范,又要不断创新。只有这样,年鉴事业才会兴旺发达,繁荣昌盛。王芳《对地方综合年鉴创新的几点思考》①认为,加强年鉴的规范性是年鉴创新的基础。年鉴创新要在坚持规范的前提下,张扬个性,推陈出新。刘小波《略论地方年鉴的创新问题》②认为,创新是时代赋予年鉴事业发展的本质要求。创新,不是对现在的年鉴事业予以全盘、彻底的否定,而是在现有的基础上发展,使之从体例、内容到形式更趋合理与完善。但由于我们自身对新情况、新观念、新思想接触了解不多、接受不够,少数人思想观念保守、认识滞后,在实际工作中过分偏重于前人所制的"规范",不敢大胆创新,以至于束缚了年鉴事业发展的步伐,脱离了时代需求。许家康《〈年鉴编纂入门与创新〉前言》谈到:规范和创新并不矛盾,而是可以相得益彰。创新是新世纪年鉴发展的主题,也是时代赋予年鉴工作者的重要使命。年鉴不创新,肯定难有大的作为,甚至完全没有出路。创新与规范的关系。普遍认为年鉴创新与规范的关系是两者为一共同体,相互依存,创新必须以规范为基础,离开规范的创新是无本之源。陈子明《年鉴规范与创新》③认为,年鉴首先要规范,其次才是创新。但无论是规范还是创新都必须以提高年鉴的质量为宗旨,以年鉴的生存和发展为最终目的。鲍秋芬《年鉴规范化与创新之我见》④认为,年鉴规范只是对年鉴的性质和总体编纂原则的规定,各年鉴完全可以在遵守年鉴规范的前提下,结合自己年鉴所反映的领域、专业的具体情况,衍生出自己独有的框架、栏目,选题内容更是自由掌握的范围。江飒英《高校年鉴规范与创新的关系》⑤

---

① 《年鉴信息与研究》2006 年第 3 期。
② 《年鉴信息与研究》2006 年第 6 期。
③ 《中国地方志》2007 年第 6 期。
④ 《年鉴信息与研究》2008 年第 4 期。
⑤ 《年鉴信息与研究》2009 年第 2 期。

提及只有做到按规范编纂，才能满足年鉴科学性、资料性、全面性、权威性和连续性特点的要求，体现年度资料性工具书的作用。规范和创新的内涵决定了这两者之间既相互冲突又相互促进的关系，共同构成了高校年鉴发展的两个相辅相成的方面。首先，规范是年鉴存在的基础，不求规范只讲创新，难以保证年鉴的基本质量。其次，创新是年鉴发展的动力，不求创新只讲规范，难以实现年鉴质量的逐步提高。阳晓儒《规范与创新：年鉴事业发展的永恒主题》① 则认为，年鉴只有在规范的基础上创新，才能保持其长久的生命活力。过分强调创新，就会使年鉴丧失其赖以生存的基石，使年鉴不成其为年鉴，丧失其存在的价值。唐剑平《关于年鉴创新与规范的思考》② 总结了规范与创新的关系，认为规范与创新是提高年鉴编纂质量的两个重要手段，不是目的，两者不构成对立，是相互依存、互为促进的关系。一般而言，规范在先，创新在后，规范是基础，创新是提高。

2. 试图理顺年鉴与地方志的关系

年鉴的创新往往离不开年鉴与地方志的关系的研究，各种研究都在肯定地方志对年鉴工作作出重要贡献的同时，认为地方志与年鉴可以互为补充，互相借鉴，但也普遍担心年鉴方志化的倾向。周俊岭《试论年鉴创新的切入点与走向》③ 认为，一部分年鉴编纂者往往要求年鉴要像志书那样承担"存史、资政、教化"三大功能。这种影响使年鉴的条目资料完全背离了年鉴最本质的信息性工具书的基本属性。曹玉琦、李维怡《创新——年鉴生存的基本方式》④ 认为，年鉴编纂要突破地方志的影响。如用地方志的模式创新年鉴编纂，则处处受掣肘，少有更高层次的提升。也有持相反意见者，如黄玲《简论地方综合年鉴与地方志书的合作与创新》⑤ 则认为，地方综合年鉴与地方志书两个载体在篇目框架、体例与文风等方面又

---

① 孙关龙主编《年鉴论坛（第一辑）》，中国林业出版社，2010。
② 《中国地方志》2011年第12期。
③ 《年鉴信息与研究》2002年第4期。
④ 《年鉴信息与研究》2006年第2期。
⑤ 《黑龙江史志》2011年第6期。

各有自己的特点,特别在资料的选取和运用上、编写方法上有明显的区别,但地方综合年鉴是完全可以与地方志书合作并进行创新的。也只有创新,才能保证地方综合年鉴和地方志书有旺盛的生命力和竞争力,才能促进两者健康的可持续发展。

3. 试图理顺创新与反创新的关系

在全国年鉴界一片创新声中,少数年鉴界同人强调不能简单地把常编常新理解成创新,创新只是提高年鉴质量的一种手段。创新需要特殊的能力,非一般人所为。此类声音甚少,但值得年鉴界同人思考。崔先立《县市年鉴功能再认识——兼谈年鉴创新》① 提出县市年鉴创新应遵循的原则:稳中求变原则、求实避虚原则、和谐统一原则。金明德《论年鉴创新及编辑素质》② 提出年鉴反创新传统,指在长期的年鉴编纂过程中,由早期的模仿学习、照搬照抄起步,逐步形成一套套一成不变的年鉴编纂思想、观念、方法、模式和组织管理机制以及利益格局。胡新力《试谈地方综合年鉴框架的创新》③ 认为,不能把调整、完善一概称为创新,把什么东西都贴上创新的标签。当然,我国的年鉴虽然借鉴于国外的年鉴、发端于国外的年鉴,但毕竟多为中国特色的年鉴,与国外年鉴还是有巨大的差别(例如体例不同、编纂组织方式不同、读者对象不同等)。国内年鉴面临的发展困境也与国外不同,所以不能把创新简单化。浙江省临安市志办唐剑平《关于年鉴创新与规范的思考》④ 认为,创新是人无我有的,具有独特性,并且是有价值的新事物或新思维。任何仅仅利用已有成果或思维来改变自己的做法都不应称为创新,只是与时俱进而已;任何有悖于常规的做法不能称为创新。在年鉴编纂实践中,我们不能把一般意义上的改变和进步统统称为创新,也不能凡事必讲创新,不要过度强调创新,不要把年鉴创新标签化,因为年鉴创新不是人人都能做到的。年鉴工作者编纂年鉴的根本任务和目标是不断提高年鉴的编纂出版质量,而年鉴创新仅仅是实现这个

---

① 《年鉴信息与研究》2004 年第 1 期。
② 《中国地方志》2004 年第 12 期。
③ 孙关龙主编《年鉴论坛(第一辑)》,中国林业出版社,2010。
④ 《中国地方志》2011 年第 12 期。

任务和目标的重要手段。准确地讲，年鉴编纂工作中的许多创新应该称为与时俱进和常编常新。

4. 年鉴创新多立足于现实

创新非凭空创新，所有创新都立足于年鉴现状，为解决年鉴存在问题出谋划策。张磊《论地方年鉴创新的首要目标——个性化》[①] 提到：年鉴的创新目标必须和读者的关注点紧密相连。唐剑平《论地方年鉴的创新》[②] 认为地方年鉴内容创新的一个重要原则就是必须基于地域特色，使地方年鉴具有个性化。根据当地的实际情况，诸如产业结构、资源、区位、文化、习俗、市场等框定年鉴收录的内容、体例及容量。袁太平、陈战洪《地方综合年鉴在编纂创新中要体现时代性、把握规律性、富于创造性》[③] 指出，地方综合年鉴编纂工作要根据新形势、新任务，与时俱进、开拓创新，结合新目标、新要求，体现时代性、把握规律性、富于创造性。集中记载小康和现代化指标体系，体现年鉴编纂的时代性。在创新中不断完善和规范，把握年鉴编纂的规律性。增加记载问题的篇幅，富于年鉴编纂创造性。尚庆元、郭恩革《年鉴要创新、角度要转换》[④] 认为：一是从本地角度换位于更高角度看本地经济和社会发展形势，突出年鉴个性特色；二是从编者角度换位于读者角度，增强年鉴的实用性；三是从评论员的角度换位于学生的角度，学习先进单位年鉴的创新经验。马国顺《论市场需求是年鉴信息选择的价值取向》[⑤] 一文认为，市场需求应是年鉴信息选择最重要的价值取向，在框架结构、条目的选择和内容、收载资料等方面都要运用市场需求为价值取向的原则。年鉴工作者要转变观念，关注研究市场需求，不断创新年鉴的内容和形式。王爱敏《年鉴创新中应准确把握的几个问题》[⑥] 认为，年鉴的创新必须是在保持其基本属性、基本功能的基础上的创新，而不是另起炉灶，推倒重来。任何创新，如果脱离或改变了事

---

① 《年鉴信息与研究》2002 年第 4 期。
② 《中国地方志》2002 年第 6 期。
③ 《年鉴信息与研究》2003 年第 6 期。
④ 《年鉴信息与研究》2003 年第 4 期。
⑤ 《江苏地方志》2004 年第 1 期。
⑥ 《新疆地方志》2005 年第 2 期。

物的基本属性,就不成为创新。李元强《浅析年鉴的发展与创新》[①]认为,年鉴创新要在框架结构、稿源渠道、内容主体、发行载体等方面,进行深入细致的调研,积极、稳妥、逐步推进深化。年鉴创新要符合地情实际,符合社会发展现状,贴近群众生活,满足读者求知欲望,年鉴才能在激烈的市场竞争中,更好地发展下去。王芳《对地方综合年鉴创新的几点思考》[②]提出,增强年鉴的实用性是年鉴创新的核心。最大的问题是年鉴的实用性不强,具体表现在载录内容狭窄,要找的内容找不到,政务信息多,官腔官调,贴近社会、贴近群众的信息少;内容平淡肤浅,歌功颂德的信息多,深层次地反映事物本质的信息少,资料庞杂,越编越厚,越编越大,无效信息多,有实用价值的信息少,致使编出来的年鉴当官的不想看、老百姓不要看。陈仁礼《关于地方综合年鉴定位和提高编纂质量的几个问题》[③]指出,《嘉兴年鉴》是"在继承中创新,在创新中发展"。徐诚《年鉴创新势在必行》[④]认为,年鉴必须基于传统鉴文化,必须面对时代的现实,必须回应西方的鉴文化。梁晓燕《关于年鉴创新问题的思考》[⑤]认为,年鉴编纂者必须在实践的基础上坚持创新原则。创新应是在遵循年鉴工作的规范性、原则性及把握年鉴整体本质属性下进行,不能太随意。随着时代的发展,可调整篇、章、节、目内容,更好地体现时代特色和地方特色,不断提高年鉴质量,充分发挥年鉴的作用,以创新精神不断拓宽年鉴工作思路。

四 创新方式多样

创新涉及年鉴方方面面,创新的方式方法也很多,从创新编纂思想到创新内容记述、框架设计,从创新体制机制到创新经营理念,从创新出版

[①] 《年鉴信息与研究》2005年第6期。
[②] 《年鉴信息与研究》2006年第3期。
[③] 《年鉴信息与研究》2006年第5期。
[④] 《年鉴信息与研究》2006年第5期。
[⑤] 《新疆地方志》2010年第1期。

印刷形式到创新编辑主体需求等。陈仁礼《创新既要力度大又要步子稳》[1]提出,要用新观念、新思路、新内容、新办法、新途径、新举措思考和规划新世纪的年鉴发展之路。姚金祥《创新,年鉴的生命所在》[2]提出,摆脱对"常规"的依赖便是创新的开始。阳晓儒《谈谈地方年鉴的定位与创新》[3]认为年鉴的创新只能是内容和形式的创新,创新的目的是提高年鉴编辑出版的质量,创新的途径是增强年鉴的时代性、实现年鉴的特色化,使年鉴能更加准确地把握时代发展的脉搏,更具有自己独特的个性。许家康《地方年鉴创新问题研究》[4]指出,创新的途径有如下几条可供选择:一是推倒重建,彻底革新。即对原有框架推倒重建,真正从实际出发构建独具个性的新框架,并全面创新年鉴的内容。二是出两种版本。现有地方年鉴大多数离"官书"较近,离资料性工具书较远。可否考虑推出两种版本:一种面向官方,为官服务,这种版本可以以现有年鉴为基础;另一种面向老百姓,为社会大众服务,这种版本可以称为大众生活版、实用版或别的什么名称。第二种版本还可以演化成系列出版物。三是渐进式创新。朝着一个目标,逐年调整框架设计,不断创新年鉴内容,经过三五年、七八年的运作,全面创新年鉴的内容和表现形式。唐剑平《论地方年鉴的创新》[5]把创新形式概括为:载体创新、内容创新、编辑创新、机制创新。通过研究表明,创新主要从两个层面入手,一个是思想层面,另一个是具体操作层面,也就是:一是创新内容,二是创新形式。杨立鑫《关于年鉴创新的思考》[6]提到,年鉴创新应包括年鉴思想理论创新、年鉴机制创新、年鉴形式创新、年鉴内容创新、年鉴组稿方法创新、年鉴队伍培训创新、年鉴品种创新、年鉴载体创新。施永培《浅谈专业年鉴创新中的"四特"》[7]认为,在创新中,要围绕"新"字(新情况、新举措、新成果、

---

[1] 《年鉴信息与研究》2002年第1期。
[2] 《年鉴信息与研究》2002年第1期。
[3] 《年鉴信息与研究》2002年第2期。
[4] 《学习与探索》2002年第2期。
[5] 《中国地方志》2002年第6期。
[6] 《保山师专学报》2003年第6期。
[7] 《年鉴信息与研究》2004年第3期。

新经验）坚持做到"四特"，即体现地域特色、反映时代特征、记述专业特点、表现年鉴特性。许家康、杨锦霞、张磊《年鉴评价标准和创新重点及主攻方向》① 认为，年鉴创新的重点及主攻方向宜围绕完善体例、创新框架、充实内容、讲求实用、改进版式、缩短周期六个方面进行。张芝慧《创新是科技年鉴发展的动力》② 指出，年鉴创新的范围大到宏观上整个年鉴事业的创新，小到微观上每本年鉴的创新，年鉴创新的内容始终贯穿于年鉴工作的全过程。不仅在内容上、形式上创新，而且在组织管理、技术、经营方式、理论上等全方位地进行创新。金明德《论年鉴创新及编辑素质》③ 认为，年鉴创新的重点应落实到具体业务实践，首先要体现为内容创新、功能创新并辅以形式创新。至于思想创新、方法创新和机制创新最终则要落实到编纂人员的素质上，即年鉴创新主体——编辑素质（政治素质、专业和知识素质、能力素质和身心素质）。王爱敏《年鉴创新中应准确把握的几个问题》④ 认为，年鉴的创新应是全面的创新，具体应包括品种创新、形式创新、内容创新、编纂思路与经营机制创新、思想理论创新。许家康《出版改革与年鉴创新》⑤ 提出，年鉴的创新应是全面的创新，至少包括品种创新、形式创新、内容创新、机制创新、思想理论创新。陈时雍《年鉴运作体系的"性属"概念及其创新意义》⑥ 认为，创新的起始点是"五求"，求全、求新、求实、求变、求特。雷鸣《年鉴编撰创新的思考》⑦ 认为，年鉴创新要体现时代性、要遵循客观真实性、要注重服务性、要追求框架的多样性、要拓宽载体的单一性。杨启燕《企业年鉴创新探说》⑧ 认为，创新的重点应该着重从"重彩、注特、显实、扩录"四个方面入手。"重彩"就是重视彩页的内容取材、表现手法、版面设计。"注

---

① 《学习与探索》2004 年第 3 期。
② 《年鉴信息与研究》2004 年第 3 期。
③ 《中国地方志》2004 年第 12 期。
④ 《新疆地方志》2005 年第 2 期。
⑤ 《年鉴信息与研究》2006 年第 2 期。
⑥ 《年鉴信息与研究》2006 年第 4 期。
⑦ 《黑龙江史志》2007 年第 5 期。
⑧ 《年鉴信息与研究》2009 年第 1 期。

特"就是注重"特载"栏目的编辑加工。"显实"就是在条目编写时,注意充分展示企业的生产经营实力,体现企业年鉴的社会价值。"扩录"就是要扩大"附录"的内涵,增强其实用性和可读性。郭永冰《规范与创新并重,不断提高年鉴编纂质量》① 提出,规范编纂组织工作,注重年鉴信息可靠;规范条目选题标准,注重搜集实用信息;规范条目写作要求,注重提高信息质量。陈颖《打造年鉴亮点提高出版质量》② 把年鉴创新的方式归结为八种方式:调整创新框架结构、突出彰显地方特色、着力渲染年度大事、特载内容改颜换面、以人为本宣扬正气、剖析不足发人深省、版式设计各有特色、借鉴报刊导读评论。

1. 思想观念的创新是年鉴创新发展的关键所在

创新年鉴就是要紧跟时代变化,抓住时代脉搏,记录新事物新情况,从而获得发展空间,这些都需要创新的思想观念作为支撑。张子忠《年鉴创新应予解决的几个问题》③ 认为,年鉴创新涉及年鉴的整个编纂出版流程,但最主要的是编纂理论与宗旨。就编纂理论与宗旨而言,年鉴应以全面、系统地刊载时效性强的信息资料为己任,坚决摒弃工作总结、领导讲话、新闻报道式的所谓资料,抑或只记述"光彩"而不反映问题的所谓信息。把年鉴观念归结为"鉴以致用和用之方便"。周俊岭《试论年鉴创新的切入点与走向》④ 认为,年鉴创新的切入点就是要更新计划经济观念和年鉴的志书理念,重新建立起一整套信息服务型和实用效益型的新观念。尚庆元、郭恩革《年鉴要创新、角度要转换》⑤ 谈到,坚定创新意识是年鉴创新的前提条件,而思维角度转换则是创新的关键。陈仁礼《只有解放思想才能实现创新》⑥ 认为,只有坚持生产力标准,才能真正解放思想,而只有思想解放了,才敢于改革创新,强调年鉴工作者唯有坚持"三个代表"重要思想,站在时代的高度,才能对年鉴的创新理论理解更深,从而

---

① 《年鉴信息与研究》2009 年第 1 期。
② 《江苏地方志》2009 年第 6 期。
③ 《年鉴信息与研究》2002 年第 2 期。
④ 《年鉴信息与研究》2002 年第 4 期。
⑤ 《年鉴信息与研究》2003 年第 4 期。
⑥ 《年鉴信息与研究》2003 年第 5 期。

增强创新的自觉性和迫切性。王莹《强化服务功能是年鉴创新发展的有效途径》① 提出彻底改变出鉴理念,强化年鉴服务功能,认为这是年鉴未来创新发展的突破口。陈仁礼《解放思想是年鉴创新的前提》② 提出,要跳出年鉴、站在更高的层面上和更开阔的视野上,根据"三个代表"重要思想的要求,进一步解放思想,学习和掌握一些基本理论,站在时代的高度,探讨年鉴的创新问题。张仁祥、周宏文《按"三个代表"要求推进年鉴工作创新》③ 认为,思想观念上的创新是年鉴创新的前提条件。具体体现在:编纂观点要创新、社会效益要提高、知识要更新。吕惠聪《关于创新企业年鉴编纂的思考》④ 认为,年鉴创新不只是简单的业务问题,而首先是思想观念问题。没有与时俱进的思想观念,满足现状、不思进取,是谈不上什么创新的。胡林《更新观念,着力做好年鉴创新工作》⑤ 把解放思想、更新观念、提高认识,放在创新工作的首要一条。年鉴工作者如不能先从思想上深化创新认识,则创新工作将无从谈起。曹玉琦、李维怡《创新——年鉴生存的基本方式》⑥ 认为,创新首先要在思想观念上创新。观念的改变、更新可以改变我们现在对年鉴的认识。年鉴不仅需要丰富、翔实的资料,更需要自己独立的学术品格,这包括自己的独立思考,自己的研究特色,自己的理论思想,形成中国年鉴自身的研究风格和潮流。王芳《对地方综合年鉴创新的几点思考》⑦ 以为,更新观念是年鉴创新的前提。更新观念,就要突破原有的思维定势。更新观念,就要破除畏难发愁、无所作为的消极情绪。更新观念,就要破除安于现状、盲目乐观的小农意识。沈国晴《对年鉴创新的几点思考》⑧ 提出,年鉴创新应从观念创新中求突破。认为年鉴编纂工作处于自编自忙自用的状态,依然有很多人

---

① 《年鉴信息与研究》2003 年第 6 期。
② 《江苏地方志》2003 年第 6 期。
③ 《江苏地方志》2004 年第 1 期。
④ 《年鉴信息与研究》2005 年第 3 期。
⑤ 《年鉴信息与研究》2005 年第 6 期。
⑥ 《年鉴信息与研究》2006 年第 2 期。
⑦ 《年鉴信息与研究》2006 年第 3 期。
⑧ 《江苏地方志》2010 年第 1 期。

不知道年鉴是什么，利用它的人也相对固定，大量的年鉴被束之高阁。改变年鉴面临的四平八稳、死水微澜的现状，必须破解年鉴定位的老观念，在观念创新中求得突破。

2. 内容与表现形式的创新是年鉴创新的主要阵地

此类研究涉及问题最多，持续时间最长。唐剑平《论地方年鉴的创新》[①] 认为，地方年鉴收录信息内容的时间，应以上一年度为主，以市场为准则，适当放宽，灵活掌握，保证地方年鉴的年度性和连续性，又兼顾地方年鉴的实用性。至于生活类实用年鉴信息，收录的时间则可以更为灵活，以实用为准绳。谭惠全《抓住主要矛盾，推动城市年鉴创新发展》[②] 主张增大年鉴内容的信息含量。具体的做法：一是处理好稳定与纳新的关系，二是严格信息资格的"准入"标准，三是建立多元的稿件征集渠道。杨颖《关于年鉴创新的思考》[③] 认为，年鉴创新首先是年鉴内容和形式的创新。要在年鉴的内容上进行扩展与创新，就要根据市场经济的发展与社会变革的需求，增设一些具有知识性、科技性的条目，充分反映最新的知识创新、技术革新和科技攻关等成果。只有通过内容创新，才能及时反映经济发展和各项改革的最新动态，以增强年鉴的新颖性、实用性，更好地为经济建设和科学研究服务。阳晓儒《关于年鉴创新的随想》[④] 提出，年鉴创新需要努力的目标是如何更全面、更真实地反映经济社会发展变化的全貌。年鉴的创新应在更准确、更真实、更全面地反映一个地域、一个行业或领域的基本面貌上下功夫，努力拓展年鉴内容的覆盖面，努力展示一个地域、一个行业或领域发展变化的全貌，在全的基础上力求真，力求真实地再现。年鉴的创新应该是内容广度和深度以及表现形式的创新，而不是内容的变更和管理体制的改革。姚亚青《年鉴创新贵在彰显地方特色》[⑤] 认为，年鉴在选题和编写条目时须注意多选一些本地区百姓关注的焦点、

---

① 《中国地方志》2002年第6期。
② 《年鉴信息与研究》2003年第1期。
③ 《年鉴信息与研究》2003年第2期。
④ 《年鉴信息与研究》2004年第3期。
⑤ 《江苏地方志》2004年增刊。

热点问题和一些知识性、实用性资料，让读者能从年鉴中增长知识，利用年鉴解决问题。真正做到"人无我有，人有我优"，突出体现地方特色。胡林《更新观念，着力做好年鉴创新工作》① 认为，年鉴创新应重点在年鉴的内容上进行创新。具体方法：一是增加实用信息含量，以适合不同读者群的需要。二是关注重大题材和热点、焦点问题。三是增加年鉴中"鉴"的内容。只记录成绩，不涉及问题或很少涉及问题，是一种不正常的现象。四是要善于捕捉一些新人、新事、新风尚入鉴。林小静《年鉴创新与主编作为》② 认为内容创新要与城市发展同步更新类目、与时代同步更新分目、与实际同步更新条目。李成铎《关于年鉴内容创新的思考》③ 以每年出版一部《邯郸县年鉴》为例，提出删减空泛的总结资料，增强年鉴的实用性。注重纵向和横向资料对比，增强年鉴的综合性；加大图表和照片数量，增强年鉴的直观性；丰富资政材料，增强年鉴的权威性。选登文学艺术精品，增强年鉴的可读性。收录服务社会内容，增强年鉴的指南性。年鉴内容创新还应改革年鉴报喜不报忧的做法，对重大自然灾害、重大事故、重大刑事案件、企业亏损等如实记载，并分析问题或事故发生的原因，记录问题解决的过程和结果，使年鉴的借鉴功能更加显现。沈国晴《对年鉴创新的几点思考》④ 提出，年鉴在内容创新中求质量。具体做法是：创新框架，突出亮点，重点记述；创新栏目，不断策划和打造新的品牌栏目，同时应深挖材料。梁晓燕《关于年鉴创新问题的思考》⑤ 总结创新年鉴的方法为：年鉴可专设重大决策章、可增加对妇女社会地位变化的记述、可在文化体育编里专设民族文化章、年鉴在社会生活编里对居民生活内容的记述应有所侧重、年鉴可根据当地经济和社会发展的特点在所需要的篇章里增设如教育调查、人口调查、家庭婚姻调查、生活方式调查、工矿企业调查、社区调查、犯罪案件调查、民意测验等社会调查内容。孙

---

① 《年鉴信息与研究》2005 年第 6 期。
② 《广西地方志》2009 年第 3 期。
③ 《年鉴信息与研究》2009 年第 3～4 期。
④ 《江苏地方志》2010 年第 1 期。
⑤ 《新疆地方志》2010 年第 1 期。

学民《要在"鉴"字上狠下功夫——地方综合年鉴创新之我见》① 认为，在地方综合年鉴的编纂上，应该大力挖掘"鉴"字的内容，在框架上大刀阔斧地进行改进和创新，以政治上的深邃目光和深刻思想，从不同角度汇集和显示"鉴"字的年度内容，并用探讨的方式提出：在编写总体的设置上，是否可以改变通常按政治、经济和文化等分大类或者按部门横向排列作为一级框架的做法，变依"类"分类为依事分类，开阔视野，抓住年度的精髓和要害，进行醒目的编排。黄玲《简论地方综合年鉴与地方志书的合作与创新》② 认为，年鉴在内容上要充分反映地方年度所发生的重点事件、亮点事件和热点事件；要重视对网络信息与民生问题的关注，以提高年鉴贴近现实、贴近民众、贴近时代的"三贴近"性；综合年鉴的编纂要突破行政区域的局限，放眼世界，扩大记录范围；年鉴要突出可读性，做到资料性、知识性和可读性相结合；年鉴图片选取与设置要去除广告宣传色彩，增强全面性、典型性和存史价值；要讲究年鉴封面与版式的创意设计，以增强年鉴的吸引力。周丽霞《谈企业年鉴及其创新》③ 认为，企业年鉴在内容上应紧扣企业发展主题，紧跟企业发展形势，紧贴企业发展实际，紧随企业发展步伐。

年鉴创新形式主要是调整框架设计。在研究内容创新的同时，年鉴界同人提出框架结构的设计必须适合时代的需求而有所创新。许家康《地方年鉴创新问题研究》④ 认为，创新年鉴的框架，实现框架个性化，是地方年鉴创新的当务之急；充实年鉴的内容，增加其有效信息容量，是地方年鉴内容创新的主攻方向。地方年鉴内容创新的一个重要方面，就是要充实年鉴的内容，增加年鉴的有效信息容量，而增加有效信息容量的有效办法，是要努力挖掘、拓展深层次资料，大量增加统计图表数量，成批量增加指南性资料，以及荟萃地方知识性资料。杨颖《关于年鉴创新的思考》⑤

---

① 《黑龙江史志》2010年第2期。
② 《黑龙江史志》2011年第6期。
③ 《企业科技与发展》2011年第24期。
④ 《学习与探索》2002年第2期。
⑤ 《年鉴信息与研究》2003年第2期。

强调,年鉴栏目设置要根据内容的变化而改进。栏目设计既能反映全局,又能突出重点、热点问题。同时及时总结和研究社会主义市场经济中的新情况、新事物、新成果、新经验,据此设置新条目,不断扩展实用信息的覆盖范围,使年鉴所收信息更具广泛性、实用性、时效性。陈仁礼《城市年鉴要走在开拓创新的前列》①认为,城市年鉴要根据所在市的发展模式定位,在框架、版式设计和条目编写上显示特色。具体做法:一是强化自己的强项和优势。二是反映发展变化中的新情况、新问题以及解决新问题的新思路、新举措,如应对入世的举措和效率,解决下岗再就业的政策和措施及效果等。三是克服一般化和陈旧感,体现年鉴界整体及发展趋势的现代感和多样性,突出实用性。四是通过比较研究的方法看本市与其他城市有什么特点和个性。为了突出各城市的强项和比较优势,栏目设置可以不拘一格,把自己的强项、优势破格升级,靠前安排或增加分量,充分显示强项优势和个性特色的新发展新变化。突出强项,适当充实栏目。具体做法:一是努力拓展二次文献,主要有文摘、文献目录、大事记、专项年表、统计表、示意图、照片等。二是增加贴近群众生活的信息资料以及服务便民指南。三是增加可供社会历史借鉴的内容,如反腐倡廉、警世档案、腐败实录、自然灾害、重大安全事故、放火投毒等突发性事件等。四是可以参照"新闻调查"对重大事件及突破性的发展变化,进行一些较有深度的剖析,如审计出的问题,可以写出产生问题的原因及特点等。五是增加在城市化过程中已经出现的新动态。比如,城区扩张导致人们上下班交通越来越远等。六是可增加城市的建筑风格问题。张玉荣《关于医学年鉴创新的思考》②认为,医学年鉴框架结构的创新应分为医学年鉴框架结构的创新和医学年鉴内容的创新。俞富江《年鉴创新初探》③认为,篇目设计的不断创新和优化,是以经济建设为中心对年鉴事业发展的需求,也是不断提高年鉴质量的前提和基础。王芳《对地方综合年鉴创新的几点思

---

① 《江苏地方志》2003 年第 2 期。
② 《年鉴信息与研究》2004 年第 6 期。
③ 《年鉴信息与研究》2005 年第 3 期。

考》① 提出，框架结构的推陈出新是年鉴创新的标志。认为年鉴框架结构没有固定的模式，只要符合实际，符合年鉴作为地情资料工具书的属性，符合读者需要，都可以大胆地试，大胆地闯。陈仁礼《关于地方综合年鉴定位和提高编纂质量的几个问题》② 提出，在框架创新方面，《濮阳年鉴》提出采用增减法、移位法、升降法。林小静《年鉴创新与主编作为》③ 以《南宁年鉴》为例，总结年鉴形式创新，认为应主要抓篇目设置、图照运用、装帧设计三方面。认为篇目设置应突出城市亮点、图照运用应适应读图时尚、装帧设计应力争稳中出新。

创新年鉴必须张扬个性。针对"千鉴一面"的现状，强调年鉴特色的重要性。许家康《地方年鉴创新的几个问题》④ 提出，要创新年鉴的框架，实现框架个性化。要创新年鉴的内容，增加年鉴的有效信息容量。翁梅依《对年鉴创新的几点思考》⑤ 认为，年鉴地域特色的加强，是年鉴创新的一个重要内容。加强年鉴的地域特色，一定要避免地域上的"泛"。武星斗《年鉴创新必须张扬个性》⑥ 明确要求年鉴张扬个性，突出特色。张扬个性必须准确定位，正确把握特色。必须准确地体现地方特色和时代特色。认为年鉴创新，贵在坚持个性化，努力培育并逐步形成自己的特色和风格。王爱敏《年鉴创新中应准确把握的几个问题》⑦ 认为，年鉴创新的根本是走个性化发展道路。不同种类的年鉴应"走自己的路"，避免雷同。郭永冰《规范与创新并重，不断提高年鉴编纂质量》⑧ 认为加强创新实践，尽力打造个性年鉴。具体做法是：突出重点内容，彰显地方特色；丰富表现形式，增强记述效果；拓宽采编渠道，促进可持续发展。

3. 体制机制创新是年鉴创新发展的前提条件

研究普遍认为，体制机制的落后是制约年鉴创新发展的重要障碍。研

---

① 《年鉴信息与研究》2006 年第 3 期。
② 《年鉴信息与研究》2006 年第 5 期。
③ 《广西地方志》2009 年第 3 期。
④ 《年鉴信息与研究》2001 年第 4 期。
⑤ 《年鉴信息与研究》2002 年第 2 期。
⑥ 《年鉴信息与研究》2003 年第 2 期。
⑦ 《新疆地方志》2005 年第 2 期。
⑧ 《年鉴信息与研究》2009 年第 1 期。

究涉及管理体制、编辑体制、运营机制、组稿机制等。众多研究中，对组稿机制创新关注度较高。陈仁礼《创新既要力度大又要步子稳》① 提出，年鉴编纂机制上应朝着自收自支的目标前进，同时提出综合年鉴在体现新变化、特色化、个性化的同时，要考虑主管部门和领导的要求、内容要以政府公报性为主、党委和政府的新的重要资料一定要刊载、热点难点亮点问题适当反映，常编常新。房德胜《论年鉴创新的三个问题》② 对组稿渠道进行了探讨，提出除了政府主渠道之外，还应增加新闻媒体、专家学者、专业撰稿人员队伍、政府网站信息、编辑部自己采编五类信息来源。张子忠《年鉴创新应予解决的几个问题》③ 认为，在搞好年鉴总体框架设计的前提下，应首先改革以往的组稿方式。变被动地让各有关单位供稿，为主动地进行采编。要借鉴或套用新闻记者采编新闻的办法来组编年鉴的稿件。李云奇《年鉴发展出路浅析》④ 认为，年鉴的创新不论"官办"还是"民办"，重要的是应在年鉴内容的编纂上下功夫。提出"二次组稿"的概念。二次组稿就是在正常组稿收稿后，编辑人员要及时审阅，将信息含量高、资料性强的材料提取出来编辑成条目。然后对剩余材料进行二次审阅，从中发掘信息点，命题向有关人员二次组稿。陈仁礼《城市年鉴要走在开拓创新的前列》⑤ 认为，机制创新是城市年鉴健康持续发展的关键。建议建立起既依靠行政又按市场规则运行的机制。具体来说，在组稿方面，实行以政府部门和新闻单位提供为主与年鉴社（编辑部）自己重点采编相结合的组稿联络机制。政府职能改革以后，组稿渠道要重新整合，注意发挥行业协会等中间组织的作用。在发行方面，实行以行政支持为主与社会力量帮助相结合的多渠道发行机制。在广告采集方面，实行以自己组织高品位图片资料为主与广告公司代理相结合的多层次广告采集机制。在经营品种方面，实行以年鉴编纂为主与利用自己的优势开展多种经营相结

---

① 《年鉴信息与研究》2002 年第 1 期。
② 《年鉴信息与研究》2002 年第 2 期。
③ 《年鉴信息与研究》2002 年第 2 期。
④ 《中州今古》2002 年第 5 期。
⑤ 《江苏地方志》2003 年第 2 期。

合的机制。在经营管理方面，实行以财政包干（或实报实销）为主与积极经营创收相结合的多种形式的经营管理机制。在载体形式方面，实行以书本型为主与光盘发行并上网相结合的载体运用机制。在人事管理方面，实行以聘用制为主的专兼职相结合的人事管理和培训机制。杨颖《关于年鉴创新的思考》① 提出，组稿方式的创新，改变过去一般由承编单位组织专人撰写，撰写人员多为机关在职干部的做法，改为向改革后转变职能的有关综合部门征稿组稿、对一些大公司大商场企业集团进行约稿、向权威统计部门索取数据、与传播媒介各行业协会等联手收集信息、组织权威机构和专家学者进行专题调研、实行下级年鉴向上级年鉴直报制度。杨立鑫《关于年鉴创新的思考》② 认为，目标管理制和岗位责任制是年鉴工作实施科学管理不可缺少的两个重要环节，是年鉴工作得以顺利完成的重要保障。建立形式多样、自主灵活的奖惩激励机制是实现年鉴编辑部门高效廉洁的重要保障。晏埝《关于改革地方年鉴编纂运行机制的思考》③ 一文认为，要使地方年鉴有所创新，必须改革现有编纂运行机制。近期改革的基本内容是：党委、政府领导及编辑委员会的主要职能不变，现行政府经费投入的渠道暂不改变，逐步实行政府投入和自筹经费相结合的年鉴编纂经费保障机制；实行主编负责制，强化编辑部的职能，建立权、责明确的年鉴编、审工作机制。目前可以从建立一支相对稳定、素质较高的专业撰稿、审稿人队伍入手。张玉荣《关于医学年鉴创新的思考》④ 提出，医学年鉴编辑工作的创新，可分为广泛征集资料、严把材料质量关、确保数据的准确性、增加彩色照片。《常德年鉴》总纂齐绍正《年鉴创新琐谈》⑤ 认为，创新工作模式的另一个方面，就是不断扩大年鉴资料的搜集面，改单一的供稿制为采编与供稿相结合的机制。俞富江《年鉴创新初探》⑥ 总结机制创新的内涵，认为应包括四个"转变"：从简单行政命令式管理到

---

① 《年鉴信息与研究》2003 年第 2 期。
② 《保山师专学报》2003 年第 6 期。
③ 《江苏地方志》2004 年第 6 期。
④ 《年鉴信息与研究》2004 年第 6 期。
⑤ 《年鉴信息与研究》2005 年第 3 期。
⑥ 《年鉴信息与研究》2005 年第 3 期。

以人为本的目标管理的转变、从被动征稿到主动征稿的转变、从单纯编挑到采编合一的转变、从传统落后的编排手段到现代电子化编排手段转变。刘小波《略论地方年鉴的创新问题》[1]认为，创新组稿方式应实行编辑主体变革，彻底改变"编辑围绕作者转"的状况；在信息收集方面实行动态流程化管理等。杨振明、张东晓《创新是年鉴发展的动力》[2]认为，创新一是放宽收集信息量的视野；二是拓展服务领域，创新服务模式；三是加强交流、形成信息共享的局面；四是加强业务学习，培育固定的撰稿人员队伍；五是创新要表里如一。林小静《年鉴创新与主编作为》[3]提出创新工作流程，建议编辑工作实行"四级负责制"，即撰稿人对责任编辑负责，责任编辑对分管副主编负责，分管副主编对主编负责，主编对编委会负责。做到环环相扣，层层负责。同时，也介绍了本单位的一些做法：如为了优化组稿条件，给每个科室订阅各级特别是当地的党报党刊、安装电脑。形成了撰稿队伍供稿、从报刊上采稿、在网络上搜稿、向特约供稿人约稿等多渠道的新的组稿方式，进一步拓宽了稿件来源，增加了资料信息的广度和深度，为年鉴质量的提高创造了更好的条件。黄玲《简论地方综合年鉴与地方志书的合作与创新》[4]认为，在供稿渠道上要破除以部门供稿为主渠道的局限，广开供稿大门，面向全社会收集入鉴资料。《深圳年鉴》经过实践在网络上采编的资料已超过30%。

4. 出版创新是年鉴创新的有效途径

这一方面的研究更多关注的是年鉴数字化、信息化，研究年鉴创新与信息化时代到来的密切关系，言明是年鉴未来发展的趋势。唐剑平《论地方年鉴的创新》[5]认为，年鉴载体已呈多样性，主要有以下几种：传统的书本年鉴、电子（光盘）年鉴、网上年鉴三种形式。杨颖《关于年鉴创新的思考》[6]认为，年鉴的编辑出版也必然向电子化、信息化方向发展。引

---

[1] 《年鉴信息与研究》2006年第6期。
[2] 《年鉴信息与研究》2007年第4~6期。
[3] 《广西地方志》2009年第3期。
[4] 《黑龙江史志》2011年第6期。
[5] 《中国地方志》2002年第6期。
[6] 《年鉴信息与研究》2003年第2期。

进现代信息技术，是年鉴事业发展的必由之路。赵海涛《迈上年鉴创新的新台阶》① 提出，年鉴信息化不能简单地等同于年鉴的数字化和网络化，更不能等同于电子书和网络出版。年鉴信息化是一个比较大的范畴，可以概括为"标准化—数字化—网络化—资源化—集成化—产业化"。只有随着年鉴信息化的逐渐启动和不断深化，年鉴创新的步伐才能真正加速迈开。赵海涛《试论年鉴数字化、网络化的发展趋势》② 认为，年鉴实施数字化、网络化战略，其根本目的首先在于增强年鉴界对于整个社会的影响和作用，从而促进整个年鉴界的社会认知度，提高自身的核心竞争力，在未来的竞争序列中能够占有一席之地，是宏观的发展趋势；另外更重要的是每个年鉴单位在整个年鉴界数字化、网络化发展的影响下，都能带动自身在数字化、网络化方面的务实建设和发展，促进并完成自身的创新式发展，是微观的发展趋势。这两个方面缺一不可，否则不均衡的发展必将导致数字化、网络化发展战略的偏差。李目宏《年鉴的属性定位和网络化编辑出版创新》③ 认为，年鉴的编辑出版实行网络化在理论上和技术上已没有问题。分析其理由为：一是各级政府和政府各部门都已联网，普遍建立了各自的网站或网页，信息传播已实行网络化；二是各年鉴编辑部均已使用计算机处理稿件。武汉年鉴社傅万铭《刍议年鉴的数字化、网络化及编纂出版创新》④ 对数字化网络化的概念进行了阐述："年鉴的数字化、网络化是指运用计算机技术将年鉴文字、图片、表格等诸多信息转换成数据存储，然后通过互联网与读者实现信息共享与交流的过程。"韩世韬《企业年鉴编纂创新刍议》⑤ 认为，年鉴信息载体的创新可以节约纸张、携带方便、信息海量、便于检索等，还可以结合运用多媒体、影音技术，使得年鉴内容图文并茂、声影互补，更加生动活泼。光盘版年鉴和网络版年鉴使年鉴的形式更能符合当今读者的阅读习惯和使用要求。

---

① 《年鉴信息与研究》2004年第4期。
② 《年鉴信息与研究》2005年第6期。
③ 《年鉴信息与研究》2007年第4～6期。
④ 《年鉴信息与研究》2007年第2期。
⑤ 《年鉴信息与研究》2008年第4期。

5. 经营理念上的创新是年鉴与社会接轨的有效选择

许家康《地方年鉴创新问题研究》① 认为，要使年鉴在创新、裂变中前进并处于有利的地位，就必须放下"官书"的架子，克服地方志情结，把年鉴作为信息载体和普通出版物来办，并努力扩大发行量，使年鉴主要靠卖书赚钱，靠发行量维持生存和发展。姚世刚《关于行业年鉴创新的思考》② 提出经营上创新的主要方式（思路）：一是缩小开本，大幅度压缩文字总量，变精装为简装，易携便检，降低定价，以扩大读者面；发行求数量，广告求效益。二是加入年鉴网集团，上网有偿服务。三是在行业内寻求大型企业或品牌产品企业的支持，以赞助、基金形式，支持行业年鉴的发展。唐剑平《论地方年鉴的创新》③ 指出，从广大市民的实用方面来说，地方年鉴的开本宜向小而薄、小而精方向发展，面向广大市民的年鉴最大不宜超过32开，字数宜在20万字以内。徐荣奎《年鉴创新的困难与对策》④ 认为，年鉴创新有所为有所不为，对年鉴的主办权与经营权实行分离，主办方只对年鉴资料进行审核，以保证正确的政治方向及其资料的严肃性、权威性和科学性；年鉴杂志社（编辑部）应成为独立事业法人（其性质是非营利性事业单位），负责年鉴编纂、出版工作，并自主经营，使年鉴渐离"官本位"。杨颖《关于年鉴创新的思考》⑤ 认为，年鉴在市场中求生存、求发展，就要努力在经营方式上不断创新，一是树立竞争意识，二是努力开辟、疏通销售渠道。努力探索建立一个符合年鉴读者需求的立体化、多层次、网络化的营销体系。在发行上提出"网络发行"的新方式。周宏文《年鉴运行机制创新之我见》⑥ 主张出版年鉴附属产品，认为应实行综合性年鉴与附属产品功能分离，与其将一些政策性、指南性的内容收入综合性年鉴，不如另外编辑专门性的小册子，更能适应读者的需求。编辑生活年鉴，将生产生活常识、新知识、交通、通信、旅馆饭店、

---

① 《学习与探索》2002年第2期。
② 《年鉴信息与研究》2002年第3期。
③ 《中国地方志》2002年第6期。
④ 《年鉴信息与研究》2003年第1期。
⑤ 《年鉴信息与研究》2003年第2期。
⑥ 《广西地方志》2005年第5期。

投资政策、土地政策及房改、医保、新型合作医疗政策、重要文件汇编、趣事逸闻、风范录、警世录、荣誉名录、当代名人选、地方名人小传等分门别类地汇编成小册子，字数根据实际情况而定，一般在20万字以内，最好10万字左右，标价以10元左右为宜。王芳《对地方综合年鉴创新的几点思考》[①] 认为，加强年鉴的宣传、发行和利用是年鉴创新的途径。认为年鉴工作存在着重编纂、轻宣传，重质量、轻发行，重出鉴、轻用鉴的问题。刘小波《略论地方年鉴的创新问题》[②] 认为，经营创新必须树立市场观念和商品意识，在广告征集、扩大发行、充实内容及降低成本等方面下功夫。高燕妮《浅议创新"节约型"年鉴》[③] 提出创新"节约型"年鉴，一方面是物质上的节约，另一方面是非物质上的节约。非物质上的节约主要指：减少毫无价值的泛泛而谈、减少妄加猜测推断的资料信息、减少重复资料，善于使用"参见"，减少官话。

6. 年鉴编纂主体创新是保障年鉴发展的基础

年鉴创新的主体无疑是年鉴编纂者，年鉴创新对年鉴编纂者提出更高的要求。年鉴编纂者应具备基本编辑知识的同时，还应具有较高政治思想素质、接受新知识的能力、策划能力、超前眼光、胆略、胸怀等；年鉴主编是年鉴编纂出版工作的核心人物。杨汉平[④]认为，年鉴编辑没有创新意识，断然办不成精品；忽略编辑工作的创造性，是导致年鉴多年一个面孔的重要原因。张子忠《年鉴创新应予解决的几个问题》[⑤] 认为，称职的年鉴编辑人员，应当具备报社、期刊社记者和专栏作者的业务素养和工作水平，其综合素养和整体创意、策划能力及举重若轻的业务技能，对于年鉴的编辑出版是相当重要的。《上海宝山年鉴》编辑部胡新力《也谈年鉴规范与创新》[⑥] 提出创新意识应包括：创新的欲望、目标、胆略、胸怀、实

---

① 《年鉴信息与研究》2006年第3期。
② 《年鉴信息与研究》2006年第6期。
③ 《年鉴信息与研究》2009年第2期。
④ 《年鉴信息与研究》1997年第2期。
⑤ 《年鉴信息与研究》2002年第2期。
⑥ 《年鉴信息与研究》2002年第4期。

践行为、突变形态等。杨颖《关于年鉴创新的思考》① 提出，年鉴编纂者要与时俱进，首先更新专业知识，不仅要深化本专业的知识，还应广泛涉猎其他领域的知识，使自己成为具备广博知识的编辑；其次更新观念，观念创新包括现代意识和未来意识。金明德《论年鉴创新及编辑素质》② 提出创新运用于年鉴编纂，要求年鉴主体牢固树立年鉴工作的社会与历史责任感，牢固树立争创一流的高起点、高目标的事业心，牢固树立并贯彻解放思想、实事求是、与时俱进的思想，密切关注社会改革动态，把握时代特征，认清发展趋势，破除由思维定式和传统经验所产生的一切与年鉴编纂有关的陈腐理念、机制和方法。曹玉琦、李维怡《创新——年鉴生存的基本方式》③ 认为，年鉴创新的基础是知识。年鉴工作者首先必须掌握一定的科学知识，拥有先于读者的超前眼光，学会筛选信息奉献给读者。年鉴工作者只有广泛涉猎经济学、社会学、城市学、环保学、历史学等方面的知识，用跨科学的眼光研究年鉴，才能实现年鉴的创新。林小静《年鉴创新与主编作为》④ 认为，年鉴主编是年鉴编纂出版工作的核心人物。沈国晴《对年鉴创新的几点思考》⑤ 认为，创新不仅要求编辑具备对社会、政治、经济等方面问题的敏锐性，而且应具备一定的策划能力。

其他问题研究。主要是创新面临的困境、创新中省级年鉴如何发挥作用、创新中要处理的几种关系、年鉴的开发利用等。第一，创新面临的困境，许家康《年鉴创新必须进一步解放思想》⑥ 认为，创新的最大难处，莫过于陈旧的思想观念和主管偏见的禁锢，年鉴创新必须要在年鉴性质和读者定位、年鉴出版管理和经营机制管理、年鉴内容选择和编排等方面进一步解放思想。金明德《论年鉴创新及编辑素质》⑦ 指出，年鉴创新已成为年鉴界的共识，其实践却步履维艰。原因在于：一是客观存在一股反创

---

① 《年鉴信息与研究》2003 年第 2 期。
② 《中国地方志》2004 年第 12 期。
③ 《年鉴信息与研究》2006 年第 2 期。
④ 《广西地方志》2009 年第 3 期。
⑤ 《江苏地方志》2010 年第 1 期。
⑥ 《年鉴信息与研究》2004 年第 1 期。
⑦ 《中国地方志》2004 年第 12 期。

新传统势力。二是对创新的含义缺乏本质的意义,知其然不知其所以然。三是创新主体——编纂人员的素质不适应年鉴事业发展要求。第二,省级年鉴在创新中的作用。许家康在《省级年鉴在创新中的重要作用》① 中指出,省级年鉴至少在如下三个方面发挥积极作用:一是在年鉴由分散走向联合和数字化、网络化方面先行一步,并发挥不可替代的作用。二是在增加年鉴的品种数量、壮大中国年鉴出版事业方面发挥积极作用。三是在促进年鉴特色化、风格化方面起较大作用。第三,注意创新中各种关系的处理。李洪民《年鉴创新中应正确处理的几个关系》② 提出,创新中要处理好四种关系:其一,贴紧中心与服务大众的关系。理所当然地应该为中心和大局服务。其二,背靠政府与面向市场的关系。该靠的还是要靠。其三,与时俱进与循序渐进的关系。但是改革创新要遵循解放思想、实事求是的思想路线,要坚持积极稳妥的原则,不能一哄而起,不能大翻盘子,不能把孩子和洗澡水一起泼掉。其四,追求全面与突出特色的关系。综合年鉴必须实现"全"与"特"的统一。第四,明确创新的基本原则。金明德《论年鉴创新及编辑素质》③ 提出年鉴创新的基本原则:准确定位原则、地方的年度特色原则、与时俱进的原则、实事求是的原则、自我否定的原则。第五,年鉴开发利用方面的创新研究。年鉴创新中也要关注到年鉴的开发利用。徐荣奎《年鉴创新的困难与对策》④ 认为,年鉴作为信息载体十分强调其时效性,出版周期越短,其现实指导性越强,使用价值越大。杨颖《关于年鉴创新的思考》⑤ 提出,年鉴内容和形式的创新更高层次表现为对现有的年鉴信息资源的再利用。通过广泛的调查研究,发现读者的不同阅读愿望,然后利用已有的年鉴资源,从不同角度和不同层次确立选题,进行深度开发和广度开发,以拓展年鉴信息的利用空间,使年鉴产品形式更具多样化。沈国晴《对年鉴创新的几点思考》⑥ 认为,年鉴要在地

---

① 《年鉴信息与研究》2002 年第 3 期。
② 《年鉴信息与研究》2004 年第 5 期。
③ 《中国地方志》2004 年第 12 期。
④ 《年鉴信息与研究》2003 年第 1 期。
⑤ 《年鉴信息与研究》2003 年第 2 期。
⑥ 《江苏地方志》2010 年第 1 期。

方文化建设中不断发出自己的声音，扩大年鉴的影响力。提出开发利用的一些具体做法：比如在两会期间，为人大代表、政协委员发放年鉴，扩大影响；制作宣传地方志书和年鉴的文化产品，发放到基层；配合有关部门做好历史文化及相关内容的设计和制作，积极主动参与到主要工作中；在广播、电视、报刊开设专栏，帮助媒体作好宣传，等等。同时认为，年鉴的功能不仅仅是为了存史、记录时代，年鉴的第一要务是要为现实服务。年鉴要紧紧围绕党和政府的中心工作，在服务社会和百姓方面多下功夫，用多种手段、多种表现方式做好服务工作。开发利用年鉴时，应注意年鉴的时效性。

五　创新理论付诸实施（实例）

年鉴创新的理论在一些年鉴上得以尝试，取得的成果也普遍得到年鉴界认可，在历次中国地方志指导小组办公室、版协年鉴研究会组织的年鉴评比中，具有创新意识的年鉴也逐渐引起人们的关注。

创新的成绩。朱彩绵《浅谈行业年鉴的规范与创新》[1] 指出，年鉴系列规模的扩大（从最初的 1 种年鉴发展到现在的 15 种年鉴）得益于年鉴的持续创新，在创新的同时也格外重视质量的提高。张芝慧《创新是科技年鉴发展的动力》[2] 指出，年鉴组稿实现了稿件传输、编辑的现代化后，2002 年来稿中 65% 以上是通过电子邮件投稿，2003 年增加到 90% 以上。

思想创新实例。柯小敏《以人为本特色创新》[3] 提到，《温州年鉴》以"解放思想、以人为本、特色创新、与时俱进"的编纂思想为指导，目光对准了千千万万为温州经济社会发展作出贡献的温州人，把目光对准了体现温州特色的事物。像反映温州人的"温州人在全国各地"、"外地人在温州"、"温州人在世界各地"、"温州学者论著"等栏目，像反映温州经济和产业特色的"特色工业"、"民营经济"、"温州企业"等栏目，还有

---

[1] 孙关龙主编《年鉴论坛（第二辑）》，中国农业出版社，2011。
[2] 《年鉴信息与研究》2004 年第 3 期。
[3] 《年鉴信息与研究》2005 年第 1 期。

像反映温州人文特色的"人文历史"栏目等,充实了年鉴记述的内容,体现了以人为本的理念,体现了时代性。

内容创新实例。黄瑞禄《百尺竿头继续创新》① 总结回顾《广西年鉴》20年发展历程中的创新主要表现在:适时调整框架,创新栏目,逐渐完善体例,规范写作,认真改进版式装帧设计,增强时代性。在内容和形式创新方面,本着实用性原则,适当放宽题材时限和范围,有选择地收入一些回溯性资料或利用历时性资料与现时性资料进行对比,说明事物的发展变化,还运用外地资料对比说明本地的发展状况。孙颖《〈大连年鉴〉在创新中成长》② 总结《大连年鉴》在实现年鉴信息的全面性、资料的翔实性、出版的及时性上下了一些功夫。《大连年鉴》在内容和形式上的创新主要体现在三个方面:一是在卷首策划上进行创新。从2003年卷起取消前后环衬广告,2004年卷把在全国有重大影响的事件以彩图专辑的形式置于卷首。二是在框架设计上进行创新。2003年卷新增要闻类目,使过去一直缺失记述的党和国家领导人来大连的重要信息有所反映,使大连发生"五七"空难的大事有了显要记述位置;在特载类目下增设纲要和专文分目。三是在年鉴内容上进行创新。2004年卷东北亚国际航运中心分目中重点记述了东北亚国际航运中心定位、重点项目开工建设、举办"大连·东北亚重要国际航运中心论坛"等内容。曹玉琦、李维怡《创新——年鉴生存的基本方式》③ 认为,创新不仅要在思想观念上转变,更要在细节上给予落实。《绵阳年鉴》2006年卷篇目设计在探索创新方面十分重视在年度化、城市化、个性化方面不断开拓。陈子明《年鉴规范与创新》④ 提到年鉴增加横向对比资料。在记载相关内容时,要增加横向对比资料,如《青岛年鉴》、《杭州年鉴》等,在部分资料信息处理上,把自己和全国各重要城市相比较,从中可以看出本地的优势、劣势,以存史借鉴。刘瑜《年鉴

---

① 《年鉴信息与研究》2005年第1期。
② 《年鉴信息与研究》2005年第1期。
③ 《年鉴信息与研究》2006年第2期。
④ 《中国地方志》2007年第6期。

创新是现实的要求,是年鉴的生命所在》①提到,《南京年鉴》创新一是不断调整框架结构,紧跟时代发展需要。二是不断增加实用性内容,为读者提供丰富的信息资料。三是不断缩短编纂出版周期,力求提高信息的利用价值。四是不断提高年鉴队伍的素养,是创精品关键所在。黄仲一《同中求异,创立品牌——地方综合年鉴的创新之路》②提到《泉州年鉴》在内容设置上进行大幅度调整,并服从新编内容的需要,把政府系列的工作部门全部摆在政府分目下,其年度工作情况各浓缩成千字以下的工作综述。部门稿件所提供的社会性材料分别编入经济、文化、城建等各部类,把部门性材料和各领域的情况剥离开来。华山青《略谈工会年鉴创新的现实意义》③提到,《上海工会年鉴》力求避免仅仅记录表面的局部的没有内在联系的非本质现象,而是必须抓住最能反映时代特征、中国特色、上海特点的以及最能代表工会工作发展方向和生命力的典型工作事例予以记载。莫声光《展广西特色,创年鉴精品》④提到《广西年鉴》2009年卷创新栏目,突出年鉴的年度特点和地方特点,突出反映具有地方民族特色的内容,增加辅助资料,充实年鉴内容。

体制机构创新实例。缪凤鸣《质量管理体系与年鉴创新》⑤提到,2001年的《张家港年鉴》在原有工作的基础上,进一步建立了ISO 9001质量管理体系。质量管理体系的核心为年鉴的不断创新提供了强大动力。质量管理体系的核心是顾客满意。年鉴的顾客是读者,包括各级党政领导和各界人士。顾客(读者)的需求随着社会发展而不断增长,因此也就为年鉴创新提供了客观依据。薛志文《提高年鉴组稿质量,拓展工作新途径》⑥提到,为了做好机制创新工作,2009年制定实施《北京市卫生局工作信息月报制度》。制度要求卫生局各处室在每月初的10个工作日之前将上月的工作内容按年鉴条目要求及书写格式要求通过局域内网上报到编辑

---

① 《年鉴信息与研究》2004年第1期。
② 《中国地方志》2008年第1期。
③ 《工会理论研究》2004年第6期。
④ 《广西地方志》2010年第5期。
⑤ 《年鉴信息与研究》2002年第2期。
⑥ 《沧桑》2010年第4期。

部，年终时再将各处室的信息内容汇总反馈给各处室，由他们据此编纂年鉴稿。

总之，创新早已开始，共识也已形成，找到了一些方法，进行了多种尝试。创新也促使年鉴编纂亮点频出，促使年鉴内容与形式、管理体制、经营机制的变革，增强了年鉴工作者的质量意识、精品意识、品牌意识，推动了年鉴编纂出版水平进一步提高，提高了年鉴编纂质量。创新的初衷、方式虽有很多，但归结到一点都是为了摆脱困境，为年鉴发展赢得一席之地。困境之下，年鉴的创新也多属于"冲击式革新"（"干扰式革新"）。此时或今后一个时期的年鉴创新（改变），更多的是在一个体系无法正常更新、用户深感不满的情况下，另辟蹊径的创新（改变）之举，年鉴的创新任重道远。

参考文献

许家康：《年鉴编纂入门与创新》，线装书局，2006。
许家康：《许家康文集》，线装书局，2011。
孙关龙主编《年鉴论坛（第一辑）》，中国林业出版社，2010。
孙关龙主编《年鉴论坛（第二辑）》，中国农业出版社，2011。

（作者单位：广东省人民政府地方志办公室）

年鉴规范与创新关系研究

贾大清　阮关水　孙　婧

随着经济社会的发展变化,年鉴编纂不能只拘泥于已有的标准。年鉴要全面、与时俱进地记录新生事物和新兴行业的发展变化,必须不断地进行创新,不断地总结编纂实践中遇到的问题。因此,要以创新的理念和方法,完善新的规范标准,推动年鉴高质量、高标准发展。本文就年鉴的规范与创新关系问题进行探讨,希望能为年鉴事业的发展提供一些借鉴,为进一步提高年鉴质量、推动年鉴工作提供一些参考。

一　规范是年鉴创新的基础

年鉴的编纂质量,可以分别从权威、新颖、全面、特色、实用、简约、规范、可读、易检9个方面进行评价。[1] 年鉴编纂的规范,是指在年鉴编写过程中,合乎年鉴性质、功能的整体结构、基本内容、编纂工艺、文体文风、检索手段等标准。[2] 年鉴的规范指标包括选题、选材统一;设条标准统一;内容要素和记述程序要求,语言文字表达,名词、名称统一;量词、数据标准;时间表述清楚;插图与文字说明相符、准确等方面。[3] 作为出版物,年鉴需要遵循有关规范化的要求,贯彻国家对图书、期刊的有关规定,如《关于出版物汉字使用管理规定》、《标点符号用法》、

---

[1] 许家康:《年鉴编纂入门与创新》,线装书局,2006。
[2] 朱建新:《关于年鉴规范与创新问题的思考》,《年鉴信息与研究》2002年第2期。
[3] 许家康:《年鉴编纂入门与创新》,线装书局,2006。

《出版物上数字用法的规定》等。

年鉴的规范问题从20世纪80年代初开始提出。当时年鉴界针对"规范"与"创新"两大主题进行了讨论。概括起来,大致经历了三个发展阶段。第一个阶段是年鉴编纂规范问题的起步阶段。1989年,尚丁牵头成立全国年鉴研究中心。1991年1月,首届全国年鉴学术研讨会在哈尔滨召开。会上首次提出"规范化"研究课题。1994年,《中国年鉴编纂规范化》出版。为探讨年鉴编纂的规范化,期刊《年鉴工作与研究》还专门开设"年鉴规范化问题探讨专辑"栏目,后来改名为《年鉴信息与研究》,同样设立"谈年鉴规范化"专栏。第二个阶段是20世纪90年代中期至2000年。年鉴界不断有人提出要"创新",指出年鉴形式单一,模式固定,缺乏活力。第三个阶段从2001年至2010年,年鉴界提出要从思想上、形式上、体制机制上"创新",年鉴不"创新"就没有出路,使"创新"成为了年鉴时代发展的主题。2001年,中国年鉴研究会改制换届,中国年鉴研究会成为中国版协的二级学会,许家康当选为中国版协年鉴研究会的第一任会长。他大力倡导年鉴的改革创新。每年一次的年鉴编校质量评比、五年一次的全国年鉴编纂出版质量评比,都把创新与规范化作为推动年鉴事业发展的重要命题。

各界学者在年鉴规范和创新问题上,各抒己见,议论纷纷。一些同志在谈到年鉴创新时,提出要创新还是要规范,把规范与创新对立起来,似乎强调创新就会导致不规范。其实,这是对年鉴创新的曲解;也有的谈创新时,认为讲规范就阻碍了创新,这同样是一种曲解。① 创新和规范化不是互相矛盾、水火不相容,而是相互促进、相辅相成。"规范是在编纂原则上、方法上形成的基本统一,而绝非标准所要求的外形上的绝对统一。我们不必按照标准化的要求处处生搬硬套,而要在年鉴工作的长期实践的过程中不断去发展创新、丰富它的内容。"② "创新能够为规范的完善提供新的依据,使规范更趋完善,如法律也会修订一样。规范的不断完善要靠

---

① 杨隽:《略谈年鉴编纂规范化》,《年鉴信息与研究》2000年第2期。
② 胡新力:《也谈年鉴规范与创新》,《年鉴信息与研究》2002年第4期。

不断的创新来完成。"① 规范是年鉴创新的基础，创新是不断完善年鉴规范的推动力。"规范化要从初级向高级的方向发展。规范化是手段，不是目的。年鉴的规范化应服务于年鉴的特色化和风格化，促进其创新发展。"②因此，年鉴编纂既要强调规范，又要不断创新，年鉴事业才能兴旺发达。

二 创新是年鉴完善规范的推动力

创新是时代的主题，是年鉴事业可持续发展、不断出精品的原动力。创新要求我们拓展思维空间，拓宽视觉眼界，常编常新。近年来，《杭州年鉴》走过的就是一条创新、发展、完善规范、再创新、再发展的道路。

创新思路，革新理念，编纂规范标准创新。杭州年鉴编辑部依据国家图书编纂、出版的相关规定，以及在实践中积累形成的基本共识，本着科学、创新、完善、统一的要求，科学地总结、系统地梳理，不断总结、完善年鉴编纂的体例规范，严格将字词用法、数字用法、计量单位、标点符号等规范统一，并不断创新编纂理念，深入研讨、总结，形成年鉴规范化体系。年鉴编辑部多次召开会议，商讨完善编纂的规范，并严格按照国家语言文字规范和出版行业标准，结合编纂过程中的审读情况及出版社的反馈意见，编写出"数值范围的表示"、"多位数的分节"、"时间单位的表述"等10余篇规范用法的意见稿，每年整理出最新版的《〈杭州年鉴〉审稿中有关问题的统一意见》等，更进一步规范了审稿中的文字、语法、标点、数字和量词用法，明确表格、照片、图表排版等格式要求。随着编纂规范标准的不断创新，年鉴也在不断的精雕细琢中，逐步成为高质量的、经得起历史检验的精品。自1994年起，《杭州年鉴》连续四届获得全国年鉴编纂出版质量综合特等奖和连续两届获得全国地方志系统年鉴评比特等奖。2011年9月，《杭州年鉴（2010）》获得第五届全国年鉴编校质量检查评比特等奖。

---

① 许家康：《年鉴编纂入门与创新》，线装书局，2006。
② 孙关龙：《当前年鉴理论研究和编纂工作中的几个问题》，《年鉴信息与研究》1998年第1期。

规范标准，模式创新，不断提高年鉴质量。翻阅近几年的《杭州年鉴》，内容、框架等都在发生变化。第一，框架设计创新。2004年卷将"园林文物"更改为"西湖风景名胜区"，2005年卷又更改为"西湖风景名胜"。2005年卷将"城建·城管·环保"更改为"城市建设管理"和"环境保护"，并把"环境保护"由分目升格为类目。2006年卷将"农业经济"更改为"农业"，将"工业经济"更改为"工业"，将"邮电"更改为"邮政通信"。2008年卷将"军事"更改为"国防建设"，2010年卷将"职工青少年妇女组织"更改为"人民团体"，并新增"社会科学"类目。2010年卷"特辑"特设"打造生活品质之城"分目，详细记载全市人民为共建共享与世界名城相媲美的"生活品质之城"而奋斗的历程。每年框架结构的调整，使《杭州年鉴》更具时代特征、地方特色。第二，条目内容的创新。《杭州年鉴》从杭州的自然环境、历史文化积淀和经济社会发展的特点出发，对一些分目下的常规性条目作出优化设置。以"新闻出版"中的分目"报纸"为例，2003年卷设有"杭州日报报业集团"和"调整报刊结构"2个条目，2005年卷更新为"报纸概论"、"显现主流舆论强势"等6个条目，2007年卷又更新为"杭报集团转变经济增长方式"、"做大做强正面宣传"、"提高新闻创新能力"等12个条目，2010年卷再次更新为"完成重大主题宣传报道"、"主要经济指标创新高"、"报刊经营部门公司化改造完成"等29个条目。常规性条目的不断更新，使《杭州年鉴》更加完整地反映了杭州经济、文化等各方面发展、变化的过程。

三　加强规范与创新统筹并重

规范年鉴编纂过程中遇到的各类细节问题，能有效提高编纂出版质量和编纂效率，缩短出版周期，增强年鉴的时效性。通过思维创新、内容创新、框架创新、技术创新等不断提升年鉴质量，增强年鉴在文化和信息领域内的竞争力和影响力。为此，应加强理论知识学习，提升业务水平，强化年鉴队伍建设，明确责任，密切协调配合，形成规范与创新并重、互促

发展的良好局面。

1. 加强理论知识学习，强化年鉴队伍建设，是提高年鉴质量的基础

年鉴质量的高低，年鉴发展的前景如何，从根本上来说取决于年鉴编辑队伍的素质。打造一支高素质的、爱岗敬业的专业队伍更为重要，更具有全局性、根本性、长期性和稳定性。它是保证这项事业持续健康发展的重要前提。随着信息社会的发展和图书出版领域竞争的加剧，地方综合年鉴面临多种困难与挑战，对年鉴编辑人员综合素质的要求也越来越高。年鉴编辑部要善于学习，敢于创新，坚持高起点、高标准、高要求，用创新的理念解决新问题。首先，要定期组织学习年鉴编纂专业理论知识，了解和掌握年鉴的编写规范和要求，与时俱进。专题研讨年鉴编纂及出版发行各个环节的工作，特别是对编校质量、编纂进度进行分析点评，总结交流经验，剖析问题和不足，研究提出具体的整改措施，提高业务水平。同时认真借鉴、吸收其他省市年鉴工作的好做法和好经验。其次，举办各种形式的年鉴业务及出版业务培训班，邀请知名专家学者授课，不断提高编辑人员的业务能力，确保年鉴编纂质量。学习培训应当纳入年度工作的总体安排，有计划、有步骤地实施。

2. 强化年鉴质量标准，完善年鉴编纂规范，是提高年鉴质量的前提

质量是年鉴的生命，标准是质量的前提。首先，在编纂年鉴的整个过程中，要注重政治质量、编纂质量、出版质量等质量标准。在年鉴编纂工作中，必须始终坚持以科学发展观为指导，遵守党和国家的有关方针、政策和法规，坚持正确的思想导向，有利于推动社会主义两个文明建设的发展等。严格按照出版质量标准，把好出版质量关，做到版式设计规范协调，文字、表格、图片等方面规范标准，保证年鉴质量。其次，加强规范化保障制度建设。要实现年鉴编纂规范化，必须有坚强的组织保障、制度保障、监督保障等。通过编辑部组织规划编纂进度各项事宜。建立各项制度，制订完善政治学习制度、办公会议制度、年鉴学习管理制度、日常管理制度等，并抓好制度落实来推动各项工作，使年鉴工作有章可循。与责任编辑签订《总纂责任书》，为提高年鉴总纂质量、加快总纂进度提供制度保障。作为年鉴编辑部门，为了进一步提高产品质量，适应社会需要，除了强化和优化内部各项管理制度外，还应主动引入外部监督机制，主动接受社会各界的检查与监督，广开言路，广纳群言，借助外部力量，把年鉴质量提高到新水平。

3. 加强年鉴规范与创新并重，把两者作为城市年鉴发展的两翼

年鉴要获得持续健康发展，还需紧紧把握时代脉搏，迎合社会发展变化的实际，注重规范，不断创新。首先，正确处理提高年鉴质量与改革创新的关系。年鉴在编辑过程中，强调丰富年鉴内容，体现时代特色，捕捉时代亮点，增加信息含量，注重全方位、多角度、深层次反映改革开放和现代化建设的新进展、新变化、新经验。如果撰稿单位按照千篇一律的模式记载一些常规性的工作，很容易把年鉴写成各单位的工作总结。若稿件空话、套话较多，则会严重降低稿件的使用价值。因此，应严格规范标准，精简文字，确保质量，严防空话、套话，努力做到言简意赅、准确完整。其次，正确处理年鉴的个性化与规范化的关系。规范化是继承，个性化是发展。年鉴的根本属性要求地方年鉴必须突出地方特色和时代特点，必须具有鲜明的个性，这也是年鉴在信息社会生存与发展的重要前提。年鉴的规范化应该掌握一个适当的度，在坚持有利于年鉴可持续发展的前提下，正确处理个性化与规范化之间的关系，坚持"批判地继承"，做到统筹兼顾。这样有利于促进年鉴编辑出版水平的普遍提高，有助于打造规模化、集团化品牌，做到共同发展、整体推进。

规范与创新是当前年鉴界面临的重要课题，需要在理论和实践两个方面进行不断总结和探索。我们相信，只要广大年鉴工作者认真贯彻科学发展观，正确对待和妥善处理实践中遇到的各种矛盾和问题，理清规范与创新的关系，就会推动年鉴事业不断前进，实现年鉴事业可持续发展的战略目标。

（作者单位：杭州市人民政府地方志办公室）

地方综合年鉴生命力保证的思考

边丽君

国务院《地方志工作条例》(以下简称《条例》)明确指出:"本条例所称地方志,包括地方志书、地方综合年鉴。"同时,又规定:"地方综合年鉴,分别由本级人民政府负责地方志工作的机构按照规划组织编纂,其他组织和个人不得编纂。"地方综合年鉴名正言顺地归到地方志工作机构管理,随后全国各级地方志工作机构又陆续"参公"。一系列政策的实施和情况的变换,对地方综合年鉴的编辑出版产生了一定的影响。最明显的一点就是地方综合年鉴的生存问题有了根本保证。这无疑对地方综合年鉴事业的发展起到了重要作用,但同时也要看到,年鉴事业要进一步发展仍然面临巨大的挑战。由于"吃上了皇粮"便放松了进取的步伐,是最让人担忧的问题,因为任何事物不能做到与时俱进都将失去生命力,都将有被淘汰的可能。如何进一步提高质量、不断创新、增强生命力、走出一条可持续发展的路子,是地方综合年鉴迫切需要解决的问题。

一 将地方综合年鉴作为一种信息资源来生产

将年鉴作为一种资源来生产,使其成为信息产业的一部分,是促使地方综合年鉴事业科学发展的一种战略性思考。

年鉴是信息的载体,是信息的传播工具。众所周知,21世纪已经进入高速信息化的时代,经济全球化的深入发展,以信息技术为代表的科技革命不断取得突破，信息化已经成为各国经济社会发展的强大动力，推动人类社会以前所未有的速度走向新的历史高度。信息技术的爆炸式发展，政府、企业、社会信息化应用的过热式需求，使信息资源从技术应用变为无处不在的重要经济资源。信息资源牵动着经济增长、体制改革、社会变迁和发展。

年鉴学科与信息学科不仅在形式上紧密相连，而且在内容上息息相关。众所周知，信息产业作为一个新兴的产业部门是从三次产业中分化出来的，特指将信息转变为商品的行业，属于知识、技术和信息密集的产业部门的统称。信息产业不但包括软件、数据库、各种无线通信服务和在线信息服务，还包括传统的报纸、书刊、电影和音像产品的出版。信息的本质是客观事物的反映，年鉴是记录客观事物的，因此年鉴的本质与信息的本质基本上是一致的。信息的内容是通过信息的形式表现出来的。信息具有寄载性特点，必须借助于一定的载体才能被表现，没有载体，就没有信息，信息与载体不能割裂。年鉴是信息的载体，信息可以通过年鉴反映出来，两者是内容与形式的统一。信息资源与自然资源、物质资源相比，信息资源具有无限的、可再生的、可共享的特点；其开发利用会大大减少材料和能源的消耗，减少污染。信息资源还具有能够重复使用的特点，其价值在使用中得到体现；随着社会的不断发展，信息资源对国家和民族的发展，对人们工作、生活至关重要，成为国民经济和社会发展的重要战略资源。

信息是各级党委把握大局、科学决策、推动工作的前提和依据。在工业发达国家，一般都把信息当作社会生产力发展和国民经济发展的重要资源。因此，从整个年鉴事业来考虑，年鉴要进一步发展，其作用既要能利在当代，又要能功在千秋，就必须把年鉴作为一种资源来生产，要从年鉴是信息资源的角度去衡量与分析年鉴出版现状，规划和组织今后的年鉴编辑出版工作，要弄清楚出版年鉴是为了什么。虽然地方综合年鉴是由政府出资，但出版年鉴不是为领导歌功颂德，而是为领导科学决策提供参考借鉴；也不是为了养活一批人，而是为了对生产、科研、教育、经济发展等有促进作用。地方综合年鉴都是以本行政区域名称冠名的，也就是说一个行政区域仅此一部。担负着全面记述本行政区域自然、政治、经济、文化、社会等方面情况的重任，是宣传本行政区域的窗口，也是研究本行政区域的最全面、最翔实、最权威的资料性工具书。面对肩负的重任，年鉴工作者一定要高瞻远瞩，为地方综合年鉴制定好发展方向，以确保其有旺盛的生命力。

二　科学发展观指导下的深度挖掘

地方综合年鉴编辑出版一年一卷，撰写者和编辑人员都容易形成定性思维，墨守成规，出现趋同化的倾向。这是影响地方综合年鉴发展的不利因素。对此，编纂者要给予高度警惕。同时，还要充分认识地方综合年鉴是政府主办的大型资料性年刊，是一地的主流媒体和窗口，有很高的质量要求。这种"高质量"要求撰写者和编辑人员要不断加强理论学习，深刻领会科学发展观的内涵，并用此做指导对地方综合年鉴的框架和内容等做深度的挖掘，以增强地方综合年鉴的实用价值。

1. 深度挖掘首先要体现在地方综合年鉴的框架结构中

框架结构要尽可能做到全面、综合，不仅要反映物质文明建设和精神文明建设，还要反映政治文明建设和生态文明建设。同时，在全面和综合的基础上还要有重点的反映，即充分体现"以人为本"。要改变年鉴原来重经济轻社会、重开发建设轻自然环境保护等问题。要重视人文关怀，关注民生，尽可能体现与人民生活密切相关的情况，如社会福利、社会保障、劳动就业、环境质量、工资、物价、住宅、消费、教育、娱乐、卫生保健等。另外，还要注意拓宽与深化对文化、社会的反映广度和深度，扩大其所占比重，如实记述社会和文化事业方面的成就、动态及存在的突出问题。要采取措施充实社会生活的内容。例如，适当增加居民自治、社区、中介服务、人权保障等内容。

2. 内容记述上，增强实用性要特别强调突出"以人为本"

地方综合年鉴在内容记述上，还存在着许多问题。如记述工作成就多、经济增长多、领导政绩多，记述百姓生活少、社会变化少，而对于

"物价波动、环境污染、升学就业、社会保障"等方面的问题更是很少涉及。这种现象的产生与我国长期以来热衷于追求高速度发展,而且主要追求经济的高速度增长有关。长期以来,人们往往把发展问题归于经济发展的速度问题,各项工作都围绕着经济快速增长服务,简单地以为,经济增长是社会进步的自然推动力,只要把经济搞好,其他方面就会自然而然地得到进步。即便是客观的现实迫使经济发展的速度降了下来,人们对于经济高增长的情结依然根深蒂固。这种"根深蒂固"在地方综合年鉴的记述中得到了充分体现,而经济高速度增长是为了满足人民群众的需要这一最终目的却被忽视了。

增强实用性,强调"以人为本",是因为"以人为本"是一种崭新的思维方式。它纠正了以往以物或以经济为本的发展,是对过去只追求经济增长这种见物不见人的发展方式的超越,同时也是对人在社会历史发展中的主体作用与地位的肯定,强调人在社会历史发展中的主体作用与目的地位;它是一种价值取向,强调尊重人、解放人、依靠人和为了人。这种崭新的思维方式应当在地方综合年鉴的记述中得到充分体现。突出"以人为本",要重点记述人与自然的关系、人与社会的关系、人与人的关系以及人与组织的关系。记述好这四种关系基本可以解读"以人为本"的完整内涵。

在人和自然的关系上,要突出记述人的生活质量的不断提高,人类赖以生存的生态环境具有良性的循环能力的保持。在人和社会的关系上,要重点记述社会发展成果惠及全体人民,不断促进人的全面发展;同时记述为劳动者提供充分发挥其聪明才智的社会环境。在人和人的关系上,记述内容要注重强调公正,不断实现人们之间的和谐发展。在人和组织的关系上,着重记述各级组织如何注重解放人和开发人,为人的发展提供平等的机会与舞台、政策与规则、管理与服务及如何努力做到使人们各得其所。

需要特别指出的是,地方综合年鉴强调记述内容突出"以人为本",并不意味着否定记述经济问题的重要性。这样做的目的是要撰写者和编辑人员首先树立正确的思维方式,从思想上确立起人对经济主体性地位的认识,使记述的经济发展内容更富有合理性和科学性。

三 条目编撰要注重规律性，体现地方特色

关于条目编纂注重规律性话题，笔者思考了很久，不敢妄言，仅在此提出，供同人批评。条目记述尤其是综合性条目记述，往往强调记述要突出"三性"，即全面性、连续性、可比性。但事物的连续性和事物的可比性都是为了体现事物的规律性，或者说能够反映出事物规律性的条目也一定具有连续性和可比性。一种事物的发展，即使是相对稳定的事物，也存在局部的或细微的变化。这种变化一般在五年内便能形成规律性曲线，而且时间越长规律性越明显。事物发展变化的规律性应该是供领导者决策、科研人员研究等作用发挥的最终目的，抓住这个目的，我们在条目的选材和撰写以及编辑上就会得心应手。特别是对每卷保持相当稳定的常规性条目，要带着总结事物规律的目的去收集、撰写。这样的收集撰写，因为有目的性作前提，我们会非常明晰和自觉地去寻找那些重要的、变化了的资料信息。而对于每卷都不同的动态性条目，则要体现"新"、"特"、"要"等特点，其作用主要是服务于现实。

关于地方特色，是老生常谈的话题。一个地方的地方特色，其构成因素涉及地理、人文景观、意识形态以及社会生活的方方面面。因此，从内容与形式的结合上去考虑，无论是封面装潢、印刷装帧和版式设计，还是框架体系及收录的内容，都力求体现地方特色。途径上，可以通过调整框架结构凸显地域特色，通过大事记突出地域特色，抓住地域特点突出地方特色等。比如，我们分析本地的地域特点就要从多方面考虑它的构成因素，有自然资源、经济物产、地理优势等。河北省区位的最明显特点就是环京津又环渤海，这是其他任何一个省都不具备的。

一个地方的自然地理特点，往往与这个地区的社会发展有着密不可分的内在联系，从而形成一种独具特色的经济、社会、文化内容。我们要发掘这些具有个性的与众不同的社会特色，将其收入地方综合年鉴之中。同时，还应充分认识到，在建设中国特色社会主义的伟大事业中，中央的方针政策与地方的实际情况相结合，必然产生地方特色。每一个地方结合本

地实际情况，制定适合自身的发展方针、政策和措施，而政策和措施不同、实施的过程与结果不同，改革的道路和结果也不可能完全一样。这些不同是更为普遍的、本质的地方特色，年鉴编纂都要抓住这些特色。

四　适应多种需要，实现年鉴数字化、网络化

年鉴作为信息产业的重要组成部分，作为一地政治、经济、社会、文化等诸方面信息的年度汇总，如何发挥其在信息产业中的积极作用，如何为发展知识经济作出自己的贡献，增强自己生存能力，是摆在我们面前的重要课题。

地方综合年鉴实现数字化、网络化是形势发展的需要。在高度信息化的今天，人们习惯通过互联网查阅资料，因此年鉴要适应新时代新要求，实现数字化、网络化，方便读者网上查阅，逐步实现网上资料共享，使更多的人受益。但是，年鉴实现数字化、网络化，并未成为其传统纸质图书的"掘墓人"。数字化、网络化新媒体与传统书刊媒介是一个逐渐融合的过程，而且两者融合的进程在不断加快，形成多媒体互动共赢的局面，这将会成为今后的一种趋势。

综上所述，地方综合年鉴编纂要坚持以科学发展观为指导，紧跟形势、顺应潮流，积极服务于现实社会，坚持走可持续发展之路，才能具有顽强的生命力。

（作者单位：河北省地方志办公室）

地方综合年鉴入史论

刘善泳

20世纪80年代以后，我国的年鉴事业取得了空前的发展。2006年5月，国务院《地方志工作条例》（以下简称《条例》）颁布实施，地方综合年鉴被纳入地方志工作范畴，从而迎来新的发展机遇。《条例》已实施数载，地方综合年鉴度过了立法后的一段"试用期"和"适应期"。此时，对其所处的历史方位和发展趋向重新作出评估和判断既有必要，也很适时。笔者在此提出地方综合年鉴入史的观点，希望对这种评估和判断有所裨益。

一 基因论

我国现代年鉴起源于欧洲，是伴随近代帝国主义列强的侵略和西学的东渐而从国外传入的。同治三年（1864年）创办的《海关中外贸易年刊》是中国现代年鉴的先驱，而地方年鉴（大致同于今日所称的地方综合年鉴）最早为1930年出版的《无锡年鉴》。中国的年鉴，特别是地方综合年鉴，其产生和发展都蕴藏着明显的史裁基因。

在中国年鉴刚刚起步、地方年鉴尚未出现的1929年，浙江大学校长蒋梦麟针对浙江省志的续修，提出了解散方志旧体，分编年鉴、各门调查和省史"三书"的方志革新思想。虽然方志迄今尚未"解散"，但西方年鉴刚传入中国不久就出现这一思想，从一个侧面反映出中国年鉴和传统方志的不解之缘。正如有的学者所言，中国的年鉴"不能从古代历书中找到直接的血缘关系，倒是与历代的类书、史书、地方志的关系更为密切。虽然中国年鉴的直接来源是在近代受西方文化的影响，但仍保持了某些明显的'编史修志'的痕迹。"① 这一评述应当是符合实际的。中国年鉴在经历百年左右（年鉴逾百年，地方年鉴不及百年）的发展后，《条例》将地方综合年鉴法定为地方志，这既是《条例》对地方综合年鉴和传统方志亲缘关系的认同，也是对这一关系的历史性确认。

当然，地方综合年鉴的史裁基因，绝不仅仅是依靠和方志的"裙带关系"推论出来的，其内容和形式都带有明显的史裁痕迹。在地方综合年鉴中，一般设有特载、特录、大事记、专记、人物等篇章，都不同程度上具有史裁特征。大事记形同史裁之编年体，"系日月而为次，列时岁以相续"，"备载其事，形于目前"②。专记和人物形同于正史之纪传，或"包举大端"，或"委曲细事"③；特载、特录一类则传承史籍的载言传统，如史著之"书部"："若人主之制、册、诰、令，群臣之章、表、移、檄，收之纪传，悉入书部。"④ 其实，地方综合年鉴横陈百科的结构，固然移植于传统方志，但和被奉为正史正宗的《史记》融纪、传、表、志为一体一样，"逮于天文、地理、国典、朝章，显隐必赅，洪纤靡失"，蕴藏着构建"全史"的宏图大旨⑤。

"史也者，则所以叙累代人相续作业之情状者。"⑥《条例》规定地方综合年鉴所应记述的自然、政治、经济、文化、社会等方面情况，就是一代一代人"作业之情状"。地方综合年鉴通过连续数年编纂积累，自然"相续"而成史了。

二 通道论

地方综合年鉴是否进入史裁之列，一方面取决于其自身的面貌，另一

---

① 肖东发等：《年鉴学概论》，中国书籍出版社，1991，第204页。
② 刘知几：《史通·叙事》，载《史通评注》，中央编译出版社，2010，第36页。
③ 刘知几：《史通·叙事》，载《史通评注》，中央编译出版社，2010，第36页。
④ 刘知几：《史通·叙事》，载《史通评注》，中央编译出版社，2010，第43页。
⑤ 刘知几：《史通·叙事》，载《史通评注》，中央编译出版社，2010，第36页。
⑥ 梁启超：《中国历史研究法》，湖南人民出版社，2010，第6页。

方面也和人们对史裁范畴的认识紧密相关。因为只有当史裁的内涵与地方综合年鉴的内涵出现一定的交集，地方综合年鉴才可能被史裁所接纳。在中国年鉴的百年历史中，新的史学思想不断出现和更新，为地方综合年鉴入史开放了通道。

20世纪初，受进化史观等西学思想的影响，诞生了中国近代新史学。梁启超是新史学思想的代表人物，其所持若干思想对年鉴入史具有重要的理论先导意义。

一是对当代史迹的重视。梁启超抨击旧史"什九为死人作"，"无论为褒为贬，而立言皆以对死人则一也"，认为"以生人本位的历史代死人本位的历史，实史界改造一要义也"。① 因此，当代人"对于和自己时代最接近的史事，资料较多，询访质证亦较便，不以其时做成几部宏博翔实的书以贻后人，致使后人对于这个时代的史迹永远在迷离惝恍中，又不知要费多少无谓之考证才能得其真相，那么，真算史学家对不起人了"②。地方综合年鉴立足于记当代人、当代事，与新史学"以生人本位"的要求无疑是契合的。既然记述"和自己时代最接近的史事"应当成为历史，年鉴特别是记载地方经济社会发展轨迹的地方综合年鉴自然具备了成为史裁的可能。

二是对地方史的重视。我国传统的正史并不包含地方史，不管是习惯所称的二十四史，还是后来将《新元史》包含在内的二十五史，全都是"国史"级别，"地方"与之无缘。如果地方无史可言，地方综合年鉴即便具有史的基因，也是断然不能入史的。因此，解决"地方"的问题，也是地方综合年鉴入史的一个先决条件。新史学思想通过阐述地方专史的必要性和重要性，为地方综合年鉴入史提供了理论基础，也为地方综合年鉴入史创造了条件。"治中国史，分地研究极为重要。因为版图太大，各地的发展，前后相差悬殊。前人作史，专以中央政府为中心，只有几个分裂时代以各国政府所在地为中心，但中心亦不过几个——三国有三个，十六国

---

① 梁启超：《中国历史研究法》，湖南人民出版社，2010，第31~32页。
② 梁启超：《中国近三百年学术史》，湖南人民出版社，2010，第83页。

有十六个——究未能平均分配。研究中国史,实际上不应如此。"因此,"如欲彻底的了解全国,非一地一地分开来研究不可。"在方法上,"广博点分,可以分为几大区,每区之中,看他发达的次第。精细点分,可以分省、分县、分都市,每县每市看它进展的情形。颇下工夫,仔细研究,各人把乡土的历史、风俗、事故、人情考察明白,用力甚小而成效极大"。① 应当看到的是,对于地方综合年鉴入史,章学诚"志乃史裁"的论断起到了极其重要的作用,甚至就是因为方志被断定为史,作为"方志的变相"②的地方史才登上历史的大雅之堂。

三是史学领域向文化史、社会史的开拓。中国传统史学以治乱兴替为其主线,不太注意地方社会和民生利弊,因此二十四史常被称作帝王的家谱。新史学识其弊端,揭示了将历史视角向文化、社会延伸的必要性:"其实政治只是表面上的事情。政治的活动,全靠社会做根底。社会,实在政治的背后,做了无数更广大更根本的事情,不明白社会,是断不能明白政治的。所以现在讲历史的人,都不但着重于政治,而要着重于文化。"③ 由于地方不是一个理乱兴亡的主体,因此地方史也好,地方志书也好,地方综合年鉴也好,相对于一国之史而言,天然地要偏向于社会与文化,新史学向社会史方向开拓和着重于文化的倾向,无疑为年鉴入史提供了又一个理论依据。

新史学思想出现于20世纪初,恰好是中国年鉴萌芽的时期。它们对中国年鉴的出现及其模样塑造到底产生了多大的影响,并非本文探讨的范畴。不过可以肯定,近代新史学思想的出现至少为年鉴入史提供了可能,只要年鉴(地方综合年鉴)有意朝此方向发展,通道是开放的。此就是所谓的"理论先导"。值得一提的是,近代新史学思想经过一番兴衰之后,在20世纪80年代后得到了呼应。其间,在改革开放的时代背景下,各种史学思潮不断涌入,本土史学思想不断生长,前面述及的近代新史学所倚的当代史、地方史、文化史、社会史等史学取向,都在这一时期重新得到

---

① 梁启超:《中国历史研究法》,湖南人民出版社,2010,第151~152页。
② 梁启超:《中国历史研究法》,湖南人民出版社,2010,第151页。
③ 吕思勉:《中国通史》,凤凰出版传媒集团、凤凰出版社,2011,第2~3页。

重视，并且愈加丰富和深入。更加值得一提的是，近代新史学出现的时期，正是年鉴即将兴起的时期，而20世纪80年代后这一阶段正好是中国年鉴复兴的时期。如果说近代新史学思想对地方综合年鉴入史是一种理论准备的话，那么，20世纪80年代与之呼应并得到深化的史学思想，则是对地方综合年鉴入史的一次理论支持，它们又一次为地方综合年鉴打开了欢迎之门。

三　取向论

我们探讨地方综合年鉴入史的问题，其实也是探讨其"从哪里来、到哪里去"的问题。笔者认为，史裁取向未必是地方综合年鉴朝前发展的唯一选择，但至少是可供选择的若干路径之一。

首先，方志入史的历史经验值得借鉴。如前所述，中国年鉴，特别是地方综合年鉴，虽然使用了西方输入的"年鉴"之名，却多行传统方志之实。地方综合年鉴在我国一出现，就基本抛弃了年鉴输入时所附带的西方年鉴传统，径直走了一条亲于方志的"中国之路"。《条例》将地方综合年鉴纳入地方志范畴，这条道路更显明晰和确切。地方综合年鉴的这一方志"情结"，注定了它必定要和方志的命运相联系。既然如此，研究年鉴入史的问题，就不妨以传统方志做一参照。纵观方志发展的历史，方志被判为史裁还是在章学诚之后。"志为史裁"这个在当时还颇有争议的观点，至今却几乎成为共识。一直以来被认作地理书的方志终被广泛接受为史裁，固然和方志本身的史裁基因不无关系，但也从中反映出人们对方志"应然"取向的判断和抉择。方志由地理书到历史书的这个转变是不是历史的必然，笔者不好妄断，但方志入史这一"已然"发生的历史经验，理应可以为地方综合年鉴的"应然"决策提供一个借鉴。

其次，"资料性文献"的史裁风骨有待塑造。《条例》将地方综合年鉴规定为"资料性文献"。在此之前，对于年鉴定位的提法很多，如地情书、信息书、参考书、工具书、资料书。这些提法和"资料性文献"未必存在冲突，但反映了人们对地方综合年鉴"已然"和"应然"价值的判断。今天，任何一种信息载体，恐怕都无法避开互联网这一强势参照物。笔者认为，不管年鉴以其地情性、信息性、参考性、工具性、资料性中哪一端去和短、平、快的互联网海量信息相比，都是以己之短克敌之长。换言之，地方综合年鉴固然具有地情、信息、参考、工具、资料等各种功能，但难以成为其比较优势和核心竞争力。笔者曾言："如果说地方志是一种资料性文献的话，那么这种资料性文献的最高境界就是'史'。"① 地方综合年鉴为地方志之一员，当不例外。经过了数年"试用期"的地方综合年鉴，现在正面对着不同"生长"方向的选择，地方综合年鉴未必应该走上完全的史裁之路，然而，这种资料性文献的史裁风骨无疑值得期待。

最后，地方史书写的历史性机遇需要把握。我国历代均未设置地方史相关机构，个人则难以具备撰写完全地方史的条件，因此我国少有甚至可能没有"完全"的地方史。正因为如此，历代倡修的方志在地方典籍极端有限的数千年中，实际担当了保存地方历史的使命，方志也因此被誉为"一方之全史"。然而应当看到的是，自古以来方志都没有自觉地承担记录一方之史的使命，只是客观上起到了这样的作用而已。新中国成立后，各级都设立了党史部门，但其视野基本局限于中共党史和革命史。因此可以说，地方史还存在着大片有待开垦的领地。在今天看来，地方史书写的必要性毋庸置疑，从事这项工作的价值也不言而喻。从现行行政机构设置来看，从方志实际履行史责的传统看，方志机构理应在这方面有所作为。对于年轻的地方综合年鉴来说，这是欣逢其时的历史机遇，也是值得担当的历史使命。

（作者单位：江西省石城县地方志办公室）

---

① 刘善泳：《"一方全史"说的时代审察》，《广西地方志》2011年第3期。

试论年鉴编写与续志的衔接

欧长生

年鉴是汇辑一年内的重要时事、文献和统计资料,按年度连续出版的工具书。① 也有人认为,年鉴是汇辑一年度内全面的实事资料,综述基本情况,评述重大事件、最新成就以及纵横比较、展示趋势的工具书,是一种逐年编纂出版的连续出版物。② 概括地说,年鉴是逐年编纂出版的资料性工具书。③ 年鉴依据不同的划分标准,类型也不同。以年鉴主体部分的表现形态为基准,对目前我国出版的各种年鉴粗加分类,大致可见如下几种:主体内容以文字叙述形式为主,基本单元的形态表现为"条目"的,称之为"条目型年鉴";主体内容以文字叙述形式为主,基本单位的形态表现为文章的,称之为"文章型年鉴";主体内容以文字叙述为辅,基本单元的形态表现为图片、图谱、表格的,称之为"图表型年鉴"。对上述三种年鉴也可粗略分为"文字型年鉴"和"非文字型"年鉴两种。④ 年鉴按内容性质分为综合性年鉴、专业性年鉴和专题性年鉴。综合性年鉴是一种全面收录世界或地方多个领域基本情况和基本资料的年鉴。专业性年鉴是一种专门收录某个特定专业(学科)领域或部门、行业、企业事业单位基本情况和基本资料的年鉴。其主要特点是"专而深"。专题性年鉴是收

---

① 《中国大百科全书·新闻出版卷》,中国大百科全书出版社,1990,第224页,转引自许家康《年鉴编纂入门与创新》,线装书局,2006,第3页。
② 《出版辞典》,上海辞书出版社,1992,第119页,转引自许家康《年鉴编纂入门与创新》,线装书局,2006,第3页。
③ 许家康:《年鉴编纂入门与创新》,线装书局,2006,第4页。
④ 李会山、范作义:《中国年鉴编纂规范化》,中国书籍出版社,1994,第28~29页。

录范围约定在某一特定主题之内的年鉴。① 年鉴按照编纂机构不同，可以划分为综合年鉴、专业年鉴和同级年鉴。

地方志编修按照与以前志书内容的关系可以划分为重修地方志和续修地方志。我国现存的古代地方志多数为重修。目前，国内有的地区地方志是重修，但多数地区新一轮修志为续修。按照国务院《地方志工作条例》的规定，地方志书每20年左右编修一次。但对于是重修还是续修，条例并没有硬性规定。对于地方志书与年鉴的关系，条例第十条明确指出：每一轮地方志书编修工作完成后，负责地方志工作的机构在编纂地方综合年鉴、搜集资料以及向社会提供咨询服务的同时，启动新一轮地方志书的续修工作。因此，应当认真研究年鉴编修与地方志编纂如何衔接问题。

关于年鉴与续修志书的衔接，国内专家学者有一定的研究成果。限于篇幅，本文只对近年来部分研究成果进行简述。葛向勇的《年鉴编纂如何与续志工作相衔接》② 认为，年鉴为续修下一届志书收集和积累年度资料这一功能尚未充分体现，其资料的系统性、连续性也离续修志书的要求相差很远。为此，他提出篇目设置应尽量与志书接轨、悉心收集附录资料以备续志采摘、下功夫记好综合性条目等几点建议。尚延壮、葛永明撰写的《浅谈年鉴在续志中的重要作用》指出，年鉴在续修志书中有着十分重要的作用。③ 丁沪建、朱艳燕、王乐铮等人的文章《从续志对资料的要求看年鉴资料的完整性》则认为，年鉴、方志因学科属性不同，著述形式各异，表现在资料处理、取舍和利用方法上，既有许多共性，也有不少相去甚远之处。地方综合年鉴大多出自史志部门，从框架设计到内容记述等方面，都不同程度地为年鉴打上了史志学科的烙印。同时，各地也自觉或不自觉地把连续编辑出版年鉴作为"为续修志书积累资料"的工作来做，有的已写进年鉴的编辑说明中。④ 黄长银在《谈谈年鉴为续志提供资料的问

---

① 许家康：《年鉴编纂入门与创新》，线装书局，2006，第10~11页。
② 《中国地方志》2000年第4期。
③ 《江苏地方志》2004年S1期。
④ 《江苏地方志》2004年S1期。

题》一文中，对"年鉴是否可以为续志提供资料，年鉴的资料有多少能在续志中使用，怎样最大限度地使用年鉴上现存的资料"等问题进行了探讨，认为年鉴可以为续志提供资料，年鉴与志书的共性决定了年鉴成为续修志书重要参考书的必然性。年鉴与志书两者都是由地方志（史志）办公室组织编纂，"官味"十足，资料权威，信息可靠；两者在记述空间范围和内容上大致相同，都是横排门类，客观真实地反映一定地域情况的大型综合性资料书，都属地情文献；两者文体和文风基本一样。① 董建莹的《浅议如何保持修志工作的连续性》认为"盛世修志"是中华民族的优良传统，历代不衰，源远流长。通过编志，可以总结历史，研究现状，探索规律。重视修志，就要正确对待如何借年鉴的"船"，扬续志的"帆"，还要适当把握续志的断限问题，正确地对待历史，并相对完整地载入史册。② 武海燕《浅析年鉴在编修志书中的作用》一文提出，年鉴和地方志是我国记录地方历史的不同形式。两者是局部和全局、"年度产品"和"时代产品"的关系。年鉴在编修志书中具有重要的作用，不仅为修志积累、储备了资料，弥补了志书周期长的不足，而且为下一轮修志培养了人才。为更好地发挥年鉴存史的作用，编鉴要增强为续修志书积累资料的意识，要与续志接轨，年鉴资料收集要拓展广度与深度。上述研究成果对于年鉴，特别是地方综合年鉴对于续修志书的作用、提供资料的重要性等方面进行了较为详细的阐述。但是，对于年鉴整体上对续志的影响，分属不同学科的年鉴与志书，在续志编撰过程中，年鉴内容如何与续志很好地进行衔接，不同类型的年鉴如何在续志中发挥作用等，没有更多、更深入的研讨。

无论是地方综合年鉴，还是专业年鉴或者统计年鉴，其内容对于续志都有重要的作用。年鉴内容对续志的作用主要有：其一，年鉴内容是续志资料的主要来源之一。近年来，国内年鉴一般是按年度编撰、连续出版的。年鉴由于信息量大，又以年度为时限，因此记载的内容同志书相比更

---

① 《年鉴信息与研究》2006年第6期。
② 《河南师范大学学报》（哲学社会科学版）2007年第5期。

为详细,"为第二轮修志储备了大量基础资料"①。其二,综合年鉴和统计年鉴记述内容的性质同地方志书性质相同。地方综合年鉴由各级地方志编纂机构负责编撰,统计年鉴由各级统计机构负责编纂。其内容同地方志书从性质上均属于"官书"。特点是在《地方志工作条例》颁布后,国家以法规形式明确了年鉴"官书"的性质。

综合年鉴内容与续志衔接,续志应选取综合年鉴中稳定性条目,选取有价值的长效信息。单独某一年度内或部分年份出现的事情,在续志所涵盖的二十年时间范围内,一般不宜作为重点记述内容,而应选择综合年鉴内容中在长时段有影响的信息入志。同时,志书并非百科全书,对于综合年鉴中记载的会议类条目、学习教育类条目、调研考察等条目不宜选取。续志应主要体现在续志时限内该地区政治、经济、文化、社会、自然等各个方面具有鲜明特征、与时俱进的内容;同时要兼顾与上一轮志书有效的连接,为下一轮修志打下扎实的基础。因此,应将地方综合年鉴中能够体现时代特色的内容入志。② 二三十年来,我国深化改革、扩大开放、关注民生、国力增强是时代发展的主线。当然,由于区域发展的不平衡和行业发展的不平衡,各地区经济社会发展状况各有不同,有的甚至差别很大。在续志时应因地制宜突出特色。如有的地区非公有制经济发展迅速,有的地区改善民生效果显著,有的地区环境状况恶化等。上述情况多数被地方综合年鉴收录,续志时不应忽视。

专业年鉴的内容能够体现较强的专业性,能够体现该专业或领域的行业特色,能够及时反映其最新的发展动态。对于续志篇目的设置,特别是涉及经济、文化、科技等章、节的设置可以起到重要的参考作用。部分续修志书在整体框架结构编排上符合要求,但是对章节的设置则有待商榷;主要原因是续志的编辑人员对部分专业的了解不全面,不能科学、合理地设置相关的篇章结构。在地方综合年鉴的编纂中,已经出现章节设置不合理,不符合有关专业要求的情况;在续志编纂中,应当避免此类问题的

---

① 邵长兴:《第二轮修志的五大优势》,《中国地方志》2011年第5期。
② 吴才珺、金达辉:《优化年鉴条目选题深化年鉴地情反映》,《年鉴信息与研究》2007年第4~6期。

出现。

　　笔者认为，年鉴内容中图表如何与续志衔接，是一个专业性较强、难度较大的问题。国内很多年鉴现在都有图表，而且有的年鉴表格所占篇幅的比例比较大。续志必然要编辑图表。但是，年鉴中的图表一般是某一年度情况的表述，少数图表会涉及跨年度的情况。续志中所要记述的则是某一地区某一行业或领域二十年甚至更长时间的综合情况。如果只是将年鉴中的表格罗列或者简单相加，实质上不能真实、准确地反映续修志书的要求。应将年鉴中的图表数据等作为参照，依据该地区行业发展和社会经济发展的实际情况，统一绘制续志中的图表。对于续志编纂中难以用表格形式表述的内容，可以改为文字表述。

　　综上所述，年鉴内容与续志的衔接，属于跨学科综合性研究的范围，体现了短时段的历史事件应纳入长时段的历史发展进程中去的观点。综合年鉴、专业年鉴和统计年鉴内容不同，作为资料入志选取的标准、使用的方法也不同。由于年鉴涵盖内容广泛，年鉴中大事记、特载、人物等如何与续志衔接，有待进一步的探讨和研究。

（作者单位：福建省地方志编纂委员会）

关于年鉴人文灵魂的思考

韩 锴

国务院《地方志工作条例》明确规定地方志包括地方志书、地方综合年鉴。这表明地方综合年鉴明确被纳入地方志工作范畴。为此,志界同人对年鉴的理论研究有所加强。本文拟侧重谈谈年鉴的灵魂问题。古人讲文以载道,今人讲文章灵魂。年鉴作为致力于存史、资政和教化的地方志出版形式之一,必须注重文以载道,讲究服务现实,追求文章灵魂。所以,年鉴以什么作为灵魂,是年鉴工作者首先要厘清的问题。对此,有的以鉴戒作为年鉴的灵魂,有的以创新作为年鉴的灵魂,有的以实事求是作为年鉴的灵魂。这些表述均没有错,它们都抓住了年鉴的某一方面的本质或阶段性目标的要害,但都仅仅是构成年鉴灵魂的次生目的或重要手段,而不是年鉴灵魂的本身所在。年鉴的真正灵魂是年鉴中所包含的以人文关怀为宗旨的人文精神。

一 人文精神作为年鉴灵魂的价值主体阐释

为什么将人文精神作为年鉴的灵魂?这既取决于灵魂在事物存在理由上的决定作用,也取决于年鉴在人类生活中的功能、地位和作用,更取决于人之作为历史主人和价值主体在一切活动中的"为我性"的价值取向和奋斗目标。也就是说,人的奋斗的终极目标是为人类自己更加舒适地生存,更加适宜地发展,更加惬意地享受人生,不可能为了其他目的。所以,人的一切活动在正常状况下都会体现出为更加舒适的人类存在环境而

奋斗的人文精神。

灵魂是什么？从汉语词典看，它是宗教所信仰的存在物，是居于人的躯体内并主宰躯体的精神体。在其他学科中，人们也借灵魂用以比喻一物之所以成为该物并发挥指导和决定作用的因素。年鉴的灵魂实际上是体现于年鉴之中并决定年鉴可否成为名副其实的年鉴，且能否实现它的功能与作用的因素。所以，年鉴的灵魂应该贯穿于其始终，表现于其整体的东西，是让年鉴真正发挥其功能、达于其目标的东西。这只有在终极上关注人、爱护人、方便人、有利于人的人文精神才堪担当此种角色。

年鉴作为逐年编纂连续出版的资料性工具书，在西方国家往往由民间机构组织编写，并侧重于它的实用性，故将重点放在便民服务上。如，旅游年鉴提供游览服务，出版年鉴提供了解书籍出版概况服务等，且多为专业性年鉴。这些年鉴由于资金自筹且自负盈亏，所以很注意实用性和直接的服务性，让人觉得值得花钱去买。在中国，往往由政府及其部门组织编写，侧重于它的借鉴作用，故往往将重点放在资政、教化功能上，且多为综合性年鉴，即使是专业性年鉴也往往是专业性的综合年鉴，其重点也在于借鉴功能、资政服务。但无论国外的服务性年鉴，还是中国的资政教化性年鉴，以人为本、注重让人生存和发展得以更加便利和舒适则是其共性。中国年鉴的编写目的往往重在借鉴资政之"鉴"字上。"鉴"字作为名词，原本是镜子，进而引申为可以作为警戒或教训的事。作为动词，原本是照，即通过照而寻求不足、克服缺陷，进而引申为仔细审看，详细查阅，为总结经验或寻觅瑕疵以利于资治。其终极目的都在于为人服务，让人生活得更加方便舒适。这就是年鉴的人文精神所在。当然，中国的年鉴更注重从宏观上记述政治、经济、社会、文化和自然方面的事实变迁对人类的鉴戒作用，从而在更高层次和更深意义上为人类的进一步文明发展服务。

人是社会实践的主体，人类历史的主体，也是价值关系的主体，价值评价的主体。年鉴为什么要以人文精神作为自己的灵魂，从终极的意义上讲就源于人的价值主体地位。我们知道，社会历史的演进过程是人这一高级动物有意识、有目的的持续活动的结果。人作为有意识的高级动物，与一般动物相比不仅知道改变自己去适应世界，更知道通过实践去改造世界，并让外部世界更加有利于自己的生存和发展。因此，由人参与其中的人类社会的发展总是朝着有利于人的方向前进的。人这一会思想的高级动物从事实践活动的目标，不会为了神的存在和发展，不会为了物的摆设和炫耀，只可能为了自己的更佳生存和更好发展而奋斗。这是除了人之外一切动物所不具有的本性问题。世界自从有了人之后，整个发展变化的历史就是人们为了改善自己的生存和发展环境而努力奋斗的过程。这是人们实践活动的人文精神之所在。年鉴作为记载人类实践活动的作品，其实践中的这一人文精神必然要反映到年鉴内容中来。实践的宗旨是改善环境以利于人类的生存，而记载实践的年鉴自然而然地应当而且必须将其作为自己的灵魂。

二　人文精神作为年鉴灵魂的史学理论说明

从编鉴目标看，重在形成对人有价值的一家之言。年鉴作为地方志的必要组成部分，进而作为记载一个地方或一个部门的历史的资料性的工具书，在编写过程中，就"应然"地要通过"通古今之变"的实事求是的历史记载，达到"究天人之际"的人文目标，并力争"成一家之言"，以戒于人无益、于己无补的无用事件的发生。所谓"通古今之变"，即要站在时代的高度，胸含人文情怀地详载一年之中的历史事实，并通过这些历史事实以观察社会的变迁，且深究这些变迁的历史事实对作为社会主体的人的价值和意义，以便人们总结经验和汲取教训，让社会变得更加有利于人类的生存和发展。所谓"究天人之际"，即要深入地追寻社会发展过程中规律性的东西与人为性的努力之间的关系，做到在遵循规律的前提下发挥好人的主观能动性，在追求主观符合客观的同时，努力追求客观世界的发展符合人们在实践之前就形成的主观愿望。这是在改造外部自然和社会的实践过程中所体现的人的主体性问题。所谓"成一家之言"，即成为对人们的生存与发展有借鉴意义的资料性的文献。这就是编写年鉴人文精神的实践途径和追求过程。

　　从终极功能看，重在保存对人有意义的文献资料。年鉴作为地方志的重要组成部分，它的人文精神也体现在志书的存史、资政和教化的三大功能之中。我们知道，存史不是为了存史而存史。没有人文精神的年鉴不可能为有眼光的修志者所吸收，即使吸收了也难以成为引人注目的内容。没有人文精神的导引，我们就难以断定什么叫秉笔直书，也难以理解《春秋》中"赵盾弑君"这种粗看为虚，细看为实的"春秋笔法"中所隐含的秉笔直书的意义。没有人文精神的宏观掌控，我们也无法确定怎样记载才是真正的存真求实，怎样才是实事求是，进而我们也无法理解，为什么史书对坏人坏事的具体手段和详细做法不加详载的理由所在。应该说，存史是修志编鉴的初级目标，其指归在于以人文精神为标准的经验教训的叙述，以提供资政；以人文精神为圭臬的扬善抑恶的详载，以利于教化。没有人文精神的灵魂，缺乏人文精神的标准，既无从判定哪些材料具有存史价值，怎么表述才能有存史价值，也难以确定哪些材料具有资政和教化的意义，怎么记载才能有资政和教化的价值。因此，在年鉴编写中，存史是初级目标，资政和教化是更深一层和更进一步的目标，而人文精神才是年鉴终极性的宗旨所在。它可以作为我们年鉴的灵魂。

　　从载道要求看，重在详载对人有价值的仁义之道。年鉴编写必须以人文精神作为其贯穿始终的灵魂，实际上讲的是以文载道的问题。中国古人历来注重以文载道。自先秦到西汉，文史尚未分家，写史作文者均"因治乱而感哀乐，因哀乐而为咏歌，因咏歌而成比兴。故大雅作则王道盛矣，小雅作则王道缺矣，雅变风则王道衰矣，《诗》不作则王泽竭矣"。至于西汉扬雄、马融以降，置其盛明之代而习亡国之音，魏晋江左随之推演，讲究"不根教化"的一技之作。这时的文章就在形式上凸显赋体，在内容上则变得道义式微。当然这时以赋体为主要形式的文章，也不是绝对地离开了"道"而存在。唐朝以后，经韩愈、柳宗元的古文复兴运动，以文载道之风又得以恢复，达到了"明先王之道，尽天人之际，意不在文而文自随之，此真君子之文也"①。那么古人以文载道，载的是什么道呢？应该就是儒家文化的仁义之道。仁义之道也即人文精神之道。古代的仁义之道是重视人，尊重人，为了人的原则性理念。仁义之道与以神为重、以物为重、以制为重、以官为重相反，讲的是自己"欲立欲达"，则同时必须考虑"立人达人"，"己所不欲，勿施于人"。仁义之道更讲为义而奋斗。古人讲的义实际上主要是指众人的利，即众利为义。这就是人文精神之所在。编年鉴也是为文，为文就应讲究以文载道，即在文中体现人文精神，反映人文精神，目的是为了人文精神的树立和弘扬。当然，马克思主义也是以文载道的光辉典范。马克思无论是他年轻时候关于职业选择的思考，早期关于异化问题的讨论，还是成熟时期的《共产党宣言》和《资本论》都充满人文关怀，关心平民百姓，注重人文精神。可以讲，资本主义社会之所以在马克思主义产生之后发生了一系列有利于民众的变化，均应归功于马克思对其非人文体制和机制的无情批判。在马克思主义的中国化过程中，"为人民服务"、"三个有利于"、"三个代表"、科学发展与和谐社会，均充满了人文精神。

从修志实践看，重在实录对人有意义的历史事实。年鉴的人文精神在编鉴中如何体现？中国古代由于没有年鉴，但从古代志书的内容中可以获得借鉴。古代志书反映人文精神主要侧重于三个方面：一是详叙民众衣食之所系。如志书记叙"沟洫之利，疏溉之饶"，这是"生民衣食之所系焉"。后来治郡国者观此"流生民之泽"的记载，可以有助于治理以有利于民众。志书记载地理山川、沟洫坡塘主要不是为"悠然遐想、升高而赋"之用，而是为了后来的治郡国者利用自然，改造自然，进而造福人民发挥资治借鉴作用。② 二是反映人民生活之疾苦。南宋丁大荣主张修志应着重反映一方民生之疾苦。如"乡夫困于差役"、"居民艰于斗斛"、"榷酤之额重于他邑"、"籴本之费抑于郡胥"等。③ 三是记载古今社会之变化。清代冯达道说："郡必有志，所以论变也。备考而谨书之，使良庖司割者，

---

① 柳冕：《谢杜相公论房杜二相书》，载《全唐文》卷527，上海古籍出版社，1990。
② 李好文：《长安图志》序。
③ 丁大荣：《天台图经》后序。

知大窾坚轫所在，恚然游刃，诊脉而知其沉浮虚实，据案处方补泄，可以无误。志之利益如是。"① 即要求记社会变化之目的在于让后来的治政者补上不足之处，以至治政无误。

从史识、史义看，重在体现对人有价值的史识、史义。将人文精神作为年鉴的灵魂，必然要求编鉴界同人注重史识的培养。唐代史学家刘知幾提出的史家之才、学、识"三长"，学是史家应具备广博的历史知识，才是史家应具备记载历史时属辞比事才能，识是史家应具备的历史见识水平。一个年鉴编纂者只有具备了一定高度的史识，才能在自己编写的年鉴中体现人文精神。当然仅有史识没有史才，也难以落实人文精神于年鉴之中。因为经过史识认识的人文精神，必须在编写的史材中得以反映，如按"比事"的法则反映人文精神，依"属辞"的原则体现人文精神等。史识重在对史义的判断。孟子说，古代史书有事、文、义三大要件，"其事则齐桓、晋文，其文则史。孔子曰：'其义则丘窃取之矣'"②。史义的关键是历史记载对人的意义，恶人恶事是对人没有意义和价值的人与事，要贬之损之。善人善事是对人有意义和价值的人与事，要褒之扬之。所以，关注史义的关键是以人文精神判断人与事，恶则贬之，善则褒之，从而促进社会朝着更加有利于人的生存和发展的方向进步。

三 人文精神作为年鉴灵魂的框架体例表征

年鉴的人文灵魂首先要在框架设计中体现出来，如从大框架而言，当前应加重关注民生的社会部分的分量，反映当前"重民生"的内容，记载民众衣食住行的变迁和提升。从中框架而言，经济部分要关注科学发展这一以人为本为核心的发展方针的贯彻落实，在自然部分要关注自然环境的污染和改善，资源的耗费和匮乏与利用和保护。在经济部分还要关注转变发展方式，降低能源耗费这些关注人类永续发展的内容的记载。而且，这

---

① 冯达道：《重修汉中府志》序。
② 《孟子·离娄下》。

些关注要按秉笔直书、善恶均载的要求，既反映善政善行，也反映恶政恶行。

其次要在条目中体现人文精神。条目是记载年度客观事实的资料主题。条目要反映年度具有人文精神的客观事实，当然反映没有人文精神的客观事实也是具有人文精神的表现。我们当前年鉴的缺点往往只讲好，不讲坏，报喜不报忧。具有人文精神的条目不能只有正面的主题，而无有缺陷的主题。只有善恶并书，才能有存史价值，并起资政和教化的作用，才真正具有人文精神。

最后要在记载笔法中体现人文精神。没有人文精神的滋养就难以理解和运用屈从权势、出于私心的曲笔和拥有良知、出于公心的曲笔的区别和联系，也难以理解和运用直书其事、毫不隐恶与避开现象、直书本质的差异与同一，更难以把握定为私利而隐恶和为了教人向善而隐恶的异同性和必要性。只有我们绷紧人文精神这根弦，才能在记载笔法中娴熟而正确地运用各种方法和技能编出精品年鉴，为社会提供具有存史价值，并发挥资政与教化功能的年鉴。当前，年鉴多数是政府组织、政府出资而编纂的，反映成绩往往皆大欢喜，记载缺陷常常困难重重。但事物总有两面性，有喜必有忧，有成绩必有缺点，否则就没有"究天人之际"，总结经验教训的必要了。如果都是可喜的成绩，那就无须编鉴修志，以示警戒，以资政治了。这就需要在记载笔法中讲求人文精神，如忧事以喜的形式记，喜事内隐含着忧患意识，为后人提供有益的借鉴。

（作者单位：浙江省人民政府地方志办公室）

借鉴方志学，构建年鉴学
——初论构建中国年鉴学学科理论体系与学科结构体系

陆 奇

2004年，中共中央发出《关于进一步繁荣发展哲学社会科学的意见》，充分表明我们党对哲学社会科学的高度重视和殷切希望。党的十七大号召："推动社会主义文化大发展大繁荣"。在这些精神鼓舞下，当前年鉴文化作品发展很快，中国成为世界上年鉴作品的数量和品种最多的国家，中国年鉴作品正在成为世界年鉴文化百花园中的一朵奇葩。

本文提出并阐述"借鉴方志学，构建年鉴学"的学科构建思路。科学理论应具有科学性、实践性、创新性、系统性的基本特性。我们在构建年鉴学时应该遵循这些基本原则。

一 构建年鉴学可行性

在现代中国，对于年鉴定义性质的诠释有多样，且大同小异。首先，权威的定义应为2006年5月国务院公布的《地方志工作条例》第三条："地方综合年鉴，是指系统记述本行政区域自然、政治、经济、文化、社会等方面情况的年度资料性文献。"年鉴既然称为文献，则理所当然含有学术的成分，况且各类年鉴作品有其独特的体例等质量要求，为资料性著述。故年鉴应为学术书，不可忽视年鉴的学术性。其次，年鉴界共识认为，因年鉴主要为条目体而便于检索，故工具书为年鉴的另一大性质。最后，年鉴为年度编纂作品。我国的专家、学者在其专著及论文中，对于年鉴定义即基本属性有多种表述，其中较权威的有孙关龙先生认为"年鉴定义的基本属性是年度性、连续性、资料性和工具性"。笔者认为年鉴的基本属性是年度编纂、资料性文献、学术工具书。其中学术性必不可少，体现年鉴作品的科学性。

据资料显示，年鉴文化作品起源于16世纪的欧洲。当今的20多年中随着经济科技的高速发展，世界各国年鉴的品种、数量增多及社会影响加大，特别是进入21世纪以来尤为明显。中国年鉴发展史大体经历三个阶段。第一阶段为开创阶段，包括从1909年开始出现第一部翻译外国年鉴，第一部国人编纂年鉴，第一个年鉴出版社，年鉴出版事业创始人；第二阶段为平稳发展阶段，在20世纪20～40年代，国内各地出版的各类年鉴逐渐增多且社会影响增大；第三阶段为繁荣发展阶段，在改革开放后30多年中，中国年鉴事业蓬勃发展。

中国改革开放总设计师邓小平曾指出："编辑出版年鉴，很有必要，这是国家的需要，四化建设的需要。"这为我国年鉴事业的发展指明了方向，各个地区的综合年鉴和各行各业的专业年鉴像雨后春笋般地创作涌现出来，机构健全、人员配置、经费保障等逐步完善，并随着地方志的全国首轮二轮编纂而水涨船高。特别是《地方志工作条例》的贯彻，为年鉴事业的发展开创了一个新的局面。

进入21世纪以来，我国年鉴出版事业愈加蓬勃发展。据最新统计，至2009年，估计在版年鉴约有2500种，加上非公开发行、非正式出版的年鉴，总数接近3000种。在编纂年鉴的过程中，有很多史志鉴专家学者进行年鉴学的理论研究与学科建设，其主要研究领域集中在年鉴编纂学方面。例如较具权威的《年鉴编纂入门与创新》及较具代表性的《年鉴学概论》、《年鉴通义》、《比较年鉴学》、《年鉴出版学》、《年鉴策划设计学》、《地方年鉴编辑学》、《专业年鉴编辑学》、《学科年鉴编辑学》、《城市年鉴编辑规范》、《统计年鉴编辑规范》、《企业年鉴编辑规范》，等等。

2000年5月，笔者参加于山东省济南市召开的"第四届全国年鉴编纂出版质量评比颁奖暨第十二届年鉴学术年会"。会上很多专家学者提出"我们有必要举整个年鉴界之力，联合有志于年鉴理论研究的专家学者，通过科研攻关和协作，陆续推出一批年鉴学论著，逐步构建起年鉴学的学科体系，实现年鉴理论的全面创新"，"应尽快构建起年鉴学的学科理论体系与学科结构体系"，"应尽快构建起年鉴编纂质量标准规定"等极具学术价值的学术观点和建议。总之，全国年鉴界认为，年鉴学应称为中国特色年鉴学，中国应从年鉴大国向年鉴强国迈进。

在社会科学的一级学科中，历史学当属其一，其下属还分得若干个二级三级学科等。目前，方志学与年鉴学还没有被列上国务院学位办公室的二级学科目录。年鉴编纂在本质上是一种意识形态工作，也是一项学术工作。年鉴在学科分类上与方志一样同属于史学学科。而且这两者学科的性质基本相同，同称为"资料性文献"，同称为"国情地情书"，同称为"官修官责官书"。《地方志工作条例》将方志与年鉴实行强强联合，称之为地方志工作，这样的地方志文化上至天文，下至地理，远至上古，近至当前，可谓横陈百科，无所不包，其内容之丰富，知识之广博，是任何一项工作都难以企及的。

因此"借鉴方志学 构建年鉴学"的学术思路与学术观点是合理的、科学的，当能"树立一家之说"。

二 现代方志学学科体系论

进入 21 世纪，北京市社会科学院负责编修《北京志》中的《北京社会科学志》和《北京人物志》，这两部志书要求高、难度大、投入多、价值高。此时正逢全国首轮修志基本告竣，第二轮修志兴起之时。通过第一轮修志实践，方志界有一种共识，在第一轮修志过程中，我们在理论上准备不足，方志理论研究的薄弱，直接导致修志工作出现一些波折或一些志书质量不高的现象。

2001 年 12 月，时任中共中央政治局委员、中国社会科学院院长、中国地方志指导小组组长李铁映在全国地方志第三次工作会议上讲话指出："各个地方的社会科学院也应积极介入方志理论和方志学的研究。"

经过一段时间的酝酿，由北京市社科院倡导，于 2002 年 8 月经中国地方志指导小组办公室、北京地方志学会、北京市社会科学院会商，共同启动大型地方志文化学术专著《中国现代方志学》，具体编纂工作由北京市社科院史志研究中心承担。《中国现代方志学》是一部较大规模的学术理论专著，深刻总结吸收借鉴千年中国方志史及数百年来中国优秀方志研究成果及国外有关信息，全面系统地进行中国地方志文化事业的学术理论研究与学科建设。

第一，第二轮方志着重记述我国改革开放和中国特色社会主义现代化建设事业，因此方志文化的学科即方志学应称为中国现代方志学。

第二，在继承与借鉴古今方志史、方志基础理论基础上，提出并论述了方志政治理论即方志政治学、方志基础理论即方志基础学、方志应用理论即方志应用学，指"方志三个理论"，运用社会科学多学科构建了现代方志学较完整的学科理论体系，并构建一个多层级的学科结构体系，其中"方志三个理论"是《中国现代方志学》最主要的组成部分和核心内容，"方志三个理论"是由其基本原理构建成的较为系统严整科学的现代方志学学科理论体系。

第三，中国现代方志学"方志三个理论"贯穿其中的理论主题，就是繁荣发展中国社会主义地方志文化事业。这一主题的核心内容是编纂精品志书。

第四，本著作系统阐述中国现代方志学所产生的时代背景、实践基础、理论体系、科学内涵、精神实质、历史地位、社会功能等方面，在理论与实践相结合的基础上，不断继承、创新、发展、丰富现代方志学的理论体系之科学内涵，健全现代方志学学科理论体系与学科结构体系，进一步构建与完善中国现代方志学学科体系。

第五，根据我国地方志文化发展实践与研究对象的拓展，坚持以发展着的马克思主义最新中国化成果所构成的中国特色社会主义理论体系为指导和统领，提出一系列具有新意的学术理论观点。

第六，中国现代方志学是当代一门新兴的综合性交叉应用学科，体现现代方志学的政治理论、基础理论与应用对策理论具有较强的学术价值、史料价值和应用价值。

总之,《中国现代方志学》的编写符合党中央提出"形成具有时代特色、结构合理、门类齐全的学科体系"的要求。此项目由于它的重要意义和价值所在,我们积极争取并得到近百位领导、专家、学者、修志同人的支持、帮助和指导,最后形成了3篇16章67节223目编撰大纲,撰写出50多万字送审稿,于2004年11月提前一年通过《北京市哲学社会科学"十五"规划重点研究项目》结项,参加结项会的领导专家学者予以充分肯定,从多方面予以较高评价。全国政协副主席、中国社会科学院院长、中国地方志指导小组组长陈奎元同志作序,充分肯定"方志三个理论"、现代方志学学科理论体系与学科结构体系的成功创建。

三　中国年鉴学学科体系论

（一）中国年鉴学学科理论体系的科学内涵

第一,"中国年鉴学三理论"为中国年鉴学基本理论框架之基石。从宏观而论,可借鉴"方志三个理论"即方志政治理论、方志基础理论、方志应用理论,设置"中国年鉴学三理论",即中国年鉴学政治理论、中国年鉴学基础理论、中国年鉴学应用理论。

中国年鉴学政治理论包含马克思主义中国化最新成果,即中国特色社会主义理论体系,就是包括毛泽东思想、邓小平理论、"三个代表"重要思想和科学发展观重大战略思想融为一体的科学理论体系,还有各级党和政府对于建设地方志年鉴文化事业的方针、政策及发展思路。

中国年鉴学基础理论与中国特色学应用理论包含社会科学与自然科学中相关众多学科的基础理论、应用对策理论。从中观而论,在中国特色年鉴学研究的众多一级对象中（如自然、政治、经济、文化和社会等方面）,对其中一个对象的研究阐述,如对经济方面的研究阐述,就可以运用"中国年鉴学三理论",即党和政府的经济政策、经济学的基本原理、应用经济等理论知识及相关数据去研究阐述。

第二,中国年鉴学学科理论体系的重要特征。其一,中国年鉴学有明确科学的性质、定义概念、研究对象。其二，中国特色年鉴学有系统科学的时代背景、实践基础、学科依据、理论体系、精神实质、历史地位、社会功能等本质特征。其三，一种学科学术理论要成为一个系统的学科理论体系，至少要具备这样一些基本条件：一是要有一个扎实的学科理论体系；二是要有一个贯穿全部理论的明确主题；三是要有一系列围绕这个主题的首尾一致、紧密联系、相互贯通的学术基本观点；四是要设置三级学科结构体系及基本原理；五是要在实践基础上产生，又回到实践中指导实践，并为实践所证明其正确性。"地方志三个理论"符合这些要求，同时亦具备了构成中国现代方志学学科理论体系与学科结构体系的各种条件。

笔者认中国年鉴学为学科理论体系的科学内涵所构成的"中国特色年鉴学三理论"则从宏观、中观、微观层面上构成中国特色年鉴学基本理论框架，可以预计中国年鉴学基本理论很系统很庞大。

（二）中国年鉴学学科结构体系设置

在设置中国年鉴学学科理论体系与大型学术专著《中国年鉴学》编撰大纲的基础上，设置中国年鉴学学科结构体系，形成树形结构图。具体设置方法为：其一，中国年鉴学为一级学；其二，在中国年鉴学科下按照"中国年鉴学三理论"设置三个二级学科，即中国年鉴政治学、中国年鉴基础学、中国年鉴应用学；其三，将每个二级学科阐述"基本原理"；其四，将每个二级学科按照科学分类与社会分工分成若干个三级学科，如中国年鉴基础学可下分为：年鉴世界历史学、年鉴中国历史学、年鉴概论学、年鉴编纂学、年鉴教育学、年鉴组织管理学等；其五，每个三级学科还可以下分若干个四级学；其六，形成"中国年鉴学科结构体系图"。

四　撰年鉴学专著，构建年鉴学

第一，对编撰大型学术专著《中国年鉴学》的一些初步学术观点。其一，中国年鉴学体现为立项、撰写、编辑、出版大型学术专著《中国年鉴学》。其二，由北京市社科联和线装书局曾将此项目向国家新闻出版总署申报国家"十二五"重点图书项目。

第二，中国年鉴学的定义。中国年鉴学是研究年鉴文化作品的起源、形成、发展，主要是新中国年鉴的编纂与应用的学说，是一门新兴综合性应用性的学科。

第三，中国年鉴学的学科定位。由于中国年鉴学研究的对象较多，因此年鉴学是综合研究，应包括综合研究与探讨各个地域的地理、经济、政治、文化和社会以及各个专业等多学科领域的规律、特点趋势。年鉴学应是运用地理学、历史学、经济学、政治学、社会学等多学科、多领域的综合研究，是一个跨社会科学、自然科学和工程技术科学的交叉学科、综合学科。因此，年鉴学是一门新兴的综合性交叉性应用性的学科。年鉴学属于多学科之间的交叉学科，而不可能是一门单一学科。

第四，大型学术专著《中国年鉴学》编撰大纲设置。其一，以章节体设置篇目为宜，章节体是指以篇章节目为层次编排内容的篇目结构形式，篇目层次一般在三级及三级以上，这种篇目结构形成的特点，是全书的整体性、综合性较强，门类齐全，内容完整，结构严谨，分类科学。其二，按照"中国学三理论"设置三个二级学，即中国年鉴政治学、中国年鉴基础学、中国年鉴应用学设置三个篇目；其四，每个篇目按照科学分类与社会分工等逻辑关系设置下属若干个章目；其五，每章设置下属若干节；做到大事不漏，要事不略。第二，资料准备。其一，按照篇目大纲设置的篇章节几级内容，进行资料的全面收集，其中包括世界年鉴发展史及重点国家、港澳台地区年鉴编撰与应用的信息；其二，在全面收集资料基础上进行梳理，去伪存真，去粗取精，形成一部规模宏大、脉络清楚、线索连贯、全面系统研究年鉴学的《中国年鉴学研究资料集》；其三，可以建立"中国年鉴学研究信息中心"，搭建信息平台。总之，资料的搜集与处理难度很大，价值很高。

第五，具体撰写。按照"详今明古"、"详近略远"的方针，按照理论与实践相结合的方针，按照中国年鉴学政治理论、基础理论、应用对策理论相结合的方针，按照社会科学与自然科学的多学科，包括传统学科、新兴学科、边缘学科、交叉学科、分支学科相结合的方针，按照与国外、外埠进行比较的方针。达到详细地占有资料，数据翔实准确，立论充分严谨，语言通畅简洁。

第六，党的十七大要求"加强对外文化交流，吸收各国优秀文明成果，增强中华文化国际影响力。"我们既要进行中国特色年鉴的编纂，又要吸收借鉴外国年鉴的有益成果。首先，中国特色年鉴文化要走现代化道路，就必须融入世界年鉴文化大潮进行学术编纂。其次，融入世界年鉴现代化潮流的中国年鉴又要用富于民族性的独特创造，与其他国家民族年鉴共同发展，丰富世界年鉴文化，增强中国年鉴文化国际影响力。

第七，篇幅装帧。大型学术专著《中国年鉴学》的篇幅应适中，不宜太多，不宜太少，可设计为两种字数，一则为 80 万～100 万字，二则为 120 万字左右。装帧印刷应体现：中国、世界、学术、艺术、现代、开放、时尚、精美、配图等元素与特色。

总体来说，社会主义的哲学社会科学的一门新型学科——中国年鉴学，应符合中央要求的"形成具有时代特色、结构合理、门类齐全的学科体系"，年鉴学的创建一定要使各个具体学科构建统筹兼顾、协调发展，使中国年鉴学得到整体上的充实加强，以充分体现"中国特色、中国风格和中国气派"的中国年鉴学科理论体系和中国年鉴学学科结构体系。我们应树雄心、立壮志，提高文化自信自觉自强，构建中国年鉴学，编纂精品年鉴，加强与各国年鉴界的交流与合作共同繁荣发展，为世界年鉴文化作出我们应有的贡献。

参考文献

中共中央发出《关于进一步繁荣发展哲学社会科学的意见》，2004 年 4 月 9 日《北京日报》。

国务院《地方志工作条例》，《中国地方志》2006 年第 6 期。

《中共中央关于深化文化体制改革推动社会主义文化大发展大繁荣若干重大问题的决定》，人民出版社，2011。

曹子西、朱明德主编，陆奇执行主编《中国现代方志学》，方志出版社，2005。

许家康主编《年鉴编纂入门与创新》，线装书局，2006。

孙关龙主编《年鉴论坛（第一辑）》，中国林业出版社，2010。

邵权熙主编《行业年鉴理论与实践》，线装书局，2009。

陆奇：《借鉴方志学　构建北京学》，载《地域文化与城市发展论文集》，同心出版社，2008。

（作者单位：北京市社科联）

年鉴编纂研究

中国地方志学会年鉴工作专业委员会第二届学术研讨会论文集

年鉴框架结构研究

张 维

近二三十年来,随着我国社会主义建设进程的加快,政治、经济、文化等各方面的蓬勃发展,年鉴事业获得了长足发展。伴随着各种不同类型年鉴的编辑出版,年鉴理论研究也深入开展,取得了丰硕的成果。笔者从事年鉴编辑10余年,在此对年鉴框架设计方面的学术观点进行了大致的梳理,并提出了一些粗浅的看法。

一 关于年鉴框架设计的各种学术观点

(一)关于年鉴框架设计的定义

年鉴"框架指的是全书的总体结构或骨架"。[1]

"年鉴的框架是年鉴内容和结构的总体设计,是年鉴的基本结构。"[2]

"'框架'原是工程学术语,指的是梁柱结构。这一术语后来被引入大型工具书的编纂,指工具书基本内容的结构体系。"[3]

年鉴"框架是承载各种资料信息的主体构架","框架是年鉴的成书之本,是编纂工作的规划蓝图和实施方案"。[4]

---

[1] 许家康:《年鉴框架的作用及设计原则》,《年鉴信息与研究》1996年第4期。
[2] 方亚光:《关于年鉴框架结构设计的几个问题》,《年鉴信息与研究》2002年第4期。
[3] 许家康:《地方年鉴框架设计的几个问题》,第11期全国年鉴高级研讨班讲稿,未刊。
[4] 肖东发、邵荣霞:《实用年鉴学》,中央文献出版社,2000。

"一部年鉴的宏观结构、重点、特色、所涉及的范围、所使用的方法,几乎都从框架中体现出来。"①

(二) 关于年鉴框架的作用

《广西年鉴》主编许家康对年鉴框架的作用陈述如下:(1) 贯彻年鉴的体例。"年鉴框架的第一个作用,就是贯彻年鉴的编辑方针和体例。比如,体例要求年鉴内容应包括综述、动态信息、辅助资料和检索系统四大部分,在框架中应有合理的安排,并明确具体的比例。再比如,编排体例规定年鉴内容分为三个层次或四个层次,这在框架中必须明确。"(2) 框定年鉴的内容。"从纵的方面看,选题选材有时间界定,即以年度为限,上限为元旦,下限为12月31日","从横的方面(空间)看,以年鉴的对应领域为界,对应领域年度内发生的重要事情,尽量收全;超出对应领域的资料一般不收。"(3) 明确具体内容的归属和层次。"给具体的信息资料定位,让撰稿单位和撰稿人在动笔之前就明确自己撰写的文稿在年鉴中的具体位置(包括所占版面及隶属关系等)。"②

年鉴"框架结构一旦确定,就基本锁定了该年鉴的风格与特点,也框定了内容范围和取材方向"。③

(三) 关于年鉴框架设计的原则

《广西年鉴》主编许家康认为年鉴框架设计的原则为:(1) 极高的概全率(年鉴作为资料性工具书的基本内容不缺门,年鉴对应领域的基本情况没有大的遗漏)。(2) 鲜明的地方(行业)特点。(3) 内容归属得当。(4) 结构比例接近实际。④《上海年鉴》执行主编姚金祥认为,年鉴的框架必须在年度化、个性化、市场化上下功夫。⑤

---

① 肖东发:《年鉴的框架设计和表现形式》,《年鉴信息与研究》2007年第4~6期。
② 许家康:《年鉴框架的作用及设计原则》,《年鉴信息与研究》1996年第4期。
③ 方亚光:《论省级综合年鉴框架设计的基本原则》,《年鉴信息与研究》2006年第2期。
④ 许家康:《年鉴框架的作用及设计原则》,《年鉴信息与研究》1996年第4期。
⑤ 姚金祥:《年度化、个性化、市场化——关于〈上海年鉴〉的框架设计》,《年鉴信息与研究》2003年第6期。

年鉴框架设计应把握几个主要方面：年度性，整体性，结构性，层次性。①

年鉴框架设计原则：遵循年鉴属性；贯彻编纂宗旨；体现地方特色；分类科学合理。②

栏目设置要把握5条原则：全面性，独立性，相关性，地方性，平衡性。③

（四）关于年鉴框架设计的规范与创新

利用框架设计来突出时代特色的做法：（1）增设篇（分）目法。当一种新的支柱产业产生时，或解放生产力、推动生产力快速发展的某种经济模式出现时，许多年鉴就增设新的篇目，为这些新生事物提供展示的窗口。如旅游业发展较快的城市在年鉴中设"旅游"篇，信息化发展快的城市设"信息化建设"篇。（2）分离记述法。如年鉴把个体私营经济从原来的篇章中分离出来，独立设篇，反映出个体私营经济正在成为我国经济的重要组成部分，具有导向性。（3）系统记述法。很多年鉴专设改革篇，把企业改革、市场体系改革、金融改革、社会保障改革、农村改革、住房改革、医疗改革汇集在一起构成改革篇，使读者能系统了解经济社会各项改革的全貌。④

框架设计要与时俱进：开辟相关类目，沉淀历史资料；增设集成栏目，汇集综合资料；顺应时代要求，扩充条目内容。⑤

创设个性化、特色化年鉴框架的三点设想：抓住发展中心，突出重点，显现地方特色；把握时代脉搏，摸准热点，展现时代特色；挖掘大事

---

① 袁翔、杜芝轩：《略谈企业年鉴框架设计的思维方法》，《年鉴信息与研究》2004年第3期。
② 方亚光：《论省级综合年鉴框架设计的基本原则》，《年鉴信息与研究》2006年第2期。
③ 葛向勇：《城市年鉴的框架设计浅议》，《年鉴信息与研究》2006年第1期。
④ 宋明岩：《年鉴框架与时代特色》，《年鉴信息与研究》2001年增刊。
⑤ 杜芝轩、袁翔：《浅议企业年鉴框架设计中的与时俱进》，《年鉴信息与研究》2005年第5期。

要闻，凸现亮点，彰显年度特色。①

"地方综合年鉴的框架结构设计，要符合现代社会分工的实际，坚持科学分类与社会分工相结合原则，做到门类齐全，归属得当；要坚持与时俱进，紧扣时代发展特点，适应年度发展变化；要在遵循一般规矩的同时注重个性创新，突出地方特色；要做到索引编制合理，增加多层次检索功能。"②

"传统的篇目设置为年鉴的起步、发展、繁荣奠定了坚实的基础，但也正是长期沿用这种模式才导致综合年鉴风格雷同，'千鉴一面'。因此，必须大胆打破这种格局，在继承传统的基础上不断调整、优化和新设能容纳新事物、新学科的篇目，根据实际情况削减或者舍去一些难以承载发展新情况和新生事物的篇目。做到推陈出新。对重点篇目做到该前置的要前置，该后置的要后置；该升格的要升格，该降格的要降格；该增加的要增加，该舍去的要舍去。只有这样才能改变年鉴框架多年一成不变的局面"。"特色性是综合年鉴实现个性化的必由之路。年鉴只有凸显特色才能张扬个性，才能有活力和生命力，才能克服'千鉴一面'。综合年鉴的特色主要表现在地方特色、时代特色和年度特色三个方面。"③

以上观点主张在范式化的年鉴框架设计基础上，突出年度变化、时代特色、地方（企业、行业）特色，实现年鉴"资政"的功用；提倡各年鉴要有自己的个性，从而打破"千鉴一面"的沉闷气氛。

"年鉴的功用是供人查阅资料和信息、提供借鉴的，年鉴分类不规范，各家年鉴分类各行其是令读者查无准处，无疑给读者使用年鉴带来不便，削弱了年鉴编以致用的使命。因此，年鉴为人们及时提供一个较为科学的具有统一规范内容的国民经济分类标准，即年鉴框架设计实行规范化是非常必要的。"④

---

① 刘春龙：《创设个性化、特色化年鉴框架的思考》，《年鉴信息与研究》2005年第2期。
② 鲁孟河：《谈谈地方综合年鉴框架设计的规范与创新》，《年鉴信息与研究》2007年第4~6期。
③ 董忠：《综合年鉴框架创新的思考与实践》，《年鉴信息与研究》2009年第1期。
④ 孙颖：《浅谈地方综合年鉴框架设计的规范化》，《年鉴编纂研究》，大连出版社，1996，第132页。

"规范要求年鉴框架结构符合国民经济行业分类的基本要求,栏目设置要合理,条目要素要齐全,语言文体要符合工具书的要求。"①

上海《宝山年鉴》副主编胡新力认为:(1)特色并不是年鉴框架表现形式的基本要求。年鉴框架的作用,是提供一个科学分类、便于检索的资料索取路径,并不是为了让使用者通过框架去了解地方特色。(2)创新年鉴框架的手段和框架表现形式尚未实现突破,不过是"升格"、"增减"、"分并"类目或栏目,是正常调整年鉴框架的一般方法,不能贴上创新的标签。年鉴框架的创新,就是要找到一个"通识程度较高、认可程度较高"的分类体系,科学布置年鉴框架的新规则,使年鉴框架各门类的分类和归属能够符合年鉴使用者的通识认可程度、科学分类的标准,而不是变"千鉴一面"为"千鉴千面",让年鉴使用者无所适从。(3)国民经济行业分类是地方综合年鉴框架创新的规范轨道。国民经济行业分类已经为地方综合年鉴提供了框架科学分类的模板,图书情报界、统计界、经济学界、社会学界等都以此分类检索资料,这是一种通识程度和认知程度都比较高的、具有权威性的分类标准。年鉴框架分类就更加应该符合这个标准。②

"地方综合年鉴的框架应该有一个通识程度较高、认可程度较高的分类体系","年鉴框架设计根本的出发点是整合事实和资料的形式与方法,服从利用者查考检索的需要。"③

以上观点更看重年鉴工具书的属性以及年鉴"存史备查"的功能,提倡年鉴扎根于规范化的土壤,使读者即使同时查找多部年鉴的相同资料进行比较也毫无困难,真正实现年鉴工具书方便快捷的功用。如果能实现规范化的标准,检索便利,"千鉴一面"又何妨?

上面两类观点看似相互排斥,实际是有交点的,并非水火不相容,关键在于"度"的掌握。编纂年鉴,框架结构的规范化和稳定性是前提,可适度通过反映年度变化、时代特色、地方(企业、行业)特色的内容来彰显个性。通过比较,以下观点较为适中,能够更加全面发挥年鉴的功能。

① 阳晓儒:《对规范与创新关系的思考》,《年鉴信息与研究》2005年第6期。
② 胡新力:《试论地方综合年鉴框架特色的认识误区》,《年鉴信息与研究》2007年第3期。
③ 李国新,中国年鉴网"年鉴论坛"。

"年鉴的框架结构和栏目设置,在力求相对稳定、统一、规范的前提下,根据每年的年度变化和工作特色,作适当的调整、优化和更新。"①

一部好的年鉴,应该是框架设计稳定与创新的统一。框架稳定是年鉴的一大优势:框架稳定使年鉴具有连续性的特点,查阅若干年的年鉴,可以对某些资料进行纵向对比研究,横向上可分门别类地了解到内容丰富、全面的信息资料。但时代在前进,稳定是相对的,变化是绝对的,年鉴框架必须适时调整才能及时把握住时代的脉搏,要抓住当前社会的热点、焦点,及时反映与国计民生密切相关的新事物和新问题,要关注国家战略决策和时事。例如关于西部开发,与西部开发有关的各地、各行业、各部门在年鉴中要合理地谋篇布局,针对西部开发的重点工作和重点产业等要设立相应的栏目。②

《江苏年鉴》主编方亚光提出年鉴框架结构设计"坚持规范化毫不动摇"和"体现个性化势在必行"的观点。③

(五)关于年鉴框架设计中存在的问题

《广西年鉴》主编许家康指出:年鉴整体内容由综合情况、动态信息、辅助资料、检索系统四大部分构成,翻阅过的80多种年鉴中"约有5%的年鉴无'大事记',8%的年鉴不设'概况'部类,15%的年鉴缺'统计资料',18%的年鉴缺文献资料,20%的年鉴无'附录',30%的年鉴缺人物资料,70%的年鉴没有'索引'。有的年鉴同时缺二三项、三四项,令人看了感到不大像年鉴"④。

"有些年鉴的'概况'、'总述'只有三五个页码,仅占全书总篇幅的1%~2%,离7%的理想指标差距太远;而且内容多为基础信息,没有年度情况的综合和概括,或者只有年度简要情况,没有基础信息;栏目不多,内容单薄,承担不起综合反映一个地方全面情况的任务"。"地方年鉴

---

① 樊瑾:《精益求精 资政存史》,《年鉴信息与研究》2001年增刊。
② 杨锦霞:《论地方年鉴框架设计的突破与创新》,《年鉴信息与研究》2001年增刊。
③ 方亚光:《年鉴框架结构设计要处理好规范化与个性化的关系》,《江苏地方志》2004年第3期。
④ 许家康:《年鉴框架的作用及设计原则》,《年鉴信息与研究》1996年第4期。

动态信息分类中常见的一个问题，是不按资料的性质，而按涉及单位的行政级别区分。"①

这几个问题比较典型。部分年鉴存在框架设计很不规范的情况，如果最基本的部类缺失，总体信息不能涵盖住年鉴的主体内容，不能克服按行政机构或产业部门的行政级别和隶属关系分类的习惯做法，年鉴的质量就难以保证，希望引起年鉴界高度重视。在这些方面，各年鉴应当在规范化的标准下步调一致。

二 对有关年鉴框架设计各种学术观点的归纳总结

（一）框架设计的定义

框架设计的定义在年鉴界基本达成共识：框架设计一词，顾名思义，与建筑有关，本意指建筑工程中由梁、柱连接组成的结构。年鉴的框架设计，狭义上讲，指年鉴的篇目设计，即年鉴的组织、结构安排；广义上讲，应该包括年鉴编纂宗旨、编纂取向、编纂原则、编纂方略、编纂手段、篇目结构、表现形式乃至选题定位等的总体安排、设计。年鉴的框架设计是绘制整个编纂工程的蓝图，是组织稿件、搜集资料的计划书，是为承载年鉴基本内容构建的骨架，是决定年鉴总体面貌的关键，是实现编纂宗旨的基础。

（二）框架设计的原则

1. 内容完备

内容完备有两个方面的要求。

一是全面性。一部年鉴名称定位以后，其承载的内容应该是确定的。其框架设计要框定全书内容范围和选材方向，做到对确定的内容全面覆盖。

---

① 许家康：《地方年鉴框架设计的几个问题》，第11期全国年鉴高级研讨班讲稿，未刊。

二是系统性。年鉴要各种体例完备，每一种体例要素齐备，在体例上构成完整的体系。年鉴体例上要有四大部分：总括性资料、主体信息、辅助资料和检索系统。每一部分采用不同的体例，各种体例的运用是相辅相成的，各种体例的作用是无法互相替代的。体例上完备，总括性资料（也称综述性资料）就应该有特载、专文、概况和大事记，否则体例就不完备，就缺乏系统性。

2. 结构合理

结构合理要求有三：

一是资料归类要科学准确，即把所搜集到的资料分门别类地准确归入相应的位置。

二是各部门资料比例合理，掌握好主次有别、详略得当、各有侧重这个度。前文已述，从体例上要求，年鉴由四大部分构成：总括性资料、主体信息、辅助资料和检索系统。这四部分各自在年鉴中所占的比例要恰当，才能构成一部年鉴合理的框架。

一般来说，总括性资料包括特载、专稿、概况、大事记等栏目。这几个栏目是年鉴的总纲，这部分占的文字量并不大，但它充分反映了年鉴编纂的宗旨与方略，是年鉴核心所在，在全书起提纲挈领的作用。主体信息，也即分类信息，横向包括各主要栏目；纵向又分为栏目、分目、子目、条目4个层次。这部分是年鉴的主体，文字量最大。辅助资料，包括统计资料、文献辑要、附录等栏目。这是年鉴主体资料的补充，可提供一些线索性资料。检索系统，包括中英文目录和主题分析索引。这部分主要是方便读者阅读、使用年鉴。

三是层次分明，有完整的体系。也就是说横向上对年鉴所承载的主体内容做到完整分类，纵向上归属合理、层层相辖、层次分明、领属关系清楚，每一类都能自成体系，每一个小体系，合在一起，构成年鉴完整的大系统。主体信息方面，主要项目不可缺少，各层次也要分项涵盖完全，领属关系清楚合理，否则各自不能成为体系，整体也就缺乏系统性。

3. 特点鲜明

特点鲜明包括两个方面。

一是年度特点。年鉴是资料工具书，其主旨是为现实服务，起到"资政"的作用。这就要求年鉴必须紧跟形势，在选题上注意优化，选取信息含量高、信息密度大的资料，突出反映年度特点。年度特点集中体现在彩页、特载、专稿、大事记里，在其他栏目的具体条目里也要注意体现。这就要求年鉴编辑对上一年度党的大政方针、国内外大事，尤其是对地方政府、企事业单位等贯彻执行党中央、国务院政策方针采取的新举措、开展的新活动，取得的新成绩、新进展等要有一个整体上的把握，才能做到心中有数。

年鉴界公认，资政、存史、教化是年鉴的基本功能。实际上，在实现"资政"功能的同时，年鉴也在书写历史，为后人提供借鉴，起到教化的作用。

二是地方（行业）特点。抓住地方（行业）特点、强项，设置合适的栏目，就能突出年鉴的特点，也就是说，可通过策划特色化的栏目，体现出年鉴的风格。为了突出地方（行业）特点，对某些资料升格并适当提高其所占比例，是可行的，但一定要把握好度，要审查拟升格资料的分量够不够，升格的理由是否足够充分，同时也要考虑逻辑关系是否成立。有足够的特色化的资料支撑，可以对这类资料作升格处理，以突出年鉴的地方（行业）特点；而打着创新的旗号，不顾客观实际情况，随心所欲地升格，是不可行的。

4. 检索方便

这一部分必须高度重视，费了很大功夫编写年鉴，如果检索不方便，可谓功亏一篑。目录、索引准确、完备，是检索的基本要求，目录至少要列到条目一层，表格题目也要列入目录，并且加上表序；索引采用主题分析索引，要有至少两级标目。此外，内容的系统性、书眉的规范性设定（书眉偶数页为一级标题，奇数页为二级标题）等都是便于读者检索的相应手段。

（三）框架设计的基本要求

一是规范性。各种体例运用得当，各种表现形式运用规范。规范性也包含系统性，不系统也就不规范。同时，对各种体例的认识也要符合规范。

二是简约性。按逻辑分类的办法进行栏目、分目的划分，减少交叉、重复；标题文字精练；选择一、二、三次文献恰到好处。

三是准确性。各级标题准确精练，避免外延过大或过小，能涵盖住内容。

四是稳定性。年鉴的框架设计要相对稳定，但也要顺应形势及时作出适当调整。稳定是为了查阅资料时逐年连续可比，调整是要与时俱进，适应形势的发展。稳定是相对的，调整是绝对的。

五是特色性。注意反映地方的特点、行业的特点、企业的特点以及时代特色，这是彰显年鉴的个性的有效途径。反映行业特点要突出主业，要突出行业独有的特色事物。

三　加强年鉴框架设计理论研究的几个方向

在出版业十分繁荣的今天，年鉴的种类、数量空前，这为进一步加强年鉴框架设计理论研究提供了肥沃的土壤。

在年鉴界营造学术研讨的氛围，形成学术争论的风气，有助于取得新的、更多的理论成果，从而推动年鉴事业向新的高度迈进。这里提出年鉴框架设计下一步研究的几个方向。

一是在对年鉴框架设计规范理论基本达成一致的前提下，可进行各种不同类型年鉴框架设计规范细分的研究。

二是进一步探讨由框架设计而导致的"千鉴一面"与"千鉴千面"的利与弊。

三是分析、比较中外年鉴框架设计的异同。

（作者单位：铁道部档案史志中心史志室）

关于地方综合年鉴金融类目编纂的思考

孙　祺

金融业是现代服务业的重要组成部分。一个地区金融业的现状，往往是反映和评判当地现代服务业发展水平，甚至整个经济和社会发展水平的重要标志。因此，在地方综合年鉴中，必须科学设置金融类目，记述金融业发展情况。笔者对全国地方志系统第二届年鉴评奖中获奖的部分地方综合年鉴进行调研，形成一些金融类目的框架设计和条目撰写方面初步的想法。

一　金融的定义和内涵

金，资金；融，融通；金融，资金的融会贯通。金融是货币流通和信用活动，以及与之相联系的经济活动的总称。广义的金融泛指一切与信用货币的发行、保管、兑换、结算、融通有关的经济活动，狭义的金融专指信用货币的融通。金融的内容可概括为货币的发行与回笼，存款的吸收与付出，贷款的发放与回收，金银、外汇的买卖，有价证券的发行与转让，保险，信托，国内、国际的货币结算等。从事金融活动的机构主要有银行、保险公司、证券公司，还有信用合作社、财务公司、投资信托公司、金融租赁公司以及证券、金银、外汇交易所等。从国民经济行业分类看，金融业作为一个门类，分银行业、证券业、保险业、其他金融活动四大类，下设中央银行、商业银行、证券市场管理、证券经纪与交易、金融信托与管理、金融租赁、财务公司等16个中类①。

二 金融类目的框架设计

在地方综合年鉴中,金融类目的内容应涵盖广义金融的各个方面,同时参考国民经济行业分类标准,进行科学合理的框架设计。设计框架要注意三点:一是框架清晰,门类齐全;二是层次结构科学统一;三是为现实服务。

框架清晰,门类齐全。金融类目首先应分为银行业、保险业、证券业三个分目,根据经济发展水平的不同和地区特色,还可设立期货、信托、典当等其他分目。如《大连年鉴》以全国四家期货交易所之一、东北唯一的期货交易所——大连商品交易所为主体,单独设立"期货"分目,着重加大期货交易、期货品种的内容比重,比较全面系统地反映亚洲重要的期货交易中心的建设情况。《深圳年鉴》设置"创业投资"分目,综合记述创业投资行业的运行态势、创业投资机构的建立、创业资金募集管理、项目投资、项目退出等,突出反映了深圳作为改革开放的排头兵,在金融创业投资中的引领作用。此外,《苏州年鉴》设置"信托投资"分目,《青岛年鉴》设置"投资公司"分目,都是对金融类目框架的有益补充。

层次结构科学统一。一是科学,参考中国银行业监督管理局的银行业金融机构分类标准,银行业分目可下设各级子分目,如政策性银行、国有控股商业银行、城市商业银行、农村金融机构、外资银行等。同样,保险业也可下设人寿保险、财产保险子分目。二是统一,各个分目下涉及的内容应格式统一。如银行业分目中有各家银行机构的介绍、主要经济指标、年度重要事件,证券业、保险业应按同一标准,设置证券营业部、保险机构的介绍和主要经济指标、年度重要事件。

为现实服务。根据2011年公布的第三期中国金融中心指数,第一级金融中心称为"全国性金融中心",为上海、北京和深圳,是具有全国性金

---

① 国民经济行业分类(GB/T 4754-2011)。

融影响力和辐射力的金融中心；第二级金融中心称为"核心区域金融中心"，为广州、杭州、南京、天津、大连、成都，是形成一定区域影响力和辐射力的金融中心①。作为金融中心城市的地方综合年鉴，应全面掌握金融中心的总体规划、战略布局、当年进展，适时地在年鉴内容中反映出来。如《上海年鉴》在"综述"中详述国际金融中心各项工作进展，包括金融市场体系、金融机构体系、金融产品和业务创新、金融对外开放、金融发展环境、金融国资国企改革、金融服务经济社会发展等。《深圳年鉴》单独设立"金融合作"分目，详述金融对外交流与合作、跨境贸易人民币业务，深、莞、惠金融合作。《大连年鉴》按照建设东北亚国际金融中心规划进程，每年跟踪金融中心建设进展，以及其载体星海湾金融城的建设，包括金融机构入驻、运营情况。《南京年鉴》从金融发展办公室整体统筹的角度，提出把握台湾金融产品向长三角地区集聚的态势，建设南京海峡两岸金融服务示范区，打造南京海峡两岸金融服务示范区。随着经济社会的发展变化，很多新的金融形态逐渐兴起，小额贷款公司、财务公司、汽车金融公司、资产管理公司等新型金融机构也层出不穷，要注意在年鉴中及时、有效地反映这些新兴金融形态和金融机构的发展变化。如《广州年鉴》就在金融类目中单独设置"其他金融机构"分目，对小额贷款公司、财务公司、资产管理公司等新型金融机构进行专题介绍。

三 金融条目的选题

几乎每个大中型城市的金融机构都数以百计，每年发生的事件浩如烟，年鉴不可能也没必要把每件事都收录其中，而应选择大事要闻，新颖的、特色化的信息，即所谓有代表性、有特点的内容记入年鉴。在条目的选材上，应站在大局的高度，注意在"全"、"新"、"准"上下功夫，尤其是要注意选取那些带有全局性、倾向性、政策性、动态性的信息，进行资料搜集、整理、加工，力求为读者提供最有价值的、信息含量最大的资料。

---

① 余凌曲：《CDI 中国金融中心指数（CDI CFCI）报告》2011 年第 3 期。

第一，选择有史料价值的大事要闻，包括首次发生和发现的事，体现事物发展新阶段的事，显示事物发展轨迹和历史坐标点的事①。比如《西安年鉴》中"西安首家村镇银行挂牌"，《上海年鉴》中"全国银行间市场贷款转让交易启动"，《大连年鉴》中"工行大连市分行开办首笔跨境人民币内保外贷业务"。

第二，选择具有特色化的信息，具有地域特点、时代特点的金融信息资料，体现社会发展本质和主流的事，或是对社会有重大影响，起着推动或阻碍社会进步的事物。如银行业金融机构如何支持地方经济发展，保险业金融机构如何服务"三农"。

第三，抓住有借鉴意义的事物，包括当年的突出业绩，获得的荣誉，从事物的发展变化追溯其产生的原因，实现优秀经验的推广和传播。如《大连年鉴》中"人保财险大连市分公司'大连模式'在系统内推广"，《南京年鉴》中"华夏银行提前2年实现5年发展目标"。

四 金融条目的撰写

条目是具有独立主题的资料或知识的记述，是年鉴的基本单元和主要表现形式②。按照基本资料的内容所涉及的范围，大体可分为两大类，即综合性条目和单一性条目。综合性条目是总体性条目，反映的是"面"，具有整体感、全面性，一般放在分目之首，用以概述某一领域、行业、部门情况或展示事物的全貌，能透视出年度内金融行业的基本情况及重要信息。单一性条目，反映的是"点"，具有充实感、代表性，反映的是重大事件和重要信息。两者点面结合，相互印证，相互补充，共同构成年鉴资料的重要部分。

1. 综合性条目

综合性条目指综述及银行、证券、保险等分目中的概况条目，能宏观

---

① 吴艾君：《金融年鉴条目撰写中应注意的几个问题》，《黑龙江金融》2006年第11期。
② 刘敏、曹钰梅：《关于年鉴金融部类框架设计和条目撰写的思考》，《年鉴信息与研究》2005年第6期。

反映一个行业或部门基本情况的条目，基本要求是既要综合概括，又要分析评述，要做到总分结合、粗细结合、一般与典型结合、观点与事实结合、文字叙述与数据说明结合，呈现正反互证、纵横比较、相互交织的立体感。尤其是综述中的概况，应涵盖金融业的所有重要情况、资料和信息，高屋建瓴地归纳总结各方面的新成就、新进展、新经验和新问题，通过比较分析，揭示事物发展本质和趋势，为读者提供连续可比的总体性资料和高层次信息。

在具体撰写中，首先内容要全，涵盖行业的主要经济指标、统计数据，年内完成的重要工作的成绩与经验，既要有一个地区、部门的概貌介绍，又要有一个事件发展及其成果的具体、简明的叙述。其次保持连续性。事件方面，整体工作有全局性眼光，关注当年进展，做到"大处着眼，小处着手"。数据方面，注意连续可比。金融综合数据指标可以体现金融发展的现状、进展、质量、数量、性质、特征，银行业指标可以体现资产负债结构、赢利水平、资本状况、资产质量、流动性水平。这样的主体业务指标都需要逐年记载，不可缺项。最后挖掘信息的深度，对资料进行分析式记述。概况条目是经过浓缩和概括的信息，在对经济指标的变化特点进行数据化分析的基础上，应透过数据看数据，挖掘数据后面所蕴涵的深刻意义，揭示经济运行的倾向性、苗头性趋势，以此提供更有借鉴意义的年鉴信息。

2. 单一性条目

单一性条目主要记载年内本部门或本行业的大事、要事，以及纵横对比有突出特点的事，所反映的主题和事件具有极强的专一性和排他性。这类条目在年鉴的各个栏目中占有很大的比重。单一性条目又分为两种：常规性条目和专题性条目。常规性条目，就是年年都要反映的内容，具有一定的连续性和稳定性条目，如综述中的货币信贷政策、金融监管、金融服务、外汇管理，银行业中的存款、贷款、资产质量、赢利能力、信贷管理，保险业中的保险市场监管、重大承保、重大理赔，证券中的证券发行、证券交易、上市公司。专题性条目记述各单位发生的新事、要事、大事，可反映时代的特点、社会的风貌，以及年度新事物、新变化、新观念、新举措、新政策、新动向、新问题、新情况。这类条目应该是年鉴内容的重点,它最能体现行业学科特色和年度特色,是年鉴资料中最生动、最鲜活的部分,因而也是最能体现年鉴的现实性和时代感的部分。

常规性条目大都为监管机构所撰写,内容相对固定,而专题性条目大都为各家金融机构所撰写,信息多且杂。如何在浩繁的信息中去粗取精,选择最有价值的条目,考验的就是编辑的专业水准。衡量一个金融机构的信息是否可以在年鉴刊载,取决于其经济指标、产品、业务是否在全国、全省、全市或系统内位于领先地位。不是所有金融机构的信息都要录入,也不是能组到某家的稿子就用某家的,编辑应该充分发挥主观能动性,在全面掌握行业年度情况的基础上,与银监局、保监局、证监局、银行协会、保险协会、证券协会等部门反复磋商,确定在吸收存款、贷款投放、支持地方经济、产品创新、新业务形态、先进做法等方面位于全市前列的机构,以此为线索进行定向组稿。

在具体撰写上,要注意两点:一是从入选标准入手,体现年鉴入选标准权威、统一。撰稿单位编辑应对各项业务在全国、全省、全市或系统内领先的入选机构心中有数,指导撰稿单位从入选原因着手,写出自身在吸收存款、贷款投放、支持地方经济、产品创新、新业务形态、先进做法方面领先的事件。二是从自身定位入手,反映工作特色。每个部门都有目标和愿景,撰稿单位应注重从自身定位出发,体现本部门有特色的业务和产品,以求为读者呈现清晰的产业定位。以民生银行为例,其定位于"助力小微企业发展",着重记述商贷通产品,以及其如何支持小微企业和商圈发展。而人保财险公司以"人民保险,造福于民"为使命,积极履行社会责任,突出承保政策性保险和农村治安保险业务,体现其扩大农村保险覆盖面、为农民提供更多保障的能力。

五 应注意的问题

1. 综述不综或没有综述

"综述"是一个类目的重中之重,可以系统体现当地金融部门的战略部署、改革举措、金融业务发展态势等,使读者对年度内金融业务有一个总体、全面、概括的了解。在实际编纂中,有些年鉴不设金融综述或干脆用人民银行撰写的货币运行情况代替综述,这样非但不能涵盖金融业的总体情况,而且也失去了综述的意义。

2. 条目名称标准及层次混乱

在分目撰写中,有的年鉴将机构名称直接作为条目名称,在条目中分段记述经济指标、年度大事等当年所有内容,形成大条目。这样的条目名称跟其他类目以年度新事、要事为名称的条目有明显差别,不是同一个分类标准。同时,由于大量的信息都蕴涵在条目之中,既无法在目录中直观体现,也不利于信息的检索。还有的年鉴甚至将机构名称升级为分目,与证券、期货平级,这更造成层次结构混乱、框架整体失衡。

3. 数据不一致

数据资料是年鉴信息内容的重要组成部分,它以最简捷的表达形式记录一个地区、一个行业、一个部门的经济发展轨迹,尤其是在金融领域,数据能够直接体现增加与减少、变化与发展等行业规律和发展趋势。在实际编纂中,数据常常存在不一致的情况,主要体现为两种形式:一是不同部门数据不一致,同一指标在不同撰稿单位提供的稿件中不一致,而每个单位都坚持自己是正确的。主要原因是各个部门行业管辖范围不同。比如银行业金融机构,人民银行实行注册地管理,统计指标中包括地方法人机构的外地分支机构;银监局实行属地化管理,只统计本地区的经济指标;金融局的数据大多是来自人民银行,部分数据也有自己的统计口径。二是同一部门数据不一致,同一个撰稿单位的稿件数字在前后文中出现不一致、子项相加不等于母项、在图表文字中不一致等,除了粗心和笔误的原因外,很重要的原因就是统计时点不同。尤其是银行业金融机构,由于业务特点,存款、贷款等主要指标有两套数据,一套是上年年末数字,另一套是当年年初数字,因此银行业金融机构的稿件在进行全年数字比较时,大多表述为"同比",指的就是年末数跟年初数比较,而不是年鉴中通常理解的当年年末数据跟上年年末数据比较。

(作者单位:中共大连市委党史研究室)

对地方综合年鉴下级行政区栏目编辑模式的思考

——兼论地方综合年鉴下级行政区栏目的条目组合体系

赵 峰

地方综合年鉴是系统记述本行政区域自然、政治、经济、文化和社会等方面情况的年度资料性文献。其条目的设置与组合是提高内容编纂质量的关键因素。在实践中，广大年鉴编辑工作者经常在思考："年鉴条目选取的题材界定在什么范围内？在界定的范围内，哪些可以设置条目？哪些不必设置条目？在众多的条目中，哪些是最基本的条目？哪些是可变化的条目？""如何处理好它们之间各自的位置？"[①] 这是每一个年鉴工作者首先要解决的问题。这是一个艰巨、复杂的问题。笔者从相对容易的栏目着手，以下级行政区栏目的编辑模式和条目组合体系为对象进行研究探讨。

一 有关下级行政区栏目的编辑模式和条目组合体系论文综述

下级行政区栏目是地方综合年鉴的重要栏目，它就是省级地方综合年鉴之市县栏目，地市（设区的市）级地方综合年鉴之区县栏目，区县级地方综合年鉴之街道、乡、镇栏目。此类栏目一般占全年鉴的 6%～11%，平均每

---

① 张道由：《年鉴条目的设置规范和结构立体化》，《年鉴信息与研究》1998 年第 5 期。

个下级行政区分栏的文字篇幅不大，大多 6000 字左右，少则 4000 字，多则 8000 字。在这么有限的文字中，要全面、完整记述一个地区的年度信息，反映一个地区政治、经济及社会发展的年度全貌是一项不容易的工作。

笔者检索 CNKI（中国知网）中的文献，发现年鉴学术界一些前辈对此课题进行了较深入的研究。许建平在《城市年鉴条目类型应向多元化方向发展》[1]中指出，年鉴条目大量是概况性条目、专题性条目，"近似于只能反映两维空间的状况明显不能适应我国改革开放、科技迅猛发展的需要"，在概况性条目、专题性条目外，要"开发出资料性条目、知识性条目、指南性条目三类实用性条目，增强年鉴条目体系的立体感"。张道由在《年鉴条目的设置规范和结构立体化》[2]中提出"条目设置的基本规范"，将条目的内容结构规定为全面条目（概述条目）、系统条目（专项条目）和典型条目（特色条目）三种类型相结合的主体框架。

吴佩昀在《〈新疆年鉴〉地州市县概况编写质量浅析》[3]中指出，"年鉴中地州市县'概况'格式的基本划一和面孔的年年相似，容易失其吸引力"，"其单调和只变动数据的行文方式，吸引不了读者"，主张"削减原有常规条目中的静态内容，增设机动条目以反映动态信息"，"把隐藏在一般记述中的有特色有价值的信息凸显出来"；增设"专论文章（特写稿）"条目。张仁幹、赵英在《浅议县（市）级年鉴条目设置和编撰——对〈哈密市年鉴〉条目设置和编撰的回顾与思考》[4]中指出，年鉴条目分为基本条目和选择性条目。"基本条目设置应以本单位工作分类为基础，基本原则要能覆盖本单位的所有工作项目"，"一般要保持相对稳定"。选择性条目是"根据当年开展工作的实际情况临时设置的条目，是年鉴资料年度性的集中体现"。包括"当年在区域内发生的重大事件和具有重大影响意义的事件"。邵荣霞在《年鉴应推行范式化写作法》[5]中指出，"年鉴应推行

---

[1] 许建平：《城市年鉴条目类型应向多元化方向发展》，《年鉴信息与研究》2001 年第 5 期。
[2] 张道由：《年鉴条目的设置规范和结构立体化》，《年鉴信息与研究》1998 年第 5 期。
[3] 吴佩昀：《〈新疆年鉴〉地州市县概况编写质量浅析》，《新疆地方志》1999 年第 11 期。
[4] 张仁幹、赵英：《浅议县（市）级年鉴条目设置和编撰——对〈哈密市年鉴〉条目设置和编撰的回顾与思考》，《新疆地方志》2008 年第 6 期。
[5] 邵荣霞：《年鉴应推行范式化写作法》，《年鉴信息与研究》2000 年第 11 期。

范式化写作法"。"将静态资料和动态资料、历时性资料和现实资料、知识性资料和情报性资料等结合起来,综合而成一个文献体系",主张"每一种中央级年鉴的地区概况、省级综合年鉴中的地市县概况、城市年鉴中的区县概况、行业年鉴中的大企业简介、学科年鉴中的科研机构介绍都可以及早采用这种写作法"。

郭永生在《2000 年卷〈山东年鉴〉"市地县概况"采用统一格式的回顾》[1] 中指出,"年鉴的形式和内容的'变'与'不变'是辩证统一的","一味追求'不变',年年老面孔,就会失去活力,不可能适应社会需要,不能为读者提供新的信息"。主张"年鉴的形式和内容必须在'稳'中求'变'、在'变'中求'稳'"。拟定了"2000 年卷《山东年鉴》'市地县概况'的统一格式",要求各供稿单位采用此格式。郭永生在《对〈山东年鉴〉"市、县(市、区)概况"采用统一格式的再回顾》[2] 中进一步指出,市地县概况编辑要"压缩静态信息"、"调整有关数据资料及提法"、"完善子目设置及其内容归属"、"给各市县反映自身年度特点更大的空间"。

上述文献多数主张综合年鉴下级政区应该采用某种稳定的统一编辑模式,又主张要有"变",增加动态条目,或者资料性条目、指南性条目、选择性条目。但是对构造怎样的有效编辑模式或条目组合体系从而实现条目的稳定性与动态性统一的问题探讨得不够具体、全面,操作性也不够强。

二 下级行政区栏目的编辑模式和条目组合体系的构造

笔者查阅多种地方综合年鉴,发现下级行政区栏目大体有三种编辑模式(或者说是条目组合体系)。其一,只设置多个概况性条目,没有设置专题条目,如《广州年鉴(2009)》在各区县分栏中只有"基本情况"、

---

[1] 郭永生:《2000 年卷〈山东年鉴〉"市地县概况"采用统一格式的回顾》,《年鉴信息与研究》2001 年第 5 期。

[2] 郭永生:《对〈山东年鉴〉"市、县(市、区)概况"采用统一格式的再回顾》,《年鉴信息与研究》2004 年第 6 期。

"经济发展概况"和"社会发展概况"三个反映某部门或行业情况的概况性条目，没有其他动态或静态的专题条目。其二，只设置若干个专题条目，没有概况性条目，如《天津年鉴（2007）》在各区县分栏中只有多个专题条目，其中和平区分栏只有"综合经济实力增强"、"城区环境明显增强"、"社会各项事业协调发展"、"社区建设"和"民主法制和政府自身建设"五个专题条目。其三，是为多数地方综合年鉴所采用的，是概况条目加上若干个专题条目，专题条目多数是采用动态条目，如《上海年鉴》自首卷（1996年卷）起就在区县栏目这样设置，《青浦年鉴》的街镇栏目也于2004年卷起同样设置，《洛阳年鉴（2004）》的区县栏目、《东莞年鉴（2009）》的街镇栏目也有同样的设置。

笔者认为第三种模式比较好，这种概况条目与若干个动态条目相结合的模式，能够较好全面地反映下级政区的年度信息。进一步说，笔者认为如果同时在概况条目中设置若干固定子条目，部分动态条目后面设置附录性"资料"，附有规范统一的地情表格，各分栏之间条目体系协同统一，多年保持稳定，则更为完备、合理。

（一）概况条目与若干个动态条目相结合，确保年鉴信息资料的全面性和稳定性

1. 在分栏首设置概况条目

概况条目概括地反映一个地区、行业的基本情况及发展全貌，一般是对地方年度发生的事情或所做的工作全面回顾，着眼全局，着眼宏观，掌握全面情况。它处于栏目或分目诸条目之首，在栏目或分栏的条目体系中有"提纲挈领"的地位和作用[1]。概况条目一般由地区基础信息与年度政治、经济、文化、社会发展信息构成，"仅仅提供基础信息而不反映年度概况，或者只反映年度概况而不提供基本信息，都达不到综合情况的内涵和外延的要求"[2]。

---

[1] 李德辉：《年鉴条目及条目组合的基本类型》，《年鉴信息与研究》2004年第5期。
[2] 许家康：《部分市、县（区）年鉴编纂中常见的突出问题》，《年鉴通讯》2011年第2期。

设置概况，可以确保地区信息的全面性、稳定性、连续性，方便读者掌握了解地区基本情况（基础信息和年度全貌）。概况是综合年鉴不可或缺的组成部分，"是所有年鉴必设的永恒不变的基本条目"①。第二种模式，设置多个专题条目，没有概况条目，不能全面反映地区基本信息和发展全貌，是有缺陷的；其中有些是有类似"综合经济实力增强"、"城区环境明显增强"、"社会各项事业协调发展"、"社区建设"之类具有行业综合特点的、概况性专题条目，反映地区某些行业年度发展全貌，但是没有完整反映地区基础信息和发展全貌，也是有缺陷的。

概况条目的撰写，要求概而全，对地区基本情况和各方面年度发展变化的反映应该是简略、概约、全面、无重大遗漏的。要注意用数据、事实说话，要求数字、事实准确可信。要求文字精简，用最精练的文字，传递最多最新的信息。对内容的记述一般是点到为止，不需要有展开的、详细的、有深度的记述。

2. 在概况条目后设置若干个动态条目

将地方年度重大特色信息在动态条目中反映，一事一条，进行深度记述，能够充分反映下级政区年度"特、重、新、热"信息亮点。这些有价值的信息亮点往往是读者所感兴趣的，能够揭示事物的年度变化信息。例如，《上海年鉴（2011）》青浦区分栏，有"上海西郊国际农产品交易中心在青浦华新营业"、"青浦实施一城两翼发展战略"、"获2010中国城市信息化发展进步奖"、"沪苏携手发展淀山湖湖区经济"、"青浦地区成功进行首次航空救护"、"朱家角人文艺术馆正式开馆"、"实行农村医疗救助一站式服务"等动态条目，较好地体现了2010年度青浦区所发生的"特、重、新、热"信息。第一种模式，只有多个概况性条目，没有动态条目，不可能将年度"特、重、新、热"事件有深度地揭示出来，不能体现地方年度特色，不能吸引读者眼球。

需要说明的是，概况条目后面的专题条目应该是动态条目，而不是静态条目。笔者主张专题条目动态化。《上海年鉴》等优秀年鉴主要采用动

---

① 翁伟：《地方综合年鉴概况条目纵谈》，《黑龙江史志》2000年第2期。

态条目,很少使用静态条目。就动静而言,专题条目有动态条目与静态条目两类。纯粹的静态条目一般是常规条目,"常规性条目是指年鉴中反映部门工作职能,产业主要范围,正常开展的重大活动等方面的大体上每年都要设置的基本条目"①。这些年年采用的条目,或者是没有什么实质内涵,或者是没有什么新意,只是个别重要数据变化,完全可以归并在概况中,成为固定部分,以少量文字交代即可,多数文字可以省略。如不少区县年鉴下的部分街道、乡镇分栏下有"加强社会保障工作"、"社会民生得到改善"、"推进城镇建设"、"基础设施建设有成效"等形动实静的条目,所记述的内容分别是社会保障、社会民生、城镇建设等地方常规领域,这些年年记叙的固定内容可以在概况中交代,成为概况条目中固定子条目或者成为多个固定的概况性条目,或者以少量文字归并入其中一块,从而节省文字。有限的文字篇幅让位于动态条目,让重大事件独立出来,单列为动态条目,可以更好地揭示地区年度"特、重、新、热"信息。突出了重点,减少无效条目数量,又能让读者迅速获取感兴趣的、有价值的信息。第三种模式中,下级政区栏目由概况与多个动态性专题条目构成,比较合理;但是有不少年鉴专题条目多数是静态条目,没有动态条目,不能深度反映地区年度的"特、重、新、热"信息,是可以进一步改进的。

  动态条目的选题,必然是"特、重、新、热"的单一事件。"特",就是有时代特点、地方特色的事物;"重",指重大事件,包括举办的重大活动,产生重大影响的工作或举措等;"新",即代表社会事物发展的新阶段、新水平,昭示社会发展方向,具有推广价值的事物②;"热",即热点事物、社会焦点事物,群众普遍关心的事物,"应该以满足读者的检索需求为目的","从读者的检索愿望出发,尽量选收读者普遍关注、查检率相对较高的题材"。③

  具体讲,在下级政区栏目中,由于文字篇幅有限,所选取的动态条目

---

① 马国顺:《对年鉴"常规性条目"的探讨》,《年鉴信息与研究》1999年第1期。运子微:《关于设置常规条目的现象分析》,《年鉴信息与研究》2002年第2期。
② 李德辉:《年鉴条目及条目组合的基本类型》,《年鉴信息与研究》2004年第5期。
③ 许家康:《部分市、县(区)年鉴编纂中常见的突出问题》,《年鉴通讯》2011年第2期。

必须是地方特有的,或者是在上级政区范围内有特色、有重大价值的事件或事物。就地域而言,要选取在周边乃至全国有影响的事件或事物。那些内涵再丰富,但不是地方特有的,或者在地方上的表现不突出的,不宜入选动态条目。就历史而言,要选取能够体现时代特点的或对今后产生巨大影响的事件或事物。

动态条目撰写要注意写清事件的基本要素,如时间、地点、过程、发展、结果、影响、背景等;要注意写出深度,忌泛泛记述,内容空洞,忌空话、套话;要注意写出亮点,点出有新意、突出的,读者关注的内容。

动态条目的标题要标出动态,要"信息完整、具体";表述准确、具体;揭示"信息亮点";"准确反映主题",主题词要醒目突出①。

下级政区栏目中,各政区分栏统一采用概况条目与若干个动态条目相结合的模式,连续多年保持不变,可以保持下级政区栏目框架的稳定性,能够较好全面地反映地区年度信息。当然这个模式还有缺陷,有很大改进余地。

(二)概况条目中设置若干固定子条目,确保年鉴信息资料的稳定性

概况条目概括地反映一个地区、行业的基本情况及发展全貌,是年鉴必不可少的组成部分。在多年年鉴编辑实践中,笔者经常觉得下级政区栏目各下级政区分栏的概况中,各方面年度信息非常丰富,但杂乱。一些年鉴如《青浦年鉴》、《洛阳年鉴》的2004年卷,《上海年鉴》的2006年卷将概况内容进行分段,但是仍然不甚理想,信息繁杂,条理不够清晰,不方便读者查阅。笔者发现一些综合年鉴对此进行了有益的探索。《长江三角洲城市年鉴》自2009年卷起,就开始在编辑方案中提出,区县栏目下将单一概况条目调整为"地理位置"、"历史沿革"、"行政区划"、"人口"、"社会事业"、"社会保障体系"、"经济建设"等多个概况性条目,

---

① 赵峰、顾海英:《试论年鉴条目标题的设立原则》,《中国地方志》2007年第7期。

可惜没有完全贯彻实施，不同区县分栏下概况性条目设置没有统一，2010、2011年卷也有所变化，不够稳定。《上海年鉴》自2010年卷起，在各区县概况条目中统一设置基础信息（包括地理、交通、古迹、景点等信息）、"区域经济"、"城乡建设与管理"（或者"城市建设与管理"）、"民生工作"、"社会事业"和"区域特色"六个子条目。2011年卷也如此，比较规范、稳定、成熟。这种将下级政区的基础信息和年度政治、经济、文化、科学、社会各方面重要的信息一一分类，归属于概况各子条目（或各个概况性条目）下，进行简要记述的方法是一个值得推广的创新。

概况内容固定为若干个子条目或者若干个概况性条目，分门别类简要记述各下级政区年度政治、经济、文化、科学、社会各方面重要的常规信息，可以保证信息资料的归类清晰，不混乱，方便了广大读者检索阅读所需要的信息；像《上海年鉴》那样，设置基础信息、"区域经济"、"城乡建设与管理"（"城市建设与管理"）、"民生工作"、"社会事业"和"区域特色"，保持多年不变，保证年鉴信息资料的连续性，不断线；同时，概况中设置"区域特色"，给予每个下级政区一个连续多年展现本地方最突出、最发达的领域或者行业的机会，保证下级政区地方特色的不遗漏，能够充分反映地方特点。实践中，概况内容固定为若干个子条目或者若干个概况性条目的操作也比较方便。

本文前面提到，不少年鉴下级政区栏目中，不少专题条目多为类似"加强社会保障工作"、"社会民生得到改善"、"推进城镇建设"、"基础设施建设有成效"等形动实静的条目，所记叙的内容分别是地方常规领域或行业，不必花费大量笔墨专题设立独立条目。这些年年记述的固定内容可以出现在概况中，成为概况条目中固定子条目或者成为固定的概况性条目，如《上海年鉴》模式中，"加强社会保障工作"、"社会民生得到改善"、"实现充分就业"、"推进社区健康管理"内容可入"民生工作"子条目，"推进城镇建设"、"基础设施建设有成效"内容入"城乡建设"子条目。

概况条目固定化，调整为若干个子条目或若干个概况性条目各有千秋，笔者认为在下级政区栏目中，采用概况条目下设置若干个子条目方式比较好①。下级政区栏目由多个下级政区组成。概况性条目调整为单独条目，在目录体系中，各个下级政区分栏一律重复出现相同的条目标题，显得无生气、呆板；而且动态条目在多个概况性条目后才出现，位置后置了，重要性有所下降，对读者吸引力也有所下降。概况中设置若干个子条目，可以省去条目数量，在目录体系中比较简洁，突出了后面的动态条目，只要多年保持不变，读者会养成习惯，会在概况下查找所需要的信息。

当然，概况内容固定为若干个子条目或者若干个概况性条目，要求分清各个信息内容归属，如《上海年鉴》方案中，要分清各个信息内容在"区域经济"、"城乡建设与管理"、"民生工作"、"社会事业"和"区域特色"诸子条目中的归属，需要编辑或撰稿人员有相当高的水平。如在大城市楼宇经济较为发达，在"区域经济"、"城乡建设与管理"（或者"城市建设与管理"）均可有楼宇、商务大楼、商务中心的内容；科技小企业是各地发展的领域，在"区域经济"、"社会事业"均可有科技小企业在证券交易所上市的内容，各个概况性子条目或者概况性条目内容分类可能有混乱、交叉，内容归属有一定难度，编辑时要认真斟酌。

（三）部分动态条目后面增加附录性"资料"，增强年鉴的信息性、可读性

在传统年鉴中，条目只能反映本年度、本地区信息，不能交代跨年度、跨地区的信息，也不能交代背景性、指南性信息，很机械、呆板，不能更好满足读者的检索需求。《上海年鉴》从2005年卷起，尝试在一些条目后面采用类似方志附记的"相关链接"，在专记"长江隧桥工程"后面设置"相关链接"补充说明上海长江隧桥工程建设有关情况，篇幅达2000余字。《上海年鉴（2010）》在区县栏目中首次采用同样设置，在一些动态条目后面增加附录性文字，改称"资料"。这个附录性"资料"文字附在

---

① 笔者认为，在下级政区栏目以外，各分栏（分目）情况复杂不一，宜采用一个反映本分栏（全行业或全部门）全局情况的概况条目，加上若干反映本行业、本部门中部分领域、部分工作的概况性条目，另外当然是相当数量的动态条目。

相关条目后面，把本条目所记述内容的相关背景性、指南性资料，跨年度的、在条目中所不能包容的信息置于其中。这种附录性的"资料"是与条目正文有关的、影响大的、价值高的文字资料，能为正文有关内容起到补充、说明的作用。根据需要可全文照附，也可摘编、摘记，另行编写。在条目后面增加了附录性的"资料"，增加了为传统年鉴条目所不能包容的更多信息，信息更全面，为读者提供更多有价值的信息，增强了年鉴的可读性，而且还可以为地方志编纂积累资料。

《上海年鉴（2010）》青浦区分栏中，有个"互联网安全接入试点工作率先完成"动态条目，记述了2009年青浦区在全市率先完成互联网安全接入试点工作的情况，交代青浦区互联网安全接入完成时间、接入的终端数量等信息。按照传统年鉴做法，条目这样就算是完成了，但是总感觉有些不足，相关读者要了解的信息不能交代。现在在后面设置附录性"资料"，介绍了"政府部门互联网安全接入试点工程"的背景材料，说明它在全国开展情况，青浦区实施该工程的一些措施，使条目信息量更多、更具有可读性。

这些附录"资料"扩展了条目的信息内容，提供了更多有价值的信息，能够增强年鉴的可读性。但是附录性"资料"不宜大量使用，篇幅不能太大，否则会喧宾夺主，影响年鉴的整体框架布局。

附录"资料"的选题。一定要选大多人关注的、有存史价值的内容。没有存史价值、或者说没有资料价值的，读者不想了解的不宜入选。

（四）设置地情表格，确保年鉴年度重要信息的连续性、可比性

由于下级政区栏目篇幅有限，许多重要的反映地区社会经济发展状况的数据不可能在概况、动态条目中一一全面揭示，如地区增加值、粮食产量、外贸出口总额、直接利用外资签订合同项目数、直接利用外资签订合同金额、住宅竣工面积、城镇居民收入、农村居民收入、学校数量、学生数量等数据。这些数据需要年年出现、在条目中容易遗漏，造成信息不连续，不能方便读者进行检索、比较分析。因此越来越多的年鉴开始在各下级政区分栏、条目后面设置地情表格。如《青浦年鉴》自2004年卷起，

在各乡镇分栏内统一设置相关乡镇经济与社会发展基本情况表,纵向设有43个指标数据,横向设有当年、上年、增长率三列,多年保持稳定;《上海年鉴》自2006年卷起,在各区县分栏下统一设置相关区县基本情况表和国民经济统计表;《东莞年鉴》、《广州年鉴》也有类似做法。设置地情表格,可以系统记录地区社会经济各方面常用指标数据,多年保持稳定,保证了数据稳定性、连续性与可比性,方便了读者检索。

设置表格要求表格具有规范性,要符合志鉴编纂规定和质量要求,同一种表格在下级政区栏目的各个下级政区分栏中是统一规范的,统一版式,统一指标体系、指标名称、指标度量。不能这里名称是地区增加值,那里名称用国民生产总值;或者这里度量是万元,那里度量是亿元。要求表格多年不变,指标体系、指标名称、指标度量保证一定的连续性、衔接性,以确保可比性、可考性[①]。要求表格内容准确,数据无误,数据、指标名称、指标度量与正文文字内容保持一致。要求表格具有便览性,表格内容明晰、直观,方便查阅。

(作者单位:上海市青浦区地方志办公室)

---

① 孙铎:《浅析地方志书和综合年鉴表格的基本特点》,《中国地方志》2010年第10期。

浅谈年鉴对非公有制经济内容的记述

苏 颖

非公有制经济是相对于公有制经济而产生的一个名词。它是我国现阶段除了公有制经济形式以外的所有经济结构形式。《宁夏年鉴》编辑部范宗兴认为:"编纂社会主义新时期的新年鉴,加强对非公有制经济的记述,是现实社会赋予年鉴编辑工作者新的任务,也具有一定的现实意义。非公有制经济作为改革开放的热点问题和新生事物,也是年鉴本身要记述的重要内容,是年鉴年度性时代性的重要表现。"[①] 中国最早反映中国私营经济发展状况的出版物《中国私营经济年鉴(2006年6月~2008年6月)》于2009年出版;《中国非公有制经济年鉴》创刊于2007年;上海早在2003年就出版了第一卷《2002年上海民营经济年鉴》;次年无锡也出版了首卷《无锡民营经济年鉴(2003)》。笔者结合福州当地非公有制经济发展状况,提出几点思考。

一 非公有制经济发展现状对年鉴编写的影响

据统计数据显示,截至2011年底,福州全市经工商注册登记的个体工商户有14.28万户,注册资金57.74亿元;私营企业6.7万户,注册资金2750.92亿元;实有内资企业1.006万户,其中国有企业1798户,集体企

[①] 范宗兴:《对年鉴记述非公有制经济资料的几点建议》,《年鉴信息与研究》2005年第4期。

业 3631 户，股份合作企业 212 户，公司 4150 户，其他企业 270 户；农民专业合作社 692 户；实有外资主体 4556 户。由此可看出福州市民营企业的规模。2011 年，全市规模以上民营企业有 5 万多家，从业人员 50 多万人。其中，注册资本亿元以上私营企业 412 户；注册资本 5000 万元人民币以上的民营企业 907 家；规模以上工业民营企业（不含国有、外商及港澳台投资企业）1860 家，占全市规模以上工业企业总数的 64.6%，完成产值 2421.3 亿元，占全市规模以上工业总产值的 45%。全市出口总值 163.14 亿美元，民营企业出口 81.83 亿美元，占出口总额的 50.16%。不仅如此，"旗舰型"民企，如永辉超市、福耀玻璃、新大陆等上市企业更是不断涌现，一批规模大、实力强、后劲足的民企集团迅速崛起。非公有制经济已经在福州经济总量中占有"半边天"，有着相当大的比重。但是在以往的《福州年鉴》中对非公有制经济的记载就显得苍白无力，文字单薄而不厚重，资料量少而不完整，内容零散而不系统，使人难以从中寻找非公有制经济发展的轨迹、脉络和态势及其在国民经济中所处的变化位次与作出的积极贡献。这与非公有制经济发展的现实状况和年鉴应记述内容的客观要求相差甚远。为此，2012 年卷《福州年鉴》增设了"民营经济"栏目，使非公有制经济中的部分经济成分得到了具体的体现。笔者认为年鉴应从发展的观点去记载非公有制经济的特点和趋势，在总体设计上应该专门设置栏目，在具体分目中应有综合性条目概而述之，反映全貌；要有典型性条目体现特点、反映趋势；要给予一定篇幅，加大记述的广度和力度。

二 非公有制经济如何设目

高邮市地方志办公室的孙铎提出[①]：首先，是确定目的标题问题。在经济界曾有"民营经济"的提法，但是争议较大，认为"民营经济"概念颇为模糊，内涵不清。显然，这不宜作为目的标题。再从年鉴目前已采用标题的实际情况来看，多半取题为"个体私营经济"，但它仅表示一种经

---

① 孙铎：《关于非公有制经济设目的思考》，《年鉴信息与研究》2003 年第 5 期。

营的形式而不能完全代表一种经济成分或性质,对个体私营以外其他形式的非公有制经济难以包容。所以,以"个体私营经济"为题尚需商榷。毋庸置疑,中共十六大报告明确提出的"非公有制经济"这一经济名词和经济概念,从理论研究到现实经济生活,都表明了它作为社会主义市场经济一种重要经济成分和形式的存在,是最恰当不过的了。故应以"非公有制经济"为题,这既有理论依据,又符合现实情况。其次,是选择目的位次问题。从实际情况来看,将"非公有制经济"仅仅列为条目,是远远不够的,这已无须争论。现在的问题是,将非公有制经济设定为篇目好还是设定为分目好。笔者认为,将非公有制经济设定为篇目应为首选,这既是对非公有制经济这一经济社会变革新生事物的肯定,更是多数年鉴编纂单位的共识。笔者认为非公有制经济已经在国民经济中占有了相当的地位,其在年鉴中也必然要占据相当的篇幅,但目前大多数地方综合性年鉴的框架设计大量反映的是公有制经济内容,非公有制经济内容大都散落在"工商管理"、"对外经济贸易"等部类中。那么,如何对非公有制经济进行设目,《苏州年鉴》编辑部副主任哈幸凌提出一条建议①:"第一步在现有的经济部类中,每个部类都增设非公有制经济分目(条目),或者用表格的形式表现出来。比如'工业经济'下设国有企业分目和非国有企业分目,其分目下再设有关条目。这样可操作性比较强,但这只是小改小革,完整性和系统性还不够强。第二步是把所有经济部类分成两大篇,第一篇公有制经济、第二篇非公有制经济,然后每篇下面又分成工业、农业、建筑业、交通运输业等几大类。这样,脉络清晰,非常有利于读者检索利用。"

1. 设定层次清晰

高邮市地方志办公室的孙铎认为②:如将"非公有制经济"设置为篇目,此为第一层次。第二层次即为分目设置,除"综述"或"概况"外,可按其形态分,如设置"个体经济"、"私营经济"、"其他非公有制经济"等分目;亦可按其行业分,如设置"个体私营工业"、"个体私营商业"、

---

① 哈幸凌:《非公有制经济内容独立成篇的思考》,《年鉴信息与研究》2008年第4期。
② 孙铎:《关于非公有制经济设目的思考》,《年鉴信息与研究》2003年第5期。

"个体私营建筑业"等分目;尚可按其规模分,如设置"重点(明星)私营企业"、"一般私营企业"、"个体工商户"等分目;也可按其资本来源分,如设置"个体工商业"、"私营企业"、"合伙企业"、"合作企业"、"租赁企业"、"股份合作制企业"、"股份制企业"、"外商独资企业"等分目;还可按事件、活动等分类来设置分目。第三层次为条目设置,应设有综合条目、典型条目等。"非公有制经济"的篇目设置应与整个年鉴总体篇目设计与框架结构相协调。笔者认为首先以"综述"或"概况"从宏观角度反映当地非公有制经济总体发展状况。同时,用系统的统计数据来分析民营经济的发展规模和贡献,方便读者对其有初步的了解。其次,可开辟"区(县)民营经济"及"政策法规"分目,并根据原来年鉴中收集资料的渠道,设置相应的分目,如按照行业,设置"工业"、"农业"、"商贸业"、"金融业"、"教育"、"医疗卫生",等等,通过增加收集力度扩大资料的收集范围,完整体现非公有制经济在各个行业中的发展情况。最后,在情况允许的情况下,增加条目的数量,如在"工业"内以"机械冶金"、"石油化工"、"医药产业"等作为条目,在各条目下,如以"机械冶金"为例,以"船舶产业"、"输变电产业"、"通信设备制造业"等细分产业作为小条目详细反映非公有制经济的产业化发展方向,为国民经济发展提供翔实的数据资料。

2. 内容重点突出

对于一个需要新设置的篇目,内容的收集有一个渐进的过程,因此内容方面需要突出重点,突出非公有制经济占比较优势的行业、突出在行业内占优势地位的企业。例如,在"商贸业"分目中,可侧重介绍在业内占据重要地位的连锁企业、上市公司等,以此来反映该行业内民营企业的突出作用。用"侧重法"这种年鉴编辑方法来处理栏目中的内容问题。从地区实际出发,制定出符合地方特色、年度特色、时代性较强的行业、企业来丰富条目内容。在全面记述当地非公有制经济发展情况的前提下,要把支柱产业发展状况作为重点内容编写。

3. 资料征集拓宽渠道

正是因为采用了灵活多变的栏目设置方式,解决内容的编辑问题,也为资料的征集拓宽了渠道。孙铎指出[①]:"我们应突破这一单一渠道,拓宽思路,广开门路,寻找新路。为此建议,可实行三个结合:一是新老渠道结合。在巩固原有的工商行政管理部门、工商业联合会等供稿渠道的同时,应大力开辟新建机构如个体私营经济协会、个体私营经济发展委员会(局、领导小组)、第三产业办公室等新的资料征集渠道。二是供、采结合。一方面,应向外广泛征集、动员部门单位供稿;另一方面,可以安排年鉴编辑部编辑、记者或特约撰稿人员进行有计划、有目的、有重点地收集、采访有关信息、材料和稿件。三是调、挖结合。年鉴编辑应打破来什么稿编什么稿的习惯做法,注意按照资料的属性和分类,对反映非公有制经济情况的内容、条目进行适当调整、集中,并对有价值的非公有制经济材料线索,认真挖掘,充分利用地方公文、内刊、报纸和统计资料等所载的非公有制经济情况,进行提取、梳理、编写。"笔者认为还应根据栏目设置的需求,开辟新的来源渠道,一是直接向各个委办、县区政府办进行组稿,让他们在本系统先收集资料上报,同时着重向市经委、市社会科学院、市个体私营企业协会、市工商联约稿;二是在当今信息爆炸的年代,互联网也是攫取信息资料的重要来源,从网上采编所需要的信息,也应成为我们工作的一种重要手段,但也要做好资料的核实工作,做到翔实有据。注意所用资料内容的客观性、连续性和可比性。总之,要贯彻年鉴的"存史"、"资政"功能,坚持实事求是,既反映成果,也如实反映发展过程中出现的困难和问题,多比较,使读者能清楚地看出非公有制经济发展的轨迹,看出当地的进步和差距。

非公有制经济资料的征集在一些行业比较难,年鉴工作者应尽其所能地在年鉴中记述非公有制经济的发展情况。既为各级领导进行经济分析、决策提供丰富、翔实、可靠的资料和依据,又为广大读者了解经济发展综合信息和进行相关政策咨询提供便捷、有效的服务。

(作者单位:《福州年鉴》编辑部)

[①] 孙铎:《关于非公有制经济设目的思考》,《年鉴信息与研究》2003年第5期。

年鉴内容交叉重复研究综述

郭进绍

避免资料交叉重复，是地方综合年鉴（或志书）编纂的一个基本要求。中国地方志指导小组《地方志书质量规定》第二十二条即为"内容记述不机械重复"，在实际操作中，这却是一个不容易把握和处理的难点。尽管志鉴界对此早有认识，但对交叉重复问题进行专题论述的却很少。笔者在中国知网（CNKI）数据库上只检索到7篇。当然，还有一些研究散见于一些论述总纂注意事项等综合性文章中，由于那些文章对于交叉重复只是简略提及、泛泛而谈，本文不将其作为研究文献。下面以志鉴学术界仅有的7篇专题论述年鉴（志书）交叉重复的文章为采撷对象作一综述。

一 产生原因及分布研究

关于年鉴文稿内容交叉重复的产生原因，在理论上有客观和主观两方面的因素。客观方面是指年鉴所反映事物在客观上存在着相互关联的特点，杨国祥、杨正宏认为，"客观事物之间普遍性的相互联系，使反映众多事物的年鉴文稿不可避免地出现交叉重复"[1]。宋忠文认为，"（志书）所述事物之间有着千丝万缕的联系，内容交叉有其必然性"[2]。主观方面则是指年鉴编纂者自身的认识偏差，刘文仲认为："编纂者缺乏对年鉴内在

---

[1] 杨国祥、杨正宏：《地方综合年鉴文稿交叉重复的处理》，《年鉴信息与研究》2000年第4期。
[2] 宋忠文：《方志交叉重复内容取舍浅议》，《沧桑》1995年第6期。

规律性的认识，容易受到某些想当然因素的驱使，因此……资料重复混杂现象更为突出。"① 杨国祥、杨正宏认为，"各编写人员总是从各自的角度撰写稿件，使交叉重复的矛盾更为突出"②。

资料交叉重复具体分布情况按杨国祥、杨正宏的归纳可分为三种：（1）体例结构造成的重复。如综述（概貌）、专文、大事记、人物等年鉴体例形式，由于其内容涉及方方面面、各行各业，造成与正文条目内容有所重复。（2）行政管辖条块分割引起的重复。如在市级年鉴设置"区县概况"，在县级年鉴设置"乡镇概况"，小行政区域内的部分内容会与全市其他条目交叉重复，像"某大桥落成典礼"在区县或乡镇概况中设条目记述，可能在交通篇又设条目记述。（3）部门职能交叉形成的重复。某项工作往往由多个部门共同参与，这就造成各部门在编写稿件时都记述了该项内容。

另有唐蔚波归纳的方志内容交叉六种情况：属性的交叉（如水系既属于自然，也属于水利）、专业的交叉（如交通与城建）、纵横的交叉（科技在各行业的应用）、地域的交叉（行政范围的分合变化）、人物的交叉（人物活动范围的变动）、体裁的交叉（著名文人在大事记、文化篇、人物传中都有出现）。

二 相应解决对策研究

广大年鉴工作者在处理交叉重复的问题中，积累了宝贵经验，形成了集中法（将综合性强的工作设专文、专栏、专目集中记述）、侧重法（对同一事件记述侧重不同、角度各异）、详略法（对同一事件记述详略有别，或用参见法）等富有借鉴意义的做法。

1. 针对体例结构造成的重复

我们应肯定采取综述、专文、大事记等体例形式的必要性，学术界要

---

① 刘文仲：《浅谈县级地方综合年鉴的资料重复问题》，《年鉴信息与研究》2009年第3～4期。
② 杨国祥、杨正宏：《地方综合年鉴文稿交叉重复的处理》，《年鉴信息与研究》2000年第4期。

探讨的是如何减少它们与正文条目的重复问题。

综述（概貌）栏目位于年鉴全书之首，反映地域年度总貌，与各栏目内容必然有重复之处，一般用"详略法"进行处理。关玉成认为，"概况栏目反映出全书内容的大势如何，各项事业的发展主流是什么……各栏目则必须对本事业的发展结果作全面概述性的介绍。"① 唐蔚波认为，"概述、综述从宏观角度，各分篇则从专业的微观角度取材，概述、综述从概括综合上记述大要，各分篇从专业方面具体展开记述"②。杨国祥、杨正宏认为，"综合性条目偏'略'，点到为止；记事性条目重'详'，全面记述"③。

专文的设置本身即为"集中法"的体现，把重要的、牵涉广的、同一主题的内容集中起来，形成整体记述。如重大抗洪抢险纪实专文、为民办实事专文等，站在全地区的角度来集中反映，避免各级各部门从各自参与的角度分散记述。如果内文条目也要反映该项工作，可采取"详略法"或"参见法"。

大事记主要记录对整个地区政治、经济、社会、文化等方面发展有较大影响的事件，与全书其他内容难免交叉。宋忠文认为，"大事记述应避免与各章节重复……如自然灾害有专节记载；各种会议，如党代会、人代会、政协会议等，已分别在政权、群团等章节中论述；各行业要事在行业志中也已分别阐明。（大事记）一是可以不再记……二是可以摘记、略记。"④ 杨国祥、杨正宏认为："处理这类交叉重复，可运用'侧重法'和'详略法'。在记述的角度和方法上，'大事记'要从全区域的角度记事始末，侧重于简明扼要，宜从略；有关条目要从事件本身的角度记述整体，侧重于全面实用，宜从详。"⑤

---

① 关玉成：《处理概况与综述交叉重复之我见》，《年鉴信息与研究》1999 年第 1 期。
② 唐蔚波：《浅述新方志内容交叉问题的处理》，《新疆地方志》1993 年第 1 期。
③ 杨国祥、杨正宏：《地方综合年鉴文稿交叉重复的处理》，《年鉴信息与研究》2000 年第 4 期。
④ 宋忠文：《方志交叉重复内容取舍浅议》，《沧桑》1995 年第 6 期。
⑤ 杨国祥、杨正宏：《地方综合年鉴文稿交叉重复的处理》，《年鉴信息与研究》2000 年第 4 期。

2. 关于行政管辖条块分割引起的内容重复

各部门、各行政区域往往追求全面反映工作，有求"全"的心理。宋保华举例："评为全国和省文明集贸市场的名单，在'工商行政'栏目中，已立条目集中介绍，而其所在地、市、县，又重复介绍……年度内获奖体育项目和等级，在'体育事业'中已经记载，而获奖运动员所在市、县又出现条目。"他认为，"综合年鉴的'全'，是指它的覆盖面广而全，但对各部门、各行业和各行政建制，不能一概求'全'……（编辑部门）应实行宏观控制……明确规定各部门、各行业和各地、市、县的内容范围，谁写什么，不写什么，什么内容由谁写……坚持同一内容在同一卷年鉴中只能是一处反映。"① 杨国祥、杨正宏认为："处理（条块交叉重复）时一般可用'集中法'……地域性强的应放在'块'，专业性强的应放在'条'。"②

3. 针对部门职能交叉形成的重复

主要采取角度各异的"侧重法"进行处理。宋忠文认为："要从不同角度突出各自特点，做到瞻前顾后，主从有别，彼此呼应。如公、检、法部门都要讲案件……检察方面只记述审批逮捕、审决起诉、支持公诉等内容，而法院着重行使审判权问题。这样才不至于重复，而起到相辅相成的作用。"③ 杨国祥、杨正宏认为："部门（行业）职能交叉引起内容的交叉重复，表现为相关部门（行业）同记某一事件，可用'侧重法'。较为典型的是'科学'类目与其他类目的交叉重复。……（建议）'科学'类目侧重详记重大科技活动、科技成果等，从宏观全面反映科技事业发展的面貌；其他有关类目从各自的角度侧重从微观记述科学技术在各自工作（生产）中的运用、推广以及经济效益等。"④

4. 工作程序管理控制

杨国祥、杨正宏认为，处理年鉴交叉重复除了重点把握内容上的因素

---

① 宋保华：《减少年鉴内容的交叉重复》，《黑龙江史志》，1997年第5期。
② 杨国祥、杨正宏：《地方综合年鉴文稿交叉重复的处理》，《年鉴信息与研究》2000年第4期。
③ 宋忠文：《方志交叉重复内容取舍浅议》，《沧桑》1995年第6期。
④ 杨国祥、杨正宏：《地方综合年鉴文稿交叉重复的处理》，《年鉴信息与研究》2000年第4期。

外，还需运用科学管理手段，在工作制度、程序上进一步保障质量。主张在各个工作环节实行管控：一是制定框架结构环节，要纵览全书，把握大局，在设置篇目时就对一些交叉重复情况进行处理。二是组稿环节，指导撰稿单位明确各自的任务，减少上报稿件中的交叉重复现象。三是编辑环节，各位编辑要多留意相关问题，多做沟通交流，共同商定处理方案。四是校对环节，采取交叉校对的方式，增大发现内容重复的概率。五是检索系统环节，通过检查样稿的目录、索引，过滤出交叉重复的内容。

张守春论述得比较简略，"首先要搞好志书的总体设计，其次是加强编纂者之间的沟通协调，最后是加强志稿的总纂。这些工作做好了，志书内容的重复交叉问题就能得到正确合理的解决。"①

三 研究述评及展望

总体上，理论界关于减少志鉴内容交叉重复的研究数量偏少，而且有些只是工作感想或经验介绍式的文章，学术理论性不够；有些偏向空泛议论，缺乏实例，对编纂实践指导意义不强；有些论断过于绝对，矫枉过正，对矛盾统一的客观现实认识不足。希望未来年鉴理论界能够涌现出关于交叉重复研究的更多更好的论文，多探索一些富有借鉴意义、操作性强的处理方法，引领广大年鉴工作者共同努力，将资料交叉重复减少到最低限度，打造出更多编排合理、叙事简洁的精品年鉴。

（作者单位：《福建年鉴》编辑部）

---

① 张守春：《如何解决志书内容的重复交叉问题》，《黑龙江史志》2005年第5期。

从百科全书的条目性质
来看年鉴的条目性质

许之标

一 缘起

条目是百科全书所含内容的基础分割单位（在词典、辞典等中则称为词条或辞条），有一个单一的主题，用于阐述一件事物、一个人物，或他们具备特定主题的组合，并且对该条目所描述之事物作出一个客观的界定[1]。与此同时，在百科全书编纂中一直存在着"大、小条目主义"之争：小条目主义突出了百科全书的工具书性质，方便查阅；大条目主义则强调知识的系统性。此外，百科全书的条目标题注重其独立的主题，以方便读者检索为准则，是客观形成的而不是人为拟定的主题。这就决定了百科全书条目的共通性原则，如独立主体、客观形成、单一主题、准确性、通用性、名词性、简要性、非研究性、非应用性等原则[2]。因此，百科全书在长期的编纂实践中逐步形成了较为成熟的理论体系。作为百科全书最小的撰写单元——条目，也在编纂实践中集众多性质于一体，具体有思想性、综合性、系统性、均衡性、实用性、检索性、可读性、权威性、文献性、

---

[1] 维基百科, http://zh.wikipedia.org/wiki/%E6%9D%A1%E7%9B%AE。
[2] 通用性，应该使用规范的或约定俗成的名称，维基百科；名词性，条目名称应该是名词性的，静止的；非研究性，不是研究论文或学术探讨；非应用性，不是为了指导具体的应用。

资料性、类比性、关联性等 12 种性质①。

年鉴在百年多的发展历程中，吸收百科全书、辞书等其他工具书的一些属性，逐渐形成自身独特的编纂体例及基本属性，包括资料性、年度性、工具性（或为检索性）。作为年鉴最小编纂单位——条目，自然而然地亦是直接"取材"于百科全书、辞书、词典等工具书的条目（辞条、词条）之内容和形式，只是年鉴在突出其资料的年度性和检索性之特征上逐步形成自己的独特风格，这也是年鉴的生命力及其社会价值的体现。

年鉴条目的性质主要有相对独立性、资料性、年度性、规范性②与信息性、易检性③。这与百科全书的 12 种性质相比，"略显"单薄，难以彰显年鉴的价值与地位。一则未能很好地总结、归纳年鉴条目的自身特性及编纂思想和理念，难以较好地展示其条目的性质；二则难以较好地在编纂实践中给予行之有效的指导，致使条目的内容、形式"单一化"及指导性不足，从而难以展示其社会价值、作用和地位。

年鉴的条目，是年度客观事实及相关情况、资料的主要"载体"，是条目化年鉴的主体内容的基本寻检单元和相对独立的信息主题④。故而，年鉴和百科全书均是讲求其载录或收录的综合性，即内容广泛，知识的集中化和资料的丰富化。此外，两者都以单一主题单元——条目为基本寻检单位，具有较强的检索性、工具性。但两者也有明显的不同：年鉴是年刊，而百科全书不是，年鉴的条目是记述年度客观事实的资料、信息或知识性主题，而百科全书则是记述稳定的知识主题，年鉴内容按领域分类，百科全书则按知识体系分类⑤。在此，审视百科全书的条目性质，再探讨年鉴的条目性质，思考如何在继承与发展百科全书的条目性质基础上，充分体现年鉴自身独特的性质及形成自身的条目编纂思想和理念，值得思考，对年鉴的发展有积极的现实意义。

---

① 《方志百科全书》编辑室编《方志百科全书（总体设计）》（讨论稿），2011 年 4 月，第 126~130 页。
② 许家康、陈延昌、莫秀吉：《年鉴条目及编写研究》，广西人民出版社，1995，第 1 页。
③ 许家康：《年鉴编纂入门与创新》，线装书局，2006，第 61~65 页。
④ 许家康：《年鉴编纂入门与创新》，线装书局，2006，第 60 页。
⑤ 许家康：《年鉴基本问题三论》，《广西地方志》2002 年第 2 期。

二　对百科全书条目性质的重新审视

百科全书是概要记述人类一切门类知识或某一门类知识的工具书，其根本属性在于系统、简明地载录人类长期积累的一切知识，即通过大小不等、层次不同的条目的表述来实现。故而，百科全书的条目必须是一个独立的概念或完整的知识主题，不能是它们的一个侧面或一个角度，更不能是自然语言中无确切知识内容的词语、论述题目等①。百科全书的条目结构一般包括条头、释文、参考书目和作者署名。条头为一名词述语或词组即知识单元标题；释文的规范表述为定义性叙述（以定义为核心对概念或主题作展开说明），条头词的词源知识介绍，概念或主题的历史发展、渊源沿革，概念或主题的基本内容、事实、状况，参阅性资料（主要包括有关的学术争论、权威性评述、展望）；参考书目则是向读者推荐的借以深入钻研该条目内容的重要参考著作，而非撰写条目时的参考文献；作者署名，一般为评判百科全书的整体质量提供依据，是百科全书内容权威性的一种表现。这里百科全书条目的12种性质正是在编纂实践及不断发展中逐步形成的一个系统化的构架体系。

条目的资料性。百科全书为读者提供的内容是经过整理的知识，主要通过条目形式向读者展示。因此，条目汇总、收录资料的程度直接影响百科全书的资料性。条目的内容要根据百科全书的主旨需要采用多样化的辅助形式，以增强、丰富条目内容的资料性，容纳下多种多样的资料。

条目的思想性。百科全书的条目在传递给读者知识和信息的基础上，还要传播编纂者的思想和理念。这是因为条目是反映编纂者思想和观点的载体，也只有将编纂理念体现于条目的设计和条目释文的撰写中，才能使条目具有思想性，从而更充分地体现全书的整体思想性。

条目的权威性。条目内容要做到描述准确、逻辑严谨、立场公正，客

---

① 张宝泉、吴玉坤：《词典、百科全书和年鉴中"条目"辨异》，《德州师专学报》1996年第4期。

观反映人类社会的面貌。这是百科全书科学性的保证,需要编撰者查阅丰富的资料,拣选出权威性资料,要有敢于质疑、精益求精的态度。

条目的系统性。主要体现为各类别条目组群的设置及条目的撰写两个方面,即遵循从面到点的原则,让读者形成一个从整体到局部的完整印象,具体表现在释文结构、资料选择、文内参见等方面。

条目的综合性。主要从信息的完整性、资料的概括性、知识的全面性来说的,也是百科全书条目必须具备的基础性质,是对各类信息提炼、概括后形成的,蕴涵着一定的知识性,注重知识主题的综述、概述,可以为大条目,也可以为小条目。

条目的可读性。通俗地讲就是内容"好看"、"容易看"、"愿意看"。因此,提供什么样的知识,取决于读者的需要。即是否提供了目标读者想要了解的知识,条目释文是否易于目标读者理解,是编纂者必须时刻关注的根本点。

条目的实用性。能够吸引读者去阅读、检索,在此基础上产生使用。故而,条目的可读性在一定程度上保证了条目的实用性,条目的检索性是另一个保证,易于读者查检、阅读的条目,其使用率便高,自然带来实用性也高,如此编纂出来的百科全书才能称得上是名副其实的"工具书"。这也是条目载录内容的知识性主题或权威性信息所致。

条目的检索性。百科全书是供读者查阅的工具书。提高检索性,就需要在条目条头词的设计上注重读者的检索习惯以及读者群的知识构成。

条目的类比性。体现在同类辞条的撰写上,百科全书有详细且严格的体例要求,同一个类别的每个条目都要按照相应的体例撰写,便于体现同类条目在同一范围内的异同。

条目的均衡性。通常为考虑并保持各类条目间比例的均衡,"均衡"不是绝对平均,而是指各类条目比重、大中小条目的分配以及条目反映的知识主题在全书所有知识中所处的地位。

条目的关联性。作为一个知识体系或一个领域的系统资料,每个条目都不是孤立存在的个体,而是有着千丝万缕的联系。

条目的文献性。主要表现为对重要文献的完整收录,如法律法规、条例,全文发表比释文的表达更加完整、清晰、直观,同时也便于读者快速检索、全面了解文献内容。

百科全书条目十二个性质中,影响百科全书——工具书这一基本属性及存在价值的是资料性、综合性、系统性、文献性、权威性,另外实用性、检索性、可读性、关联性则是从撰写、编辑角度起到"支撑"其资料性的作用。这里,资料性与综合性、系统性、文献性是不可分割的,有着"你中有我,我中有你"的一体性。权威性,在一定程度上是上述性质的最终体现,是百科全书的价值"归属地"。百科全书的思想性,在统领全书设计、做好具体编纂事务上有着指导性,是百科全书的"灵魂"所在。条目的类比性、关联性、均衡性则在不同程度上起到补充条目的系统性的作用。

百科全书的条目性质,既充分说明了百科全书的社会地位与作用,又实实在在地"告知"读者其不可替代性。从这个角度来看,百科全书的条目性质对年鉴条目性质的进一步丰富和发展有着积极的借鉴意义,也为其性质的完善及定位提供了一个新的思路。

三 对年鉴条目性质及功能的再认识

年鉴是逐年编纂连续出版的资料性工具书。[1] 年鉴的三个基本属性,即年度性、资料性、工具性(或称检索性)。其中,资料性是年鉴的生命所在,更是年鉴的第一属性[2]。年鉴的资料性取决于年鉴条目的撰写及编辑,即条目内容的撰写及编辑决定着年鉴的资料性。

百科全书条目性质除资料性、检索性之外的其他性质,对于年鉴的定性有着积极的现实意义,年鉴工作者需要去思考和探索,以求解年鉴的可持续发展难题。

年鉴作为逐年编纂连续出版的工具书,年度性便成为其应有之义,更

---

[1] 许家康:《年鉴编纂入门与创新》,线装书局,2006,第4页。
[2] 许家康:《许家康文集》,线装书局,2011,第3页。

成为其"身份证"的显著标识。年度性，亦是年鉴与百科全书的主要区别所在。年鉴要实现其社会价值最大化，即以"年"为时间点，年度性展示一地、一领域、一行业的现状与发展的阶段性情况，以便于读者查询所需的资料、信息及知识性话题。首先，对于动辄几十万字的年鉴来说，向读者提供有效信息源以及便捷检索方式是"题中之意"，更是年鉴实用性的表现之一。其次，年鉴的检索查询方式、方法应多样化。换句话说，年鉴的社会价值及现实作用在于其资料性与工具性（检索性）的统一。

年鉴条目的资料性，既离不开它的思想性，需要它的系统性、综合性、可读性来"支撑"，也需要较好地"落脚"在权威性上。这是年鉴可持续发展路径的必选项。

年鉴条目的思想性，保证年鉴的生命力。要树立并增强"传递知识性主题"功能这一思想和理念，把编撰者要传递的专业化、知识性主题向有需求的读者充分地、有效地展现出来。在此思想和理念的指引下，编撰者在资料的搜集、整理、编辑过程中会充分考虑条目的内容设计及释文的撰写，实现条目的思想性，让年鉴条目更具生命力。

年鉴条目的系统性、综合性、可读性，是一个有机统一体，互为作用，互为补充。年度性是年鉴的第一外在性质，主要表现在其收录的文献资料、信息、知识性主题等内容上均以"年"为起止的"断截面"，这就造成年鉴条目的释文及其收录内容"丰满度"不足、"零散性"过强。因此，年鉴条目在有限的条件下实现收录内容的系统性、综合性、可读性，是一个亟待重视的话题。

年鉴的主要功能，是为社会现实服务、提供有效有用信息及保存重要的文献资料，这就需要对零碎、散乱的年度资料进行重组、排列、整合等再加工，以实现其信息的系统性、逻辑性。在此基础上，亦可实现年鉴条目的综合性，即通过一个个有效信息源、知识主题及专题类的综合性、概括性条目来实现。年鉴条目的可读性，不仅要体现在其内容的"好看"、"容易看"上，还要表现在它收录的文献资料、内容信息等的系统性、综合性上，归根结底是其工具书的定位决定的。

从上述内容来说，年鉴条目的性质，均是为它的工具书这一基本属性服务的,这离不开年鉴条目的权威性这一重要性质。换句话说,年鉴的工具书这一定位是源自年鉴条目收录的文献资料、内容信息的权威性。

这里,年鉴条目的权威性是年鉴的社会价值的"归结点",而这又是源自年鉴条目的资料性与思想性、权威性、系统性、综合性、可读性等性质的"支撑"而构架起来的系统化编撰思想和理念。从此角度来看,年鉴作为社会现实作用较强的工具书,在资料性、年度性、工具性等基本属性之外,还应重视它的思想性、权威性、系统性、综合性、可读性等"辅助"性质。这些性质同样会影响到年鉴的生命力及其社会价值的实现。

年鉴作为年度资料性工具书,在编排上便自然地从方便读者的使用、查阅出发,这也是为何年鉴多使用条目的原因所在。一个条目便是一个独立的信息体,更兼具向读者传递有效信息的作用,是一个资料丰富的平台。

年鉴的资料性、年度性、工具性等基本属性,自然也是年鉴条目的基本属性。除此之外,条目的思想性、权威性、系统性、综合性、可读性等性质也应发挥好各自的价值及作用。因此,对年鉴条目性质的认识,应在资料性、年度性、工具性等三大基本属性的基础上,充分借鉴百科全书的条目性质,认识到条目的思想性、权威性、系统性、综合性、可读性的作用,适时地发挥好各个性质的功能,将是年鉴逐步成长的必由之路。

(作者单位:广东省人民政府地方志办公室)

如何撰写深度信息条目

陈超萍

笔者曾指出一些省级综合年鉴条目存在"三多三少"问题，具体表现在典型性条目中："记述日常工作成就多，记述重大问题、社会变化少；记述官方政绩多，记述百姓生活少；记述浅表性事件多，记述深度信息的少"。在2012年5月10日举办的江西年鉴培训班上，笔者还提出了"深度信息条目"的概念。本文拟就"深度信息条目"谈谈其写作方法。

一 浅表性信息条目

要搞清楚什么是"深度信息条目"，首先就必须搞清楚什么是"浅表性信息条目"。

浅表性信息条目是单一条目中运用较多的一种条目，一般只是简单地记述事件，不作解释或极少作解释，条目的写作重心是陈述事实，告诉人们"是什么"，不回答"为什么"。浅表性信息条目分为两类：一类是常规浅表性信息条目，另一类是非常规浅表性信息条目。

1. 常规浅表性信息条目

所谓"常规浅表性信息条目"，是指在选题上，选日常性工作、一般性事件，写作方法按照"五W"记述时间、地点、人物、事因、结果。这类条目，称为常规浅表性信息条目。

常规浅表性信息条目通常表现在记述党政机关日常工作情况、日常琐事和琐会，例如写召开会议、举办庆祝（纪念）活动、建筑工程竣工、新机构挂牌成立，获得省级以上荣誉称号的单位（个人）或事物等这一类条目。如："举行江西老年大学成立 20 周年庆祝大会"，这个选题平常，此类条目也好写，按照"五 W"要求，记述开会的时间、地点、参加会议的对象及人数，出席会议的领导，谁主持会议，谁作讲话，会议涉及的议题、活动开展的项目和内容是什么，等等。这类条目受条件的局限，不作深度挖掘。

2. 非常规浅表性信息条目

所谓"非常规浅表性信息条目"，是指在撰写年鉴典型性（单一）条目时，选题立目都是新、特、大、要事，信息价值比较大。但在写作方法上，并没有回答"为什么"，没有向深层次挖掘，或者说没有必要再向深层次挖掘，只是停留在所记述事物的表层上，把事物的发生、经过、结果说清楚就行了。如《江西年鉴（2003）》条目"平价药房悄然出现"是记述新事物的非常规浅表性信息条目。全文如下：

> 2002 年下半年平价药房悄然出现，"开心人"药店第一个以仓储式自选超市形式出现并以平均售价下降 45% 的口号，引发了江西医药商品零售价的普遍下降，打破了国有医药商业企业价格一统天下的局面。

这是一条短小精悍的非常规浅表性信息条目。它对"平价药房"只是进行了少许解释，告诉人们"平价药房"是什么，它是一个"以仓储式自选超市形式出现并以平均售价下降 45% 的"药房，并没有回答为什么市场会有"平价药房"的出现。作者敏锐捕捉到"平价药房悄然出现"的新事物，仅用 88 个字，就反映出 3 个有效信息：（1）市面第一次出现自选超市药店；（2）药价平均售价下降；（3）国有商业药价一统天下的局面已被打破。这 3 个有效信息还只能说是浅表性的，并没有解释"为什么"会出现平价药房？也没有必要回答"为什么"要打破国有医药商业企业价格一统天下的局面。此条目既陈述了事实，又点明了事物发生的意义、性质。这种非常规浅表性信息条目有一定的层次，但没有深挖，也没必要深挖，的确写出了一定的水准。

常规浅表性信息条目在年鉴中的作用，主要是反映政治、精神两大文

明的活动，在年鉴内容中要占一定的比例，但比例不能太大，否则，就会占用非常规浅表性信息条目的空间，使整部年鉴深层次有效信息受到限制，尤其是深度信息条目就很有可能会缺失。深度信息条目的缺失或比重太小，会直接影响年鉴的整体质量。

二 深度信息条目

深度信息条目，借用新闻术语，即"解释性报道"。深度信息年鉴条目，是指记述人和事物，在陈述事实的同时，需要溯源、交代时代背景、分析事物发生的原因、结果、意义、性质等，记述的重心在解释。这种解释不是作者的主观见解，而是运用多种类型的背景或其他相关材料，阐述其事物发展的原因、意义、性质。

总之，都是用事实说话。如果说从"五W"和"七何"的原则来说，浅表性记述事件的条目，只是告诉人们发生了什么事，并不需要说明原因。而解释性报道条目不仅要回答"是什么"，还要回答"为什么"，这是一种追究动机的条目，即"溯其源，求其真相，判其出路"。譬如"典型性条目范例"中的"专题调研条目"类，就属于反映深度信息的"解释性报道"条目。

深度信息条目从写作方法上分，大致可分为两种基本类型：调研报告型和综合记事型。

1. 调研报告型条目

调研报告型条目的写作重点是提出问题、探究问题产生的原因，并分析矛盾的症结所在，以便人们正确深入地认识问题，以及为有关部门提供解决问题的依据和办法。如《中国百科年鉴（1985）》有一条目"土地的转包与集中"，就是调研报告型条目，全文如下：

> 随着农村联产承包制的不断完善和商品生产的迅速发展，土地转包的现象普遍发生，土地相对集中，扩大经营规模的趋势在发展之中。1984年各地农村在土地转包方面有以下特点：①经济较发达地区

土地转包面最大。主要是这一类地区工业副业较多，就业门路广，农民有离土条件。从其转包过程分析有两种情况，一是乡镇企业基础好，务工农民主动退出承包土地，二是专业户出现较早，所从事的行业有较高而稳定的收入。②经济状况一般的地区与发达地区比，转包土地不仅数量少，而且有它自己的特点：自行转让的多、转给亲友的多、有偿转让的多。主要原因是，这一地区工副业刚刚兴起，形势不稳定，在转包时留有后路；农田是收入主要来源，农民普遍"惜土"；专业户起步晚，各业分工主要体现在家庭内部，兼营还有较好的经济效益。③后进地区转包面最小。农户之间相互转包土地主要不是经济发展的结果，而是承包方法不当，由不该包地的农户（主要是农村中一些职工户、缺乏劳力等无力经营的农户）包了地而引起的。

在土地相对集中的过程中，群众创造了多种形式，主要有：①大户经营。即接受转包的土地，以家庭农场方式经营。这种方式在粮食集中产区较多。②联户经营。这是农民自发形成的一种联合经营形式，多发生在土地面积少、种田"能人"不多的农村。③农工一体化。此形式主要在工业副业发达地区。即由村集体经济把种田能手和村办工厂联系起来，种田者承包的土地达到一定的规模后，便享受村办工厂工人同样的待遇。在计算产量上，包产部分归集体，超产归己。

1984年土地经营中的主要问题仍然是土地承包过于零碎。各地在不同程序上存在着把土地经营当作"副业"的现象，有的地区甚至出现废耕、弃管现象。针对这些问题，各地采取了相应的措施，主要是对忽视土地经营、土地产出率明显下降和土地肥力递减的农户给予惩罚和赔偿，以促其转包。

在土地集中过程中的问题主要是：①有的地方盲目拼凑大户，超过了承包者自身的经营能力。②粮食专业户急需的技术服务跟不上。③卖粮难的问题突出。目前，第一个问题正在纠正中，第二个和第三个问题也在加强力量分别解决①。

---

① 《中国百科年鉴（1985）》，中国大百科全书出版社，1985，第269页。

此条目开头写了导语,提出了问题——"(农村)土地转包的现象普遍发生",接着分析了1984年各地农村在土地转包方面的特点和原因,对"为什么"进行解释,是条目的重心。第二段介绍了土地相对集中过程中的形式,第三、四段"溯其源,判其出路",分析存在问题的原因,找到解决问题的办法。

实际上此条目是一篇调查报告的缩写,作者可能删掉了原文的枝枝节节,提炼出文章的内核,改写成典型性条目,着力让人们进行深层次的思考,预示着事物发展的趋势。类似这种条目,在省级综合年鉴中很难找到,《中国百科年鉴》中可以找到一些。

2. 综合记事型条目

记述一个时期里,发生在某一地区、某一系统的带有全局性的新情况、新动向、新成就、新问题,是多个单位里发生的具有共性的多个典型事实的综合,称为综合记事型条目。综合记事型条目运用比较广泛,一般用于记述影响力较大的事件。它可分为两类:横向综合记事型和纵向综合记事型。

(1)横向综合记事条目

横向综合记事型是指把一个地区、一个系统内发生的有共性的多个典型事例结合起来,反映全局性的总体趋向的条目。所综合的典型性事例之间是并列关系。结构是总分式,即总摄性导语后面并列若干具体的代表性的事例,有的还有总括性结尾。

《中国百科年鉴(1985)》中"农民集资投劳修公路"条目,就是一个横向综合记事条目。全文如下:

为了治穷致富,发展农村商品经济,1984年,中国农村掀起筑路热潮,全国各地通过各种形式为修建公路集资7.4亿元,全年新建各种公路1.5万公里,改建加宽公路2.9万公里,公路通车里程增加到93万公里,是新中国成立以来公路建设最好的一年。

"以工代赈,民办公助",是1984年中国公路建设的主要形式。国家为了帮助交通闭塞的地区尽快改变贫穷面貌,从1984年起,3年内拨出100亿斤粮食、200万担棉花、5亿米棉布,以工代赈,帮助贫困地区建公路、修水利。地方各级政府和部门也积极集资筹物资助农民修路。1984年入冬以后,四川、河南、云南、吉林、湖北五省共出动民工590多万人参加公路建设。到12月初,四川省共投入1亿多个人工,新建公路近2000公里,改扩建公路1.3万多公里,是公路建设速度最快的省份之一。

在政府和有关部门的协助下,农民自己集资,自建公路,也是主要方式之一。福建省群众集资158万元,修建公路1036公里。地处太行山区的山西省平定县,1984年采取农民集资、投劳和集体投资相结合的方式,集资500多万元,投工128万多个,新建改建公路114条,总长700多公里。这个县全年公路货客运量、货物周转量和实现利润,都比1983年增长30%。

乡村公路建设促进了农村运输业的大发展,农民拥有的运输工具也迅速增加。1984年底,农民运输专业户已拥有客货运输汽车11.9万多辆,占全国交通部门专业运输车辆的一半,比1983年增长1.3倍,拥有各种拖拉机278万台,占全国拖拉机总数的68%,另有大量的人力、畜力车加入商品营运队伍。国营运输企业的汽车客运网、零担货物运输和联运业务也向农村延伸,全国夜宿农村的客运班车已达11000多辆,比1983年增长50%。公路建设发挥了地方资源优势,为农村开拓了新的产业门路[①]。

第一段概述了全国的集资修路的情况。如果写到这里收笔,也算一个完整的条目,80个字里,包含了4个数据,信息也算密集。但如果是这样,就只能算一般性记述一项事物的简单条目,没有深度挖掘,面不广,高度不够。作者没有这样做,而是接下去再写了3个自然段。

第二段记述了1984年中国公路建设的主要形式:"以工代赈,民办公助"。先写国家投入物力以工代赈,帮助农民修路;再写地方各级政府投

---

① 《中国百科年鉴(1985)》,中国大百科全书出版社,1985,第271页。

入资金帮助修路，记述了有代表性的省份的典型事例，点面结合。

第三段介绍了在政府和有关部门的协助下，农民自己集资自建公路，列举了几个有代表性的典型事例；第四段阐明了乡村公路建设意义，乡村公路建设促进了农村运输的大发展，带活了农村经济。最后一句话是总括性的结尾。此条目写得较好，先综后分，点面结合，从众多的典型事例中概括出一个共同的主题：农民集资投劳修公路。信息丰富，它反映事物的面宽，声势大，给人以总体性印象。此条目实际上是一份典型材料的缩写。

任何文体都有相通之处，年鉴条目属于三次文献，年鉴既有其体例的非常规，亦有其他文体的共性，我们必须掌握年鉴条目与其他文体的异同，轻松自如地利用一次文献资料，加工、提炼、浓缩，改写成符合年鉴体例要求的条目。

（2）纵向综合记事条目

纵向综合记事条目是指在记述事物的过程中和陈述事实的同时，一方面适当提供历时性背景资料，与现实性资料进行对比，分析其原因、意义、性质；另一方面适当提供前瞻性资料，以便参考。

在撰写典型条目时，一些人可能在认识上存在误区：认为年鉴以"年"为限，典型性条目只许记述上一年的事情，在此以前的情况一概不准反映。这个观点是片面的，年鉴条目主要以反映刚刚过去一年中的新情况、新资料为首要任务，但也不排斥记述回溯性、前瞻性资料。因为任何事物都有它的起因、发展、结果，都有它的演变过程。撰写典型性条目时，有时要善于抓住所记述事类的年度特点，即抓住"新闻由头"，溯前预后。

如肖冬发在《年鉴学概论》中曾举例："《湖南年鉴》中的典型条目'湖南作家群的形成'，首先简介了新中国成立后湖南作家群形成的历史过程，列举了重点作家，分别说明了50年代成长起来的、60年代培养起来的、70年代涌现出来的作家群落中的三个梯队的构成情况。接着分析了作家群形成的原因，指明了社会时代提供的客观可能性。最后对作家中小说家群的发展历程和特点加以重点概述。"

由此可见，写此类条目，应该是点面结合、析因论果、对比分析、画龙点睛、溯前预后。此类条目在现有省级年鉴中不多见。

衡量一个条目的优劣，关键取决于所反映的信息是否有价值。有价值的信息一旦选准后，就要认真撰写，不要马虎了事，浪费材料。如《江西年鉴（2007）》有一条目"资溪被冠以'中国面包之乡'美称"，条目选题较好，是一个反映现代经济社会特色和资溪县地方特色的选题。可惜没有深入挖掘，只是停留在事物的表层。原文如下：

> 经过20年尤其是近5年的发展，面包产业已成为资溪县从业人员最多、产值最高、效益最好，引领广大农民创业致富及下岗职工就业的特色产业，"资溪面包军团"已享誉全国。12月28日，中华全国工商联烘焙业公司授予该县"中国资溪——面包之乡"牌匾①。

此条目129个字，反映的有效信息只有一条，中华全国工商联烘焙业公司授予该县"中国资溪——面包之乡"牌匾。面包产业的从业人数、产值、效益没有具体数据，资料不全，信息价值不大，只是提供了事物的追踪线索，读者很难直接引用。此条目选题虽好，但没有向深层次挖掘，只停留在事物表层上。如果此条目进行溯前预后，抓住"新闻由头"，即事物的年度特点——"被誉为中国面包之乡"美称，写成有深度信息的专题条目，那么，这个条目又将是另一番光景了。

第一步写导语，资溪县面包产业经过20年尤其是近5年的发展，已经成为特色产业，资溪面包军团享誉全国。12月28日，中华全国工商联烘焙业公司授予该县"中国资溪——面包之乡"匾牌。

第二步简要回顾20年前资溪面包业刚起步时的情况。生产方式、经营规模、从业人数、经营网点分布情况，产值多少，经济效益如何，人均收入情况。最好列举一个代表性的人物。

第三步分析资溪面包产业发展壮大的原因。一是政府扶持。为了发展

---

① 《江西年鉴（2007）》，第474页。

壮大面包产业,当地政府和有关部门制定哪些优惠政策,采取了哪些措施。如成立面包协会党委、培训从业人员、解决周转资金、提供法律援助等。二是社会客观因素。如市场需求等,随着经济的发展,人们生活水平的提高,面包市场有旺盛的客观需求。三是自身因素。面包经营者提高制作技术水平,提升产品质量。自发组织面包协会,进行传帮带,一个人带出一大片等,最后形成"资溪面包军团"。

第四步,重点概述2006年资溪面包产业的情况。这是条目的重心,是体现年度特点的部分。生产方式、经营规模、从业人数、经营网点分布情况,全年产值多少,经济效益如何,人均收入状况。最好列举一个代表性的事例。最后,还可以预测未来并作打算,准备进一步将面包产业做大做强,打入国际市场等。

如果按照这种方法写出的条目,会得到本地党政领导的重视,也为本地经济发展起到宣传作用;到其他地区去交流,可使当地党政领导开阔思路,有一定的借鉴、启示作用。一般读者看了对资溪面包产业有大致的了解,产品销路可能会进一步扩大。由于内容较充实,信息较丰富,也为将来编修资溪县志提供了较为详尽的资料。这种写法就能起到知往鉴来、服务当代的作用。

写此类专题调研条目,要严格控制篇幅,字数尽量不要超过600字。典型性条目的长短、结构视其本身情况而定,文无定法,贵在创新。尽量用最小的篇幅,表达尽可能丰富的信息。

综上所述,一部年鉴的深度信息条目应占有一定的比例,才能保证年鉴信息的有效性,提高年鉴的质量。撰写典型性条目时,应该加强深度信息条目写作。

(作者单位:江西省地方志办公室)

年鉴条目内容的编辑

王占生

根据国务院《地方志工作条例》，地方综合年鉴的编纂已经成为地方志一项常规工作，成为地方志工作的一项重要职能。但年鉴是否能够得到社会的广泛承认和运用，归根结底，还在于年鉴本身，除了政治质量、编排系统、选题选材、内容全面外，更主要的是要在年鉴条目的编辑上下功夫，保证每一个年鉴条目都是高质量，从而确保汇辑到一起形成的系统年鉴的高质量。高质量的年鉴才有生命力，利用价值高，自然也会得到社会的广泛关注、承认和运用。

国务院《地方志工作条例》指出，地方综合年鉴是指系统记述本行政区域自然、政治、文化、社会等方面情况的年度资料性文献。无论是地方综合年鉴还是其他性质的年鉴，都是年鉴的种概念，而年鉴是系统汇辑上一年度重要的文献信息，逐年编纂连续出版的资料性工具书。它包含三层含义：第一，年鉴是资料性工具书；第二，年鉴是逐年编纂连续出版的；第三，年鉴是系统汇辑一年度文献信息的。因此，我们在编辑年鉴条目时，要紧密结合年鉴的内涵，以编写出资料翔实权威、反映及时、连续贯通衔接、功能齐全，全面、真实、系统，科学、严谨、规范，信息含量密集，为现实服务，具有较强实用价值的资料性工具书。

一 紧密围绕年鉴是资料性工具书的特点，编辑出简明、科学、实用、易懂、易检，资料翔实权威的真正成为读者查考事实的案头书籍

这里首先强调年鉴是工具书。什么是工具书？《新华字典》的解释是专为读者查考字义、词义、字句出处和各种事实而编纂的书籍，如字典、词典、索引、历史年表、年鉴、百科全书等。既然是工具书，其最主要的特点是简明性、科学性、总括性、实用性、全面易懂性和易检性。因此，我们在编辑年鉴条目内容时，要采用纪实手法，即开门见山，直陈其事，免除一切穿靴戴帽式的套话，杜绝任何废话、空话和假话。直接按记叙文体的时间、地点、人物、事件，记述历史事实。那些诸如在"在党和政府的正确领导下，在上级部门的指导和关怀下……"等之类的词汇充斥年鉴条目内容，年鉴不再简明，失去了易检易懂性，也就不再是直陈其事、简明实用、便于利用的工具书，而是各部门年终工作总结汇编，此"年鉴"非年鉴了。

再有强调年鉴是资料性工具书，资料性是年鉴区别于辞书性等其他工具书的根本特征，因此在编辑年鉴条目内容时，要摆事实才具有说服力，不能用虚话代替事实的记述，诸如"各项社会事业不断进步"、"经济实力不断增强"等等，不仅背离了年鉴是资料性工具书的基本属性，更背离了年鉴的文体，没有任何实用价值，也没有任何的资政价值，不可能给政策决策者以任何的参考，给读者以任何的启迪，也就因此丧失了年鉴的使用价值，编辑出版年鉴也就失去了意义。因此，年鉴条目内容的编辑要再现历史事实，用史实说话，才能集权威性、资料性、实用性于一体。

二 紧紧围绕年鉴是逐年编纂连续出版的特点，编辑出横可览，纵可比，现实记录丰富，同时又具有史册性的高品质年鉴

年鉴，顾名思义，即一年一鉴，其他非年鉴的工具书都不可能一年一

次编辑出版。年鉴是所有非年鉴类工具书中，最具有时效性的。正因为年鉴每年都编辑出版，因此能够及时反映上一年度的新情况、新成就，也因此较其他工具书具有更大的情报价值，蕴涵有更为及时的实用性很强的信息，使读者即时查找到时事动态、重要的文献法规及其线索、逐年可比的统计数据资料和其他的实用性指南和便览性资料，等等，年鉴的功能和作用在一年一鉴的编辑出版中得到最大化的体现，具有很大的服务现实的价值。也正因为年鉴是连续编辑出版的，对纵向记述也提出了严格要求，即从条目编写的内容上，要求逐年编辑的年鉴上下衔接连续记载，使读者通过不同时期的不同记录作纵向比较分析，从而把握事态的变化和发展趋势。这就对年鉴条目内容的编写提出了更为严格的要求，即不仅要求每一部年鉴在编辑过程中条目内容记述严谨、科学、全面、系统，保证每部年鉴的独立性和完整性，还要使累积编辑的年鉴上下内容相互衔接，不能与以前的年鉴发生矛盾，使年鉴记述的内容具有连续性、可比性；既保证现实记录丰富，同时通过纵向比较，能够看出地区经济社会的变化、发展，进而揭示事物发展规律。

首先，从条目的选取上，要保证每个单位和部门的基本条目每年入鉴，从而保证每部年鉴从内容上相互衔接（大特要新的补充条目除外），即纵向编辑系，既便于读者连续检索利用，也保证年鉴纵向可比。基本条目，笔者认为是反映本部门单位的基本职能的条目。这些基本条目在没有特殊的情况（如机构调整）下必须保证每年入鉴，而且最好保持条目题目的基本稳定，以便于检索利用，使逐年编纂出版的年鉴纵向保持连续性、可比性，且清晰可检。

其次，保持主要数据连续记录，且保证连续记载的数据符合事物发展规律。基本数据，是反映本部门单位的基本工作量或成果的数据，比如，税务中的税收收入，财政中的财政收入与财政支出，海关的每年监管货物量等都属于基本数据，每年都要记载，使纵可比的年鉴主线不断。这里强调一点，就是对统计数字的记述最好是口径一致，对比的事物也要基本一致，保持年鉴的纵向对比。如海关，某年鉴2001年卷关税是这样记述的"全年征收税款8136766.47元（其中加工贸易补税征收税款8120964.77

元)。"2002年卷则记述为"征收关税3586953.54元,增值税11996680.05元,两税合计15585633.59元,同比增长1.95倍"。虽是税款,但税款的内容发生了变化,读者看不出这中间是否是工作内容发生了变化,增值税是否还是税款中的主要项目,另外,1.95的增长倍数也是不准确的,同上一年度无法对比。因此,年鉴编辑不能一看写海关,关税数有了,能反映基本情况就入鉴了,并没有对数字进行科学的分析,削弱了年鉴的资料性。

最后,在编写年鉴条目内容时要注意基本内容记述上也要上下衔接,保证事物记述的连贯。上年什么样,今年什么样,记述上能否对下一年的记述留有余地,进行纵向对比是否有说服力,结论是否正确。建议年鉴编辑在记述条目内容时,最好将上部年鉴,甚至是上几年的年鉴进行纵向对比,认为严谨科学,用词得当,方可入鉴。年鉴是逐年编写连续出版的资料性工具书,编辑们要有科学严谨的治学态度,不能轻易地将各部门单位报送上来的年鉴认为记述完备即通过审查入鉴,还要对其条目、数据及其记述内容参照以前的年鉴进行纵向考察,保证年鉴横可览、纵可比,具有史册性,这样才能保证年鉴的高质量。

三 紧紧围绕年鉴是系统汇辑一年度文献信息的特点,编辑一部信息全面、真正具有历史价值和参考价值的文献

什么是文献?文献是有历史价值和参考价值的图书资料,是记录、积累、传播和继承知识的最有效的手段,是人类活动中获取情报的最基本、最主要的来源,也是交流传播情报的最基本手段。它是人们获取知识的重要媒介,是进行科学研究的基础,而文献的内容反映了人们在一定社会历史阶段的知识水平。因此,"年鉴要求系统汇辑一年度文献信息"对年鉴提出了极高的要求,它不仅要成为一部经常利用的工具书,还要横可览、纵可比,具有史册性,更要成为有历史价值和参考价值的典籍,充当着传

播知识的基础介质。这就要求年鉴在内容上要全面反映上一年度的全貌，及时反映新情况新信息，同时在文字上要字字珠玑，编写科学规范，内容资料和语言文字经得起时代和历史的检验，经得起读者的推敲。这对年鉴编辑也提出了更高的要求。

一是在入鉴内容的撷取上，不仅立足于现有机关企事业单位，全面真实地反映本单位本部门的工作，更要了解时事动态、热点、亮点，获取更多的信息，通过编辑整理入鉴。但仅仅信息含量大也不能使年鉴上升到典籍文献的高度，还要有语言驾驭能力，如《史记》即为"史家之绝唱，无韵之离骚"。

二是准确、朴实、简洁是对志书和年鉴的语言的基本要求。所谓准确，就是选用恰当的、贴切的词语表达事物，做到能够如实地、恰如其分地反映出事物的全貌和本质。以73个字表述的"残疾人扶贫"条目为例，其最后一句话是这样总结的"……使残疾人摆脱贫困"。语言不够准确，通过一年的扶持残疾人就摆脱贫困是不可能的，如果确实摆脱了贫困，残联的职能就要调整了。只有言之确凿，年鉴才能是一部信史。所谓朴实，就是文字要朴素、实在，通俗易懂。首先，如实记述事物，不隐恶，不溢美，不滥加形容、修饰，不用虚词浮语，不堆砌辞藻，更不搞假话、套话、大话、空话。诸如"坚决有效"、"拥护和爱戴"，前者有修饰之意，后者有溢美之嫌。此类用语，不如在年鉴中用具体的行动来表现更有说服力。其次，也不要用空洞和臆想性的词语。如"获得好评"、"反映强烈"、"群众欢迎"、"全体称赞"等。只有语言朴实，才能客观、真实地记述，令人信服，使年鉴具有实用价值。所谓简洁，就是文字要简明、精练、典雅、干净利落，没有冗言赘语，不拖泥带水。"自古文字贵为精"，语言洗练、文章短小精悍是我国文章的良好传统，做到文约事丰、惜墨如金，一个字不多，一个字不少。另外还要做到典雅，"言之无文，行之不远"，在保持年鉴语言风格的基础上要经过精细加工、润色，使语言更准确、更精美。

综上所述，年鉴编辑务必在年鉴工作中坚持质量是生命、社会效益第一的工作理念，高标准，严要求，以更为审慎的态度、更为严格的标准、更为翔实的资料、更为精准的语言编写年鉴条目内容，提升地方综合年鉴整体质量，打造出高价值、高品位的年鉴，使年鉴真正成为汇辑上一年度文献信息的资料性工具书，成为具有资政、存史、发布信息、服务社会的多功能的产品，从而真正成为资料权威、功能齐备、广泛利用的大型政府综合性年刊。

（作者单位：吉林市文庙博物馆）

年鉴大事记编写研究综述

韩 真

大事记是各类年鉴的规定栏目和重要组成部分,虽然在整部年鉴中所占篇幅不大,但地位显赫,对使用者而言,具备完整、可靠的年度信息链,向来为读者所关注,使用率相对较高。近些年,各个系统的年鉴工作者发表了一些有关年鉴大事记方面的学术论文,总结了大事记收集、编纂方面的宝贵经验,提出了一些颇具创建性的论点、看法和建议,丰富了我国尚属年轻的年鉴编纂学。本文力图对近年年鉴大事记编纂理论的研究成果做些梳理和归纳,并对研究状况进行初步分析评述。文中所涉及的理论成果,以地方综合年鉴为主,兼顾其他类型年鉴。

一

已有研究成果认为,大事记是整部年鉴所反映的某个地方、单位或者行业"发展轨迹的简单记录和查证历史的钥匙,具有索引的作用"①。其重要性不言而喻。但大事记也是"最不容易把握和写好的部分"。② 其原因主要在于"大事"的界定主观性强,人为因素重,受编纂者学识、视野、专业历练等的限制,在历史价值、科学性、时效性、影响力方面容易出现偏差和不足,造成遗憾。综观时下各类年鉴大事记,在整体趋好、亮点纷呈

---

① 吕金祥、李海艳、谢奎江:《如何编写大事记》,《中国地方志》2011年第11期。
② 鲍秋芬:《谈地方综合年鉴大事记的编写》,《年鉴信息与研究》2009年第5~6期。

的同时，也存在许多共性的问题，主要有以下几方面。

1. 大事的官本位色彩重，取材失衡，未能兼顾方方面面，也缺乏年度特点

一些大事记变成"领导起居录"，作者和编者只记下了领导们天天在干什么，关注的不是事，而是人。一些大事记以会议的级别、领导人的职务高低作为选择大事的标准。一些大事记中见"官"，不见"民"，对老百姓的大事记载不多、不详、不细，而对官员行止、官方活动的记载较多较详。"大事记普遍存在着会议多，考察、互访多，反映时代主旋律方面的内容及出台的关键性文件及地方法规少，从事条平衡的角度看有些失衡。"① 收录的事条，政治、经济唱主角，视察、会议、签约、剪彩比比皆是，文化、社会生活等内容相对较少。社会生活丰富多彩，大事不可能仅存在于某些特定领域；分配上的畸轻畸重，也容易造成年度特点的缺失。

2. 大事的选定标准过宽，出现滥收、漏收的现象

诸如历届党政领导人的任免，党政机关各种机构的建立、合并与撤销，一般性文件的制定下发，甚至启用新公章、年度统计数字和著名演员的演出活动等都作为大事记载。这些质量不高的大事选入大事记，不仅淹没了真正的大事，加大了大事记的篇幅，还造成同相关部类的重复，而一些真正具备大事性质的内容却未能被发现。②

3. 大事的记事要素欠完整，表述不当的问题比较多

一条好的大事条目，通常要具备时间、地点、人物（单位）、原因（背景）、经过、结果六要素。但记事内容表述不够完整，以及用词不当、行文不规范、文字累赘、完整的一件事分开记述或多件事记到一个事条中的现象时有所见。

究竟什么是"大事"，即年鉴"大事记"的收录标准问题，是年鉴编纂理论十分关注的，现有研究成果论点纷呈，新意颇多。有学者认为，编写大事记的突出难点是大事的标准难以把握。大事是一个模糊概念，哪些

---

① 吕金祥、李海艳、谢奎江：《如何编写大事记》，《中国地方志》2011年第11期。
② 鲍秋芬：《谈地方综合年鉴大事记的编写》，《年鉴信息与研究》2009年第5~6期。

是哪些不是很难有一个明确界限。① 也有学者对大事的不确定性有更深入的理解，认为大事是有层次差异的，高层与低层相比，高层的事是大事；大事是有空间差异的，航线开辟对西藏是大事，在其他地方不是大事；大事是有主观认识差异的，能够站在历史的高度、全局的广度观察，和不能站在历史的高度、全局的广度观察，写出来的大事是不一样的。② 大事既然有不确定性，是否就无章可循？对此，许多学者给出了自己的"大事"概念。其中，"广泛影响，关系全局；初露端倪，生命力强；资料价值，存史作用"三点是共识，充分体现了对大事的基本价值观判断的一致性。还有学者从历史观看问题，认为大事记本身就在编织历史，因此一定要有历史感，务使所记之事具备时代特点、地方特色，切忌公式化、格式化，要与时俱进，将那些与某一特定历史时期全国性或地区性中心工作相吻合的具有重大意义、起重要作用的事件（事情）予以记录。要因时制宜，因地制宜。不要眉毛胡子一把抓，西瓜芝麻都想要，以至于锱铢必较，鱼龙混杂，让一些毫无时代感的例行公事充斥于大事记中，而将一些看似不大但意义深远，或极具地方特色的事件（事情）遗漏。③

大事收录范围的扩大与创新是引起关注的议题。有学者认为，大事记的编写要有新观念，"最明显的特征就是大事记的选取标准应从'官'向'民'转变，突出以人为本的新特点"，"相关百姓生活的重要事件要增加，减弱'官'的比例"。④ 还有学者认为，大事记不仅记录史实，还应该把大事记作为一种信息资源开发，努力提高其利用效率。"要围绕中心工作，从中央到地方，每个历史时期或阶段都有特定的中心工作，大事记的编写以此为第一要务。""大事记要反映改善民生。大事记源自于民，服务于民，有关就业、婚姻、住房、医疗卫生、社会保障等信息涉及人民群众的切身利益，把有关要事、实事、好事加以记载，会受到普遍欢迎。"⑤ 大事

---

① 鲍秋芬：《谈地方综合年鉴大事记的编写》，《年鉴信息与研究》2009年第5~6期。
② 朱文根：《关于地方志大事和大事理念上的一些思考》，《中国地方志》2011年第2期。
③ 韩真：《地方综合年鉴大事记编纂的若干体会》，《年鉴信息与研究》2006年第4期。
④ 张艳君：《浅谈年鉴大事记的编写方法》，《新疆地方志》2008年第2期。
⑤ 阎杰：《谈大事记编写工作的五个转变》，《档案管理》2008年第6期。

记要争取做到"事条平衡","虽然在实际操作中不好把握,但总的原则是大事记要和年鉴各篇内容构成一个链条,使各方面事物在数量上不能失衡"①。此外,大事记不是功德簿,"既要记述所取得的巨大成就,也要记述重大问题和不良现象。"②"大事记除记正面内容外,对反面的大事也要适当收录"③。

如何写好大事记?对这个问题的关注度仅次于对"大事"的诠释。大事记的写作并无定法,完全依赖材料本身和作者对材料的把握程度,但有几个通例还是必须讲究的:一是坚持一事一条的原则,只记载上一年度内发生的事情;二是条目用简明扼要的提纲式写法,"说明何时何地何事即可,不必详写前因后果和发展过程";三是力求文字简朴、准确、通俗、易懂,重点突出,不留疑问;四是避免评述或议论,不用修饰,不加注释。④ 除此以外,几个技术性问题也值得关注:一是编写体式,年鉴大事记通常采用编年体,就是以发生大事的年份为纲目,其下按月、日等时间概念开头记录大事。但如果不以"日"为基本单位,而以"月"为基本单位,以月份设目或直接逐月记录一年来发生过的大事、要事、新事,没有大事的月份可以跳过。这种"编月体"的大事记,有其优点,可以与编年体并存。大事记不完全排除纪事本末体,有些产生巨大作用、里程碑式的事件,用本末体记事便于读者知会。但纪事本末体"容易产生愈记愈多的弊病,且与正文相关部分容易重复,加大篇幅,所以一定要慎用"⑤。二是"据报载",即事条内容来源于报纸,以"据报载"引出事件;或虽无"据报载"三字,但从语言规范等角度看,仍有照搬报纸的痕迹。大事记的稿源,无非是单位提供、报刊网络摘编。摘报,是众多年鉴大事记的采集方法之一,特别是地方综合年鉴。但"据报写实"这种做法看起来合理,实际并不科学严谨。新闻报道是第二手资料,由于作者水平、新闻对

---

① 吕金祥、李海艳、谢奎江:《如何编写大事记》,《中国地方志》2011年第11期。
② 胡雪晴:《年鉴大事记的编写应把握"四要"》,《新疆地方志》2010年第2期。
③ 吕金祥、李海艳、谢奎江:《如何编写大事记》,《中国地方志》2011年第11期。
④ 张艳君:《浅谈大事记的编写方法》,《新疆地方志》2008年第2期。
⑤ 袁梅花、施均显:《如何编好地方专业年鉴大事记》,《广西地方志》2006年第4期。

篇幅的要求等原因，会使第二手资料也大打折扣。在数据审核方面，由于事件发生有个过程，会产生初始数据和最终数据，如果不认真审核，会造成大的偏差。① 因此，在编写上应注意分析比较。三是要处理好大事记与正文相关部分容易引起的交叉重复问题。大事记只记一件事或事件发展过程的一个点，但和年鉴其他相关部分对同一事件的记述是有关联的，也可能是重复的。"可以采取此详彼略的方法加以处理，有的也可以相互补充，各有突出和侧重。""使大事记与正文其他相关部分的资料和事实相互协调，相得益彰。为此，年鉴全书的主编应在全部初稿出来后将大事记与正文相关部分逐一核对，以免出现观点、提法、数据、时间、地点、人物等方面的硬伤和矛盾。"②

二

纵观近几年公开发表的有关年鉴大事记方面的学术成果，虽然总量偏少，尚未引起年鉴界普遍重视和兴趣，但对一些显在的问题的讨论还是比较充分的。其中，对大事记中大事的认识，在新情况层出不穷、以人为本的执政理念深入人心的背景下有了更广更深的理解。普遍认为大事不能拘泥于官场活动，不能仅限于政治、经济等传统领域，要向丰富广泛的社会生活领域延伸，要关注民生。对大事的把握要有深度，除了明显的重要事件，一些看似不大，但极具地方特色，又具有较大影响和鲜明时代特点的要事不要遗漏。对于年鉴大事记普遍存在的不足和易受人们诟病的方面，研究成果也观察得比较细腻，从许多方面指出现有年鉴显在或潜在的问题，值得年鉴编撰者高度重视。其中，事条不平衡，官本位浓；选取大事时同类事物不执行同一标准，随心所欲，时收时不收，收载程度和范围不一致；记事要素欠完整等是最为常见的问题。此外，对于大事记的写作要求和写作规范也总结和提出了不少操作性强的经验和建议，对于实际编写有直接的指导意义。

---

① 胡雪晴：《年鉴大事记的编写应把握"四要"》，《新疆地方志》2010年第2期。
② 袁梅花、施均显：《如何编好地方专业年鉴大事记》，《广西地方志》2006年第4期。

研究成果不尽如人意的方面，首先是发现问题多，解决问题的手段和方法少。比如都提出大事要淡化官本位，要"事条平衡"，究竟怎么做才能克服这些弊端，仅限于泛泛而谈，缺乏成熟和有创见的经验可资参考。再如，对大事记选取标准的微观研究多，据笔者手头资料，就有8条、18条、25条不等，有的学者尽可能地罗列大事记的收录标准，想要对其"一网打尽"。殊不知社会生活的丰富多彩，决定人们不可能将大事记的选取标准百分之百地制订出来，超出标准的大事会层出不穷。从理念和哲学高度对大事进行发微和审视的文章少之又少，反映了年鉴编纂理论的不足。其次是研究领域窄，基本局限于大事记的选材、写作、存在问题、创新思考等方面。许多研究课题尚无人问津，如地方志和年鉴大事记的异同、专业年鉴和地方综合年鉴大事记的异同、大事记规范化研究、大事选取的哲学思考、大事记体式、记法研究、大事记的创新与继承，等等。最后是研究成果定性分析多，定量分析少。对问题的研究往往运用抽象、概括和分析、综合的程式，得出"质"的方面的规定性，而缺乏定量分析的实证性、客观性和明确性，以致影响研究结论的说服力。比如，多篇论文都对现有年鉴大事记的"官本位"现象提出意见，但对"官本位"现象究竟严重到何种程度、"官本位"的构成要素有哪些、社会生活各个领域在年鉴大事记事条中的分配状况如何等等，缺乏定量分析。不仅对单部年鉴大事记的定量分析少见，年鉴相互之间定量分析的比较研究也很难见到。

（作者单位：厦门市地方志办公室）

年鉴检索系统研究综述

康丽跃

年鉴是全面、系统、准确地记述年度事物运动、发展状况的资料性工具书,汇辑一年内的重要时事、文献和统计资料,集辞典、手册、年表、图录、书目、索引、文摘、表谱、统计资料、指南、便览于一身,属信息密集型工具书。如何让读者方便快捷检索到需要的信息,发挥年鉴的作用,是一个非常重要的问题。因此年鉴的检索系统就显得尤为重要。检索系统,是指使用检索语言对文献特征进行描述,从而形成的检索方式和检索手段。有人说,如果将年鉴看成是一个信息库,检索系统则是通向信息库的途径,是达到各个分库的通道。如果没有这些通道,年鉴就成了一个封闭的库藏[①]。如何完善年鉴的检索系统就成为年鉴界研究的重要课题。年鉴检索系统是年鉴的重要组成部分,由目录和索引两大主要检索手段和其他辅助手段组成。

国内年鉴界对检索系统的研究与年鉴在我国的发展密切相关。在我国,年鉴是舶来品,但其一进入中国,就与中国传统的史书、地方志等结合起来而形成中国特色。在当时出版的年鉴中,"记事"、"文献"、"人物"、"书目索引"、"概况"等栏目的形成与中国史书、地方志的记、传、表、志、录等体裁息息相关。20世纪30年代年鉴事业出现了一个高潮,进入80年代,年鉴的编纂再一次在中国大地上掀起一股浪潮,而这股浪潮还在一直延续着。年鉴进入中国之初,学界对年鉴检

---

① 肖东发等:《年鉴学概论》,中国书籍出版社,1991,第367页。

索系统的概念还未形成,直到 80 年代对年鉴检索系统的研究才陆续出现。

一 关于年鉴目录研究

年鉴编纂者重视年鉴目录的编制,大多数年鉴的目录十分详尽,简者四五页,详者数十页。香翠真①把年鉴目录总结为四种,分别有详细目录、简明目录、分目录和英文目录。年鉴编纂者遵循约定俗成、层次分明、详略均衡、内容决定这四个原则来确定采用哪种目录。而从读者角度考虑,年鉴除了详细目录外,还可设置分目录或简明目录。目录在二三十页之间的,可以考虑设置简明目录;年鉴篇幅在百万字以上的,可以考虑设置分目录。这不是简单的形式变化,而是年鉴内容使然。而目录的制作,要经过选题、编写前言、制作单一记录单元、组织排列记录单元、编定目次和其他辅助资料、审校印刷等程序。李万辉②则基于现在大多数年鉴存在着栏目设计公式化、条目内容工作化、彩页装帧一般化和信息量低、可读性差等问题,提出"与时俱进、求新求特"是年鉴的活力和品质所在,年鉴目录主要就是反映出一个年鉴框架和篇目设置的问题,因此,年鉴目录要创新,必须稳中有变,适时调整和充实,要体现出信息量和利用价值,应追求个性化和独特风格,还应图文并茂,与索引相结合,达到引导读者更好地阅读和利用年鉴中博大而系统的资料和信息。年鉴界对目录的研究主要体现在对篇目设计的研究上,在此不多说明。

二 关于索引研究

对年鉴索引研究的文章较多,集中在两个方面。一是编制索引的必要性,二是编制索引的方法。

---

① 香翠真:《年鉴的目录及其编制》,《新疆地方志》2003 年第 1 期。
② 李万辉:《对年鉴目录的再认识》,《广西地方志》2009 年第 4 期。

20世纪90年代年鉴界曾兴起有无必要编制索引的大讨论。曹梦芹在1988年[①]就提出了编制年鉴索引的必要性和可行性,到了1991年[②]又从年鉴面向世界、索引学的研究需要、自录检索的局限性等方面论证了编制索引的必要性,而且索引的编制能提高检索效率,提高读者的检索能力,更能提高年鉴稿件的质量。乌克岚[③]则提出年鉴索引在检索方面有自身的优点,如索引的检索深度要比目录深得多,可以深入文章或条目内容之中的任何一个层次,内容中任何有价值的信息都可以作为检索对象,其编制形式比目录灵活得多。尽管年鉴的条目逐渐向小型化发展,但在每一个条目中也仍然含有标题以外的信息,这在目录中是检索不到的,而运用索引就可以解决这一问题,可以使读者对年鉴条目中隐含的大量信息进行开发和利用。翁伟[④]则提出,没有索引的年鉴不是完整的年鉴。徐松[⑤]指出索引编制要注意索引的篇幅与密度,应尽可能利用有限的篇幅提供更多的检索信息。

20世纪90年代关于年鉴索引编制有无必要性的争论促进了年鉴索引的编制工作。从实际成果来看,编有索引的省、市综合性年鉴由90年代初的5%上升至90年代末的60%左右[⑥]。但是年鉴索引的编制质量还是不容乐观,编制的质量还有很大的上升空间。

索引质量高低与索引受重视的程度和编制的方法有关。乌克岚[⑦]曾经发文探讨索引编制不受重视的原因。认为,客观上是由于年鉴的服务对象大部分局限在机关、领导和图书馆、资料室,被使用的频率还不高,并且年鉴的读者多数为老年读者,年鉴的目录基本满足了他们的需要;其次是索引的编制要投入很大的人力、物力和时间,难度较大。主观上是年鉴的

---

① 曹梦芹:《谈谈编制年鉴索引的必要性和可行性》,《年鉴通讯》1988年1、2期合刊。
② 曹梦芹:《旧话重提——再谈编制年鉴索引的必要性》,《新疆地方志》1991年第1期。
③ 乌克岚:《编制年鉴索引的必要性与编制方法浅议》,《年鉴信息与研究》1998年第3期。
④ 翁伟:《论年鉴索引》,《年鉴信息与研究》1999年第1期。
⑤ 徐松:《我国年鉴索引编制技术现状试析》,《山东图书馆季刊》1993年第4期。
⑥ 许家康:《论年鉴的检索性》,《广西地方志》2010年第1期。
⑦ 乌克岚:《编制年鉴索引的必要性与编制方法浅议》,《年鉴信息与研究》1998年第3期。

编辑对编制索引的重要性和必要性认识不足，对索引的了解也不多。邵荣霞①指出我国年鉴索引编制存在的问题，就是索引词没有深度和广度，没有相关系统或者相关系统比较薄弱的问题，这些问题直接导致了年鉴索引质量不高。产生这些问题的原因有认识上的问题，以为有目录即可，不需要编索引；有技术方面的问题，对索引编制技术未能把握；也有年鉴本身质量问题。如有些年鉴条目编得不好，或者水分多，或空洞无物，不能做主题分析，索引就只能停滞在条目的层面上。

年鉴索引编制方法方面，研究者甚多，但基本上认同主题分析索引编制法。方法有二，一是单一式的，即只选人名、或者地名、或者篇名某一单一项目做标目；另一种就是复合式。而标引词（索引词）的编排也分简式和复式。简式主题索引就是主题不分等级，一律按序排列。复式索引则分层次主题标引。国内大多数年鉴采用的是综合性复式主题分析索引。索引制作的步骤大致相同。首先根据需要和可能确定检索范围，其次制作索引卡片，最后是索引的排序。排序有点繁琐，它是将提炼出来的索引词条按首字，首字相同再按第二个字，以此类推地按一定的顺序排列起来，不能有一丝一毫的差错，这个顺序可以是拼音，也可以是笔画。葛永庆②提出索引编制要注意索引范围、标目、参照系统、页码（版面区域）、序列安排等五个方面。能编入索引的主要有两个前提：一是书中具体论述有一定参考价值，二是具有一定检索意义。标目用词简明扼要，符合读者检索思路。参照系统要表达索引款目之间的内在联系，使索引具有最大的概全率和专指度，不致出现"该参不参"或"参而不见"的弊病。页码标注要详注版面区域，以利检索。年鉴索引排序主张按汉语拼音排列，因为音序排列具有稳定、便捷的优点。高燕妮③对编制索引要注意的问题中，提到要反映新信息，对于某些资料可以多设主题词。

---

① 邵荣霞：《年鉴检索系统的处理》，《年鉴信息与研究》1999年第1期。
② 葛永庆：《年鉴索引及其编纂实践》，《年鉴信息与研究》2005年第5期。
③ 高燕妮：《浅谈年鉴索引的编制》，《年鉴信息与研究》2001年第2期。

三 年鉴检索系统研究

将年鉴的检索手段作为一个系统来研究是在20世纪90年代出现的，较早出现在肖东发等诸位先生所著的《年鉴学概论》中。书中指出[①]，我国年鉴一般采用分类法将年鉴内容按不同部类分别依序排列，部类中再分层次，少则两层，多则四至五层，便于了解全情，而且符合国人的习惯。由于内容是分类编排的，所以依序而作的目录就成了天然的簇性检索系统。因此，起初国内年鉴大多以目录作为唯一的检索工具，只有《中国百科年鉴》等少数年鉴编制了索引。但是目录的反映层次最多只能达到条目。在接近事典性工具书功能的年鉴中，深入到文章、条目之中的许多信息就查阅不到，因此将目录和索引两种手段结合起来是比较理想的。王建华在《年鉴检索系统的实现与完善》[②] 中对年鉴的检索系统进行了阐述，指出年鉴的检索系统是指检索年鉴正文（内容）的体系，主要由目录、索引和参见系统组成，还有其他辅助检索手段，主要体现在对年鉴内容的有序、有规律编排上，有以下六种：（1）大事记，读者可以按事件的时间先后查阅；（2）名录（包括机构名录和人物名录），如"逝世人物"，按汉语拼音排序，机构名录按行政区划排序；（3）书目或产品目录，如《中国出版年鉴》的"图书评介"按《中国图书分类法》分类，读者也易于查到所需的内容；（4）国家或地区内容，如《世界知识年鉴》"各国概况"部分，按国际惯例排列；地方综合年鉴"地方县概况"部分，一般按行政区划顺序排列；（5）栏目音序排列，《中国百科年鉴》就采用这种方式；（6）装帧形式，这在国外年鉴中出现较多。王建华对辅助检索手段的阐述，不仅丰富了年鉴检索系统，而且使得编辑在编纂中就考虑到检索性问题，从而在无意识中提高了年鉴的检索功能。邵荣霞在《年鉴检索系统的处理》[③] 中指出，年鉴检索系统不仅要有一定量的索引量支撑，还要形成

[①] 肖东发等：《年鉴学概论》，中国书籍出版社，1991，第367~369页。
[②] 王建华：《年鉴检索系统的实现与完善》，《年鉴工作与研究》1994年第2期。
[③] 邵荣霞：《年鉴检索系统的处理》，《年鉴信息与研究》1999年第1期。

纵横交错的立体网络，即要完善附见和参见系统。许家康在《论年鉴的检索性》① 中较为详细地论述了年鉴检索性的基本内涵和要求，以及增强年鉴检索性的主要方法。他提出年鉴的检索性不但在于它能提供目录、索引等快速查找内容的便捷工具，而且在于它的信息资料通常都按最便于检索的方法编排。因此，年鉴从框架设计、栏目安排，到内容编写都要体现检索性，尽可能为读者检索提供方便。而完善的检索系统则可以通过目录设计、提高索引质量、尝试建立参见系统等方式来完成。

综上所述，虽然学界对年鉴检索系统的研究时间不长，年鉴还存在目录过详、索引过简的现象，但是对目录、索引等的研究还是取得了丰硕的成果。然而，要完善年鉴的检索系统，我们还必须要注意吸收百科类、辞书类书籍检索系统的做法，尤其是建立参见系统，可以有效地减少交叉内容和不必要的重复，提高年鉴的整体质量。

（作者单位：温州市地方志办公室）

---

① 许家康：《论年鉴的检索性》，《广西地方志》2010 年第 1 期。

地方综合年鉴相关链接的撰写

温长松

一 相关概念

年鉴"是工具书的一种,汇集编纂前一年或最近若干年的各方面或某一方面的情况、统计资料等,以供参考,一般逐年出版。"[①] 有的学者认为,年鉴是系统汇辑上一年度的重要文献和其他信息,逐年编纂,连续出版的资料性工具书,而地方综合年鉴则以反映某一地方年度内的经济社会发展情况为基本内容。[②]《地方志工作条例》第三条规定:地方综合年鉴是指系统记述本行政区域自然、政治、经济、文化、社会等方面情况的年度资料性文献。

相关链接本来是网络领域的专业名词,是指将别的站点上的有关内容直接移植到自己的站点上来。近些年来,编辑出版等领域也开始使用相关链接的方法。随着编排规范化工作的日益推进,刊物对参考文献的编排比较重视,但"相关链接"则没有引起人们的重视。[③]

二 研究综述

笔者通过查询《全国期刊目录索引》(哲学社会科学版)2007~2011年

---

① 《辞海》,上海辞书出版社,1999,引自上海市地方志办公室编著《方志编修教程》,方志出版社,2004,第228页。
② 厦门市地方志办公室:《年鉴编纂实务》,海风出版社,2008,第2页。
③ 余素珍:《相关链接:学报编排应重视的内容》,《嘉应学院学报》2007年第4期。

卷和中国学术期刊网，查阅到有关的研究成果主要有：禤胜修的《"相关链接"在期刊编辑中的应用》。该文章认为根据"相关链接"在期刊编辑中的应用情况，论述相关链接在期刊编辑中的作用和内容，总结出相关链接的方式。相关链接作为期刊的一种新的编辑方法，丰富了传播内容，创新了编辑模式，并有助于美化版面。相关链接的内容有补充性信息和扩展性信息两类，其方式有附件式链接、栏目式链接和标题式链接等[1]。年鉴，无论是综合年鉴还是专业年鉴，均应视为期刊的一个种类。地方综合年鉴也应属于期刊的一种，因为年鉴是定期或者按固定时限（一般为一年）而编纂出版的刊物。联合国教科文组织1964年给期刊下的定义是：凡是统一标题连续不断（无限期）定期或不定期出版，每年至少出一期（次）以上，每期均有期次编号或注明日期的称期刊。按此定义，年鉴应属于期刊[2]。少数年鉴编纂记述的内容时限超过一年，不过跨年度年鉴只属于特例或者个别现象。余素珍在《相关链接：学报编排应重视的内容》一文中指出，实际上相关链接是学报编排应重视的内容，它具有增加学报的信息度、为编辑提供鉴别稿件的线索、提供作者的研究背景、为读者提供检索线索的重要作用[3]。但是，上述研究成果中对于相关链接在年鉴编撰中如何使用均没有提及。笔者没有查询到有关地方综合年鉴如何使用相关链接的研究成果。可以说，对于地方综合年鉴相关链接撰写的研究目前国内还处于空白。

三 使用相关链接的抽样分析

笔者对近年来国内编纂出版的地方综合年鉴进行抽样调查分析。抽样采取随机抽样和分层抽样相结合的方式。分别抽取省级地方综合年鉴、地市级地方综合年鉴和县（区）级地方综合年鉴总计二十七部，为保证抽取样本的平均分布，并使样本具有一定的代表性，抽取样本时同一卷的地方综合年鉴分别抽取不同地区的。卷数不同的地方综合年鉴则不受此限制。所抽取的地

---

[1] 禤胜修:《"相关链接"在期刊编辑中的应用》,《编辑学报》2010年第5期。
[2] 王馨:《年鉴与方志异同比较之我见》,《年鉴信息与研究》2007年第1期。
[3] 余素珍:《相关链接：学报编排应重视的内容》,《嘉应学院学报》2007年第4期。

方综合年鉴的时限从1995年到2011年，具体情况详见表1。

表1 地方综合年鉴相关链接使用情况抽样调查统计

序号	年鉴名称	卷号	出版社	是否用相关链接	备注
1	永安年鉴	1993~1994	无	否	
2	宁化年鉴	1997	无	否	
3	泰宁年鉴	1998	无	否	
4	永定年鉴	1998	无	否	
5	建阳年鉴	1998	无	否	
6	南平年鉴	1998	无	否	
7	龙海年鉴	2001~2001	无	否	
8	涵江年鉴	1998~2000	无	否	
9	龙海年鉴	2003~2004	中央文献出版社	否	
10	漳州年鉴	2001	无	否	
11	漳州年鉴	1999	中国社会科学出版社	否	
12	厦门年鉴	2003	中华书局	否	
13	厦门年鉴	2005	中华书局	否	
14	福州年鉴	2001	中国统计出版社	否	
15	福建年鉴	2008	福建人民出版社	否	
16	南安年鉴	2007	海潮艺术出版社	否	
17	东莞年鉴	2008	岭南美术出版社	否	
18	汕头年鉴	2007	无	否	
19	博罗县年鉴	2001~2002	无	否	
20	广西年鉴	2008	无	否	
21	昌吉市年鉴	2005	新疆人民出版社	否	
22	桂林年鉴	2006	云南年鉴	否	
23	攀枝花年鉴	2005	方志出版社	否	
24	汕头年鉴	2011	新华出版社	否	
25	泉州年鉴	2008	福建音像出版社	是	
26	鲤城年鉴	2010	方志出版社	是	案例链接
27	石狮年鉴	2009	方志出版社	否	

通过对统计表的分析不难发现，国内地方综合年鉴使用相关链接的比较少。抽样调查的结果显示，只有 1/13 的地方综合年鉴使用了相关链接。由于受到样本容量数量的限制，抽样的结果只能是作为一个参考系数，在地方综合年鉴实际编纂中，使用相关链接的比例应更低。

四　相关链接的应用

地方综合年鉴编撰使用相关链接的作用主要在于：一是相关链接的使用可使年鉴内容具有可溯性。年鉴文体的规范化要求，年鉴可以追溯背景①。年鉴在原则上要坚持年度性，在条目中一般不收录追溯性资料。但是，不宜绝对化，在某些栏目和特别情况下，可以作适当追溯。跨年度完成的工作可以适当追溯。综合性条目可以适当追溯②。对于跨年度的情况，特别是对该地区有重大影响的跨年度的事件等可以采用相关链接的方法加以追溯，使整个事件的表述在年鉴中较为完整。二是在地方综合年鉴编写中，相关链接可以阐释专业术语和解释该地区使用的专门性的词语。多数地方综合年鉴对地方某一年度内政治、经济、文化、社会等情况进行较为全面和系统的阐述；通常在编纂过程中会使用只限于该地区或该地区某一部门、某一行业专用的词语。而这些专用的词语如果不对其进行解释，大多数年鉴使用者很难理解其所要表达的意思。在地方综合年鉴中，对专业术语的阐释，对专门性词语的解释，一般使用相关链接的方法比较妥当。特别是在地方综合年鉴中，政治部类、经济部类、法治部类、科技部类等经常会涉及法律、法规、科技术语等专有名词，多数情况下可以使用相关链接的方法对其进行解释。专业术语一般比较生僻，有的概念甚至涉及外文翻译等。对专业术语单独列条目解释显然不符合地方综合年鉴编纂的要求。对地方综合年鉴中出现的该地区或该地区某些领域专用的词语必须进行解释。这些专用词有的是简称，有的是缩略语，对于大多数年鉴使用者

---

① 厦门市地方志办公室：《年鉴编纂实务》，海风出版社，2008，第 30 页。
② 参见《赵庚奇志鉴论稿》，北京出版社，2003，第 339~341 页。

来讲，不可能理解其含义。通过相关链接的方法对其进行解释，是一种有效的补充条目内容的手段。三是使用相关链接在一定程度上反映出年鉴与志书的区别，体现年鉴的特色。年鉴和志书，按照学科分类属于不同类别。但是，近年来由于年鉴尤其是地方综合年鉴大多由地方志编纂机构负责编写，使得年鉴自身的特点、特性被地方志所同化。对这个问题，有学者提出了自己的看法："编辑观念要更新……方志意识较浓。主要表现在把年鉴当成书来编，在体例上因袭志书的分类编排法，讲求章节层次、大小从属概念的等级结构森严……而且，年鉴最忌讳孤立的信息，强调信息的方法和背景，注重运用纵横比较手法，以得出事物坐标。某些修志者往往机械地将年度或地区信息、资料斩头去尾，弄得价值大减。"[1] 年鉴的资料性、信息性和时效性等自身较为突出的特点，正可以通过相关链接的方式表现出来。四是使用相关链接，可以增加年鉴的可读性，扩展年鉴的信息量。综合年鉴所涵盖的内容，其信息量应是较为广泛的；但是，近年来国内的地方综合年鉴内容，工作报告式的语言和总结性的词语较多，有的年鉴条目内容空洞，数据不真实，信息量小，可以说既无资料性又无知识性。"在年鉴内容的编纂时，要改变单纯记述事物年度发展的传统做法……不单记述年度发展情况，也要把事物发展中的困难和问题、经验教训、发展前景等一并记述，还应注意增加与市内、省内甚至全国的相同事业发展情况横向比较的内容。"[2]

笔者认为使用相关链接应遵循以下原则：第一，慎用相关链接。严格意义上讲，相关链接所涉及的内容不属于地方综合年鉴当年记述范围，一般是记述跨年度、跨地区的有关资料。因此，相关链接的使用应当谨慎。编写过程中应按照年鉴每一卷记述的范围，尽可能减少涉及的跨年度、跨地区内容。第二，相关链接的使用必须准确，要符合年鉴文风的要求。

---

[1] 《年鉴信息与研究》杂志社编印《年鉴实用资料》，2005；参见肖东发《年鉴的改革创新之路》，第365页。

[2] 刘曙光：《提高年鉴可读性的几点思考》，《年鉴信息与研究》2007年第4~6期。

"准确，是年鉴语言最显著的特点之一。"[①] 相关链接内容的撰写应当依据阐述对象的基本概念或较为权威的解释，全面、完整地编写相关链接。对于阐述对象在理论上、概念上存疑或者分歧较大的，一般不宜记入年鉴当中。地方综合年鉴作为政府主办的资料性文献，它必须具有权威性，它提供的数据和资料应该是准确无误的。第三，地方综合年鉴的相关链接以栏目式链接或者标题式链接为宜，不宜采用附件式链接。因为，目前国内的地方综合性年鉴大多设有附录或者附件。如果在正文内容中出现附件或者附件式链接，这容易造成整个年鉴框架结构、篇章体例上的混乱。并且，附录或者附件，通常在年鉴或者文献的最后出现，如果采用附件式相关链接，查阅年鉴内容特别是专有名词等的解释需查询附录或附件，造成阅读上的困难。

（作者单位：福建省泉州市地方志编纂委员会）

[①] 陈金龙、吴敏：《立足当年 着眼长远 发挥年鉴为区志积累资料的作用》，《年鉴信息与研究》2007年第2期。

谈年鉴"千鉴一面"的现象

唐剑平

众所周知,年鉴是西方文化的产物,是"舶来品",并非"中国造"。"现知中国第一部年鉴是清同治三年(1864年)创办的《海关中外贸易年刊》。自此以后100多年中,中国年鉴断断续续,萧条经营。"[①] 直到20世纪80年代初,《中国百科年鉴》等的创办,点燃了中国年鉴的星星之火。80年代末90年代初,随着全国第一轮修志工作的相继完成,中国年鉴进入了一个爆发期,"1999年中国出版1300多种年鉴,达四位数[②]。"进入21世纪以来,中国年鉴"更是以平均每年新增200个品种的业绩在发展,其发展速度堪称世界之最。据不完全统计,截至2009年底,全国各级各类年鉴有3000余种"[③]。这一盛况"构成中国年鉴发展史上的第一次辉煌",堪称"年鉴奇迹"[④]。由此可见,中国年鉴的大发展得益于全国第一轮修志工作。所以,有人总结说:"中国年鉴的由来,起源于中国新方志的编修。当第一轮修志结束后,全国方志界感觉到有必要每年编辑一本地方资料全书,为今后续修方志打好基础。"[⑤] 但是,在年鉴数量急剧增长的背后,年

---

① 孙关龙:《铸造具有中国特色的年鉴及其年鉴学》,《年鉴信息与研究》2009年第5~6期。
② 孙关龙:《铸造具有中国特色的年鉴及其年鉴学》,《年鉴信息与研究》2009年第5~6期。
③ 卢万发主编《中国年鉴学研究》,巴蜀书社,2010,"前言"。
④ 孙关龙:《铸造具有中国特色的年鉴及其年鉴学》,《年鉴信息与研究》2009年第5~6期。
⑤ 段雅晟:《论年鉴的标准化》,载《年鉴论坛(第一辑)》,中国林业出版社,第75页;许家康:《年鉴编纂入门与创新》,线装书局,2006,第172页。

鉴的整体质量却没有获得同步提高,尤其是"千鉴一面"(或称"千人一面"、"千册一面")现象较为普遍,严重影响并制约了年鉴事业的进一步发展,出现了令人担忧的局面。

一 什么是"千鉴一面"

从横向看,"千鉴一面"是指各地年鉴的框架结构和栏目、分目、条目名称基本相同,编纂思路和语言基本类似;从纵向看,"千鉴一面"是指单种年鉴的框架结构和栏目、分目、条目名称基本相同,编纂思路和语言基本类似,就是"年年岁岁花相似,岁岁年年人相同",这个"花"就是"年鉴框架结构",这个"人"就是"栏目、分目、条目"。这类年鉴的共同之处是缺乏个性和特色,缺乏时代特色,缺乏新鲜的信息和资料,语言平淡、繁琐、冗长、套话、大话、空话、废话很多,存在大量的无效信息,编撰上简单化、机械化操作,全书一副熟面孔,老气横秋,死气沉沉,形式、内容和语言索然无味,毫无可读性可言。这种现象在专业年鉴和行业年鉴中有大量存在,在地方综合性年鉴中表现尤为突出。"地方年鉴的框架设计和栏目设置'千人一面',大同小异,地方特色不鲜明,时代气息不浓。"[①] "千鉴一面"像一颗"毒瘤",在年鉴界不断蔓延,这类年鉴的大量存在,严重影响中国年鉴事业的生存和发展。因此,年鉴学术界对"千鉴一面"的现象深恶痛疾,呼吁:"当务之急是要大胆打破年鉴'千人一面'的格局,勇于走自己的路,办出自家年鉴的特色。"[②]

二 "千鉴一面"的成因

"千鉴一面"是中国年鉴整体质量不高的主要表现。那么,出现"千鉴一面"现象的原因,笔者认为,关键问题是年鉴工作者不懂年鉴条目体

[①] 许家康:《年鉴编纂入门与创新》,线装书局,2006,第172页。
[②] 阳晓儒:《规范与创新:年鉴事业发展的永恒主题》,《年鉴论坛》(第一辑),第123页。

的特点，不了解年鉴的编纂规范。具体情况如下。

1. 把年鉴与志书等同起来，深受志书编纂模式的影响

中国年鉴迅速膨胀期是全国第一轮修志之末，许多地方在新编志书结束后，开始着手编纂地方年鉴，其出发点是：一方面为延续新修志书的内容，创刊号有两年一鉴、三年一鉴、四年一鉴、五年一鉴的，也有一年一鉴的；另一方面，明确为下届修志积累资料。因此，编鉴人员基本上是新修志书的原班人马，至少核心人员是参与过修志的。他们不懂年鉴编纂的特点，不知道年鉴与志书编纂的区别，多数人采用修志的模式来编纂出版年鉴。框架设计套用志书模式，条目编纂套用志书模式，组织落实工作也套用志书模式。因此，拿到的稿件全是志书稿件，都是宏观、中观信息资料，很少有具体的微观信息。条目编纂采用简单的"切块法"，把一块工作切成一个条目，若干块工作就切成若干个条目。这些条目标题多数是词组，比如："植保工作"、"林业科技"、"森林防火"、"档案编研"、"档案征集"、"队伍建设"、"宣传服务"、"扶贫工作"、"文教事业"，等等，这类条目充斥整本年鉴，有许多条目标题在不同的分目中重复出现，而且，这样的条目标题年年如此，自然就成了"千鉴一面"的年鉴，这类年鉴是没有索引的，也做不成索引。笔者所在的《临安年鉴》，最初几年的编纂思路也是这样的；现在，用这种模式编纂的地方性综合年鉴还很普遍。最近，笔者收到一本浙江某县的年鉴，还是这种思路；许多行业年鉴、专业年鉴都是采用这种思路编纂的。

2. 把年鉴与新闻报道、工作总结、工作报告混为一谈，有什么材料就按什么材料编

不少年鉴条目标题采用新闻报道、工作总结、工作报告的语言，比如："加强学习，提高素质"、"加强风险控制，健全内部管理"、"创新机制，提升服务"、"发展和谐劳动关系，做好职工维稳工作"、"坚持为民司法，维护群众权益"、"坚持公正司法，发挥审判职能"、"扎实筑牢'环沪护城河'防线，圆满完成世博安保工作"、"紧抓硬件改造，推进执法工作全面提升"、"推进市场扩面，抓好目标冲刺，竞争能力显著增强"、"紧抓党建方案，健全风控体系，内部管理有效加强"、"积极服务地方经济发展"、"大力推进卫生服务能力建设",等等,不但如此,条目正文也大量存在新闻报道、工作总结、工作报告的语言,根本不是年鉴条目体的语言,而且,各类公文语言交织,全书语言杂乱无章,毫无章法可言。此外,年鉴规范性问题层出不穷。笔者曾到杭州某年鉴单位讲课,要求提供年鉴初稿,谁知,该单位的年鉴初稿全是工作总结,竟然没有一个合格的年鉴材料。该年鉴的编辑一直以来都是按工作总结来编的,这样的年鉴肯定是"千鉴一面"的。

3. 把年鉴与资料汇编混为一谈,年鉴成为一个"大杂烩"

有一些年鉴单位编辑力量很弱,年鉴编纂工作落实到一个人身上,他还有其他很多杂务要做,不能专心做年鉴工作。因此,他把收集到的各类资料,稍加处理,按一定的分类,汇编成为一册所谓的"年鉴"。一些开发区、企业、高校等,多采用这种方法编纂年鉴。其实,这类"年鉴"不是真正意义上的年鉴,只是打了"年鉴"的擦边球。如今,打年鉴擦边球的所谓"年鉴",在网上搜索一下还真不少。

以上这三个方面是导致年鉴"千鉴一面"现象产生的主要原因。这些情况在中国年鉴发展初期大量存在,在中国年鉴数量的爆发期大量存在,在一些新办年鉴中大量存在。总而言之,"千鉴一面"现象在全国各级各类年鉴中普遍存在。出现这些情况的原因固然是多方面的,除了不懂年鉴条目体的特点和不了解年鉴编纂规范以外,主要有以下几个方面的原因。

一是年鉴编纂没有统一的管理指导机构,存在多头管理,年鉴编纂缺乏有效的管理和指导。"由于没有专门的指导机构,在繁荣兴旺的背后,也有许多潜在的危机。"[①] "中国年鉴现状存在多头管理,中国地方志管各地方志部门编撰的年鉴,中国版协年鉴工作委员会可涉及国内所有年鉴,两头存在交叉管理,不仅年鉴理论上需要统一,而且在管理上更需要统一。"[②]

二是年鉴编纂主体不一,导致年鉴编纂市场混乱。全国地方志系统的

---

① 卢万发:《中国年鉴学研究》,巴蜀书社,2010,"前言"第2页。
② 唐剑平:《略谈科学发展观与地方年鉴创新发展》,《中国地方志协会年鉴工作专业委员会首届学术年会论文集》,方志出版社,2007。

年鉴亦然。"各地县市级年鉴承编单位存在明显的不一致性,有方志办编、党史办编、档案局编、市委办编、市府办编、组织部编、统计局编等,承编单位的不同,各年鉴的生存环境各异。"① 此外,全国地方志机构设置也很不统一,有方志办单列的,有方志办与党史办两家合并的,有方志办、党史办、档案局三家合并的,等等,全国编纂年鉴的机构乱象丛生,上下不一。不少年鉴单位"摸石子过河",随意而为,想怎么编就怎么编。

三是不少年鉴单位的领导不重视年鉴编纂业务工作。看重利益,任务观点,编好编差一个样,这涉及工作机制问题,这个问题普遍存在,而且难以从根本上解决。

四是缺乏相应的年鉴编辑人才。有的年鉴编辑人员能力欠缺,工作得过且过,不求学习,不思进步;有的地方年鉴编辑人员过少,难以承担年鉴编纂的年度工作量,只能勉强为之。

五是年鉴业务人才流动性较大。多年来,全国各行各业都实行"轮岗制","轮岗制"频繁流出年鉴人才。一些人已成为全国年鉴编纂理论研究的中坚力量,对年鉴工作产生了浓厚的兴趣,作出了不少的业务成绩,但是,"轮岗制度"却把这批人"轮岗"了,换了工作岗位,有的提拔到别的领导岗位。

六是年鉴撰稿队伍建设基本处于空白状态。很少组织年鉴编纂业务培训和指导工作,不少编辑自己也讲不出所以然,以己昏昏,使人昏昏,导致年鉴稿件年年质量很差,形成恶性循环。

以上这些情况,在全国年鉴界较为普遍,因此中国年鉴界长期出现"千鉴一面"的现象就不足为奇了。

三 克服"千鉴一面"的有效途径

中国年鉴"千鉴一面"现象是个通病,是全面提升中国年鉴整体质量

---

① 唐剑平:《关于县市级年鉴生存和发展环境的分析与思考》,《年鉴信息与研究》2009年第1期。

的一个瓶颈和一大障碍。在目前中国的国情和体制之下，要打破年鉴"千鉴一面"的格局真不是件容易的事。笔者对此进行了一些深入的思考，着重提出以下两条化解思路，与年鉴界专家、学者和同人探讨。

1. 重视年鉴体制改革，着力解决年鉴界"群龙无首"的问题

全国各级政府部门、企事业单位高度重视编纂出版年鉴，使年鉴在中国获得"爆发式"的发展，这应该是中国年鉴事业发展大好形势，世界上任何别的国家都不能与之相比。但是，庞大的年鉴编纂出版群体缺乏一个有效的行业行政主管部门或一个有效的行业组织，是很难自成体统的，是很难解决"千鉴一面"问题的。所以不少年鉴界有识之士都看到了这个问题，四川卢万发提出建议："推动年鉴事业全面发展、协调发展和可持续发展的关键在于自上而下建立健全专门的年鉴工作机构。首先，应该建立中央年鉴社，用于指导和管理全国年鉴工作"，中央年鉴社应是一个"具有行政职能的副部级事业单位"①。笔者赞成这一思路，但"中央年鉴社"难担其责，应该换一个恰当的名称，受国务院直接管理，能够做到政令畅通，号令四方。但是，即使有了这样一个管理年鉴机构，也不见得能够把"千鉴一面"的问题解决好。如果管理不到位，甚至不怎么作为的话，也会出现新的弊端，年鉴"千鉴一面"的问题会依然存在。

2. 重视年鉴规范化建设，加快构建年鉴质量标准体系

全国许多行业都进行了质量标准化体系建设，颇具成效。年鉴作为一项特殊的文化事业，有其独特的编纂理论、方法和技巧，完全有必要进行质量标准体系建设。"作为新闻出版系统的年鉴，没有理由徘徊在标准化之外。"②"长期以来，年鉴质量标准体系建设工作仍没有引起业内人士的足够重视，影响并制约年鉴整体质量的提高，导致年鉴数量和年鉴质量发展的不同步。现在，中国年鉴界如果再不重视年鉴质量标准体系建设，一味空谈所谓的'创新'，年鉴学学科体系建设将会'路遥遥其修远兮'。"③年鉴质量标准体系就是通常所讲的"年鉴编纂规范化"。有人认为，提倡

---

① 卢万发：《中国年鉴学研究》，巴蜀书社，2010，"前言"第2页。
② 段雅晟：《论年鉴的标准化》，载《年鉴论坛（第一辑）》，中国林业出版社，2010，第68页。
③ 唐剑平：《加快构建年鉴质量标准体系的建设》，《年鉴信息与研究》2009年第3~4期。

年鉴规范，就是搞"千鉴一面"，笔者认为这种说法是十分错误的。中国年鉴理论研究出现一个忽左忽右的奇怪现象，就是前十年强调规范（20世纪90年代），后十年片面强调创新（21世纪之初），提倡"创新"时，把创新与规范对立起来。有人把年鉴"创新"当成了时髦的标签，也有人曲解"创新"的含义，认为"创新"就是独树一帜，标新立异，把年鉴编得花里胡哨、不伦不类。有人说，年鉴可以编成"时尚杂志型"、"画册型"、"手册指南型"，等等。这样显然是不可行的。那么年鉴学学科体系何以能建成？"目前，反映在年鉴编纂中的主要问题，不仅是'千鉴一面'的问题，更是'五花八门'的问题，有不少年鉴无章可循，体例不统一，语言不规范，是资料的大杂烩；有的编纂极其简单，内容单薄，索然无味；有的编纂非常繁琐，内容庞杂，味同嚼蜡；有的不伦不类，名是实非，根本不像年鉴，等等。究其原因，笔者认为主要原因是忽视年鉴编纂规范的结果。"①

以上是打破年鉴"千鉴一面"格局的两条重要思路和途径，如果中国年鉴界不能有效解决这两个关键性的问题，那么"千鉴一面"的现象必将长期存在。至于前文分析造成"千鉴一面"的其他众多原因，是各家年鉴单位内部存在的问题，多数属于体制和工作机制问题，如何克服这些问题，主要是其内部的事，各家都有一本难念的经，在此不再赘述。

（作者单位：浙江省临安市地方志办公室）

---

① 唐剑平：《关于年鉴规范与创新的思考》，《湖南年鉴》2011年增刊（《城市年鉴研讨文集》）。

中国长城年鉴编纂研究

董耀会

长城是中国也是世界上修建时间最长、工程量最大的一项古代防御工程。自公元前七八世纪开始，延续不断修筑已有两千多年的历史。自秦王朝建成长城以来，凡是统治着中原地区的朝代，几乎都要修筑长城。明朝迁都北京后，为了保卫京城安全，在二百多年间又大规模地修筑了十八次之多。据国家文物局正式公布，我国历代长城总长度为21196.18千米，现有长城遗产共43721处，分布于中国北部和中部的15个省、自治区和直辖市的广大土地上。虽然在文献中对修筑长城及在长城区域内发生的重大事件都有记载，但并没有产生过一本长城年鉴。因此，更不知在长达两千多年的历史长河中，长城及长城区域是如何演变成现在这个样子的。

长城年鉴的编纂是一项比较大的系统工程，也是一个不断完善创新和发展的过程。改革开放初期，邓小平同志提出："编辑出版年鉴，很有必要，这是国家的需要，四化建设的需要。"此后各种年鉴应运而生，并且形成规模，成为我国文献的重要组成部分。当前，我国的年鉴事业发展很快，许多年鉴已纳入正常的管理轨道，出版质量也得到较大的提高，但长城年鉴至今没有列入专业年鉴编纂的日程。使长城年鉴这个新文献资料在年鉴系列中能有一席之地，并不断得到发展，是热爱和关心长城事业的工作者义不容辞的责任。

一　编纂长城年鉴的意义

年鉴大体分为综合性年鉴和专业性年鉴两大类,长城年鉴应是属于专业性年鉴,但它又较其他专业性年鉴有其特殊性。它所记述的是我国最大地表文物长城及长城区域。记述对象历史跨度长,地表文物多,涉及的学科范围广。它应是汇集一年内长城及长城区域内所发生的有重大影响的事件、重大活动、研究成果和其他统计数字资料的百科全书。截至目前,尚没有一本属于长城及长城区域的长城年鉴,因此编纂长城年鉴不但可填补年鉴的空白,也将成为我国文献资料的重要组成部分。

长城年鉴应该是对长城及长城区域最鲜活的历史记录,是传承长城及长城区域知识的载体,具有"记载过去,借鉴现在,启迪未来"的镜鉴作用。通过编纂长城年鉴,读鉴用鉴,可以承上启下、继往开来,服务当代、功在千秋。长城年鉴具有"百科全书"的功能,而且借助长城年鉴,充分分析研究长城发展的历史脉络,对于提升长城文化内涵具有重要作用。

年鉴编纂是一项有益后世的文化基础事业。它所具有的综合性、连续性、权威性和功能性是其他资料无法比拟的。长城年鉴是专业性年鉴,是按年度连续出版的资料性工具书,是系统记述长城及长城区域的自然、政治、经济、文化、社会、旅游等方面情况的年度资料性文献。不仅能及时地把历史留给我们的宝贵财富记载下来,也把珍贵的长城资料留给了后人。许嘉璐会长曾指出:"让雄伟的长城走向世界,把古老的长城留给子孙。"这不但是我们这一代的历史责任,也是我们子子孙孙长期的任务,而长城年鉴就是完成这项任务的载体。

长城年鉴编纂是弘扬社会主义先进文化的需要,也是向国内外宣扬中华古老文明文化的一个窗口。可以说,长城年鉴是用源远流长的文字、图表信息垒砌起来的"文化万里长城",是对长城的再认识和提升,具有独特的史料价值,是社会主义先进文化的重要组成部分,在弘扬社会主义先进文化、推进社会主义精神文明建设中发挥着重要作用。

二　长城年鉴编纂的宗旨

长城年鉴是专业性现代化资料工具书。以年为期，逐年更新内容，传递新的信息，为各级领导机关、长城的爱好者、社会各界提供有关长城及长城区域的资料，为编写中国长城志积累资料，这是长城年鉴的基本宗旨。

一是为业务主管部门提供一个权威的资料工具书。长城年鉴是高信息库、知识库和资料库，对于业务主管部门了解长城和长城区域的基本情况，指导工作都有重要作用。编纂长城年鉴，就是为各级领导和机关了解长城情况，提供决策依据，同时也是总结过去，分析现状，为更好地研究、保护、开发利用长城提供现实资料。

二是为长城及长城区域的发展提供全面、系统、权威的信息资料。长期以来由于没有一本集中反映长城及长城区域的资料，对于长城的现状以及发展就没有一个全面的了解和比较，也很难作出正确的判断和决策。长城年鉴所具有的特性给各级政府的决策及对长城和长城区域的保护、宣传和利用可提供翔实的资料；为长城研究、保护和利用提供全方位的服务。对长城事业的发展具有独特的作用。

三是长城年鉴为研究现实长城和历史的长城提供借鉴，也是编史和修志的基础材料。长城年鉴所具有的连续性、系统性、互补性、科学性，使史、志、鉴工作做到"长短结合"，资料互补，对编写长城史和长城志有极大的推动作用。

四是长城不但是中国的，也是世界的。因此，长城年鉴是对外开放、文化交流、提供信息的一个窗口，也为长城爱好者了解长城和研究长城提供资料。长城是中华民族精神的体现，也为进行社会主义、爱国主义和革命传统教育，提供生动丰富的教材。

可以说编纂中国长城年鉴，就是为编纂长城史和志书服务，为长城事业的发展服务，为社会服务。

三 长城年鉴的基本特性

长城年鉴是以全面、系统、准确地记述上年度长城及长城区域为主要内容的资料性工具书，汇辑一年内的重要时事、文献和统计资料，它属于信息密集型有关长城及长城区域的工具书。

一是权威性。长城年鉴作为一种资料性工具书，收录的年度信息和资料都属于权威发布，主要是当年政府公报、国家文物主管部门和国家主流媒体报刊的报道，以及有关业务部门提供的可靠数据，其准确度、可信度都是不容置疑的。

二是客观性。长城年鉴收录的信息和资料必须准确、规范、简练，客观反映长城及长城区域在年内所发生的情况。

三是年史性。长城年鉴以年为期，编入重大事件和重要文献资料，具有编年史的性质，具有积累、研究、参考借鉴的价值。因为长城是一个大地文物，保护起来非常困难，除了人为破坏和大自然灾害外，其每年变化是很小的，这种变化只有日积月累，才能看到，也只有从一年一年的年鉴中才能反映出来。长城年鉴反映的内容要有深度，专业性要强。

四是资料性。长城年鉴是百科全书式的资料工具书，它的信息量大，包罗万象，确有存史功能和作用，可进行资料和数据的检索，具有实用性及指南的作用。

中国长城年鉴应是公开发行出版的。它不但要满足于长城研究、保护、开发、利用的需要，也要满足长城建筑、长城艺术的需要，同时要满足长城爱好者的需要，还要满足基层普通民众的需要。既要反映长城本体建筑的情况以及在长城及长城区域内所发生的政治、经济、军事及文体活动等方方面面的问题，也要记述旅游、开发等情况，因此长城年鉴的基本特性应是专业性和普及性相结合。

四　长城年鉴的框架结构

中国长城年鉴的框架是全书内容和结构的总体规划，是长城年鉴的基本结构，是全书的灵魂，是年鉴质量要素之一，是年鉴编纂的技术关键。长城年鉴还不同于其他专业年鉴，它的框架结构必须具有较强的科学性、技术性和灵活性，做到结构合理、范围明确、层次分明。

长城年鉴的框架，其任务有三：（1）框定全书内容范围和选材方向，不能面面俱到，要突出重点；（2）确定长城年鉴所需要资料的分类和层次；（3）确定各类资料的数量多少和比例，做到横不缺项，纵不断线。

创新长城年鉴框架，要做到两个突出。一是突出长城及长城区域特色。要反映长城所独有的事物，首先要记述长城本体的修缮、损坏、开发等有关问题，同时对于附属建筑也要进行详细的记述。长城有着悠久的历史，长城年鉴所反映的内容，就应具有这一鲜明的长城特色。二是突出本年度特色。所记载的内容要新，着力反映年度内在长城和长城区域内发生的新事物、新问题，修建长城的新举措、新发展、新成果、新经验，充分体现时代的特点。对一些重要事件、重点修缮工程、重要研究成果，都要重点记载，给人以浓郁的时代气息。

五　建立顺畅的组稿网络

长城及长城区域既是一条线，又是一个有一定范围的区域，但它并没有一个统一的管理机构。长城是属地管理，长城由其所在的省、自治区、直辖市所管辖的县、市统一管理。在每个县、市由哪个部门管理是不统一的，由于没有一个统一的管理机构，管理的方式、方法也不同，而且有的部门只重视它的经济效益，能产生经济效益的长城区段和点，各个部门是齐"抓"，但对长城的管理和修缮则不共"管"。对长城资料的整理、保存也是多头。为此，要想编写出一个观点正确、资料翔实、记述准确、体例严谨、时代感强，具有长城及长城区域全面资料特色的长城年鉴，必须建立一个统一的畅通的长城年鉴组稿网络。

一是要由国家文物主管部门或指定的机构具体负责此项工作,国家文物主管部门要以行政手段下发文件,对有长城和长城区域的地方政府提出具体要求。

二是有长城的地方政府要指定专门的机构和人员负责收集、整理、归纳本地区年内在长城和区域内所发生的宣传、保护、维修、开发利用长城的重大事件、重大活动等。

三是要组织有专业知识,熟悉和热爱长城的人员组成编写班子,提出编写框架和编纂要求及指导性意见,汇总各地资料,编纂出高质量的长城年鉴。

(作者单位:中国长城学会)

与时俱进，传承创新

——《中国煤炭工业年鉴》三十年回顾与思考

廖永平

《中国煤炭工业年鉴》（以下简称《年鉴》）创刊于 1982 年。30 年来，随着我国改革开放的不断深入发展，《年鉴》的栏目及内容、管理体制和经营方式都发生了很大的变化。回顾《年鉴》30 年的发展历程，有很多方面值得我们总结、分析和思考，以深化年鉴的研究，促进传承创新，适应时代发展需要。

一 《年鉴》30 年发展变化

煤炭是我国的主体能源，多年来在一次能源生产量和消费量中一直占 70% 左右①，在国民经济中具有十分重要的地位和作用，为中国经济持续、快速发展提供了重要支撑。为了全面记载我国煤炭工业的发展历史、现状、动态，1982 年煤炭工业部决定编撰出版一本全面反映行业发展的资料性工具书，这就是《中国煤炭工业年鉴》。时任煤炭工业部部长高扬文同志在发刊词中写道："这是一部历史文献性的工具书。它系统、全面地记载着中华人民共和国成立以来煤炭工业发展的历史，反映出生产建设所取得的成就和积累的经验教训。出版这样一部书，对于我们汲取历史经验，

---

① 张德江：《大力推进煤矿瓦斯抽采利用》，《求是》2009 年第 24 期。

继往开来,走出一条发展煤炭工业的新路子,显然是有益处的。"①

30 年来,《年鉴》已连续出版了 31 卷(含一卷增刊),连续、准确、系统、全面记载我国煤炭工业的发展历程,是煤炭工业 30 年改革发展的历史见证。30 年来,《年鉴》与时俱进,作出了相应的调整和改变。

1.《年鉴》的栏目设置及主要内容

1982 年创刊卷《年鉴》共包括 23 个部分,主要内容包括:煤炭工业统计资料,新探明的煤田介绍,煤炭工业部领导重要讲话,煤炭工业方针、政策性文件,专文和专论,全国煤炭科学技术大会专栏,重要国际交往和对外经济贸易,煤炭工业设计、科研、情报和医疗卫生简介,重点矿务局简介,煤炭工业主要产品,煤炭科技著作和论文简目②。

从读者的角度出发,努力增强年鉴的可读性,使之更加贴近读者的需要,为此,我们不断充实和调整编撰内容,目的是强化年鉴的信息功能和服务功能,努力做到以读者为本。对内容及栏目进行了调整,实现了以下几个转变:由过去注重生产,向注重市场转变;由过去关注政府部门多,向关注企业转变;由过去只注重国内,向关注国外转变;由过去回避事故到现在事故分析转变。

1995 年卷,增设"煤矿安全"栏目。2000 年卷,针对当时中国煤炭工业出现的上市公司增多、洁净煤技术受到广泛关注等新情况,增设了"上市公司"等栏目,着重介绍主要上市公司的财务报表和年度报告,邀请专家撰写中国洁净煤技术的现状和发展趋势。2001 年卷,增设"中国煤炭工业发展战略"栏目。从 2008 年卷起,陆续增设"中国煤炭工业 100 强"、"全国煤炭企业产量 50 强"、"行业标准目录"等栏目。

为了庆祝中华人民共和国成立 60 周年和改革开放 30 周年,宣传展现中国煤炭工业 60 年的发展历程和辉煌成就,2009 年增加出版一期增刊,内容包括统计资料,中国煤炭工业 100 强,政策与法规,各省(市、区)煤炭工业发展概况,人事机构体制,科研成果,先进单位和个人,企事业

---

① 煤炭工业部《中国煤炭工业年鉴》编审委员会:《中国煤炭工业年鉴(1982)》。
② 煤炭工业部《中国煤炭工业年鉴》编审委员会:《中国煤炭工业年鉴(1982)》。

单位重点介绍等栏目，力争全面、客观地展现新中国成立60年以及改革开放30年来中国煤炭工业的发展概况①。

《年鉴（2010）》栏目包括：开篇词，大事纪要，统计资料，领导讲话，政策法规及重要文件，煤矿安全，省（市、区）煤炭工业概况，人事、机构、体制，科研成果，先进单位和个人，典型示范，煤矿事故案例分析，中国煤炭市场分析，中国煤炭工业发展战略，世界煤炭工业瞭望②。

2. 煤炭工业管理体制及《年鉴》主管部门

30年来，煤炭工业经历了五次大的管理体制改革，《年鉴》的主要单位也进行了相应的调整。1982~1988年，主管单位为煤炭工业部；1988~1993年，主管单位为中国统配煤矿总公司；1993~1998年，主管单位为煤炭工业部；1998~2000年，主管单位为国家煤炭工业局；2000年，国家煤矿安全监察局组建，与国家煤炭工业局"一个机构两块牌子"③；2001年，撤销国家煤炭工业局，组建国家安全生产监督管理局，与国家煤矿安全监察局"一个机构两块牌子"；2005年，国务院决定成立国家安全生产监督管理总局，国家煤矿安全监察局隶属国家安全生产监督管理总局管理④。不管机构如何变化，每一卷《年鉴》都是由主管部门主要领导致开篇辞，对《年鉴》的编撰和出版十分重视。

3.《年鉴》经营方式

《年鉴》由过去的全额拨款，到逐步减少，再到完全依靠市场，自主经营、自负盈亏。年鉴工作由主要服务政府到面向市场、服务社会。1982~1993年，编撰出版年鉴的所有费用由主管部门拨给，编辑部任务是做好稿件组织、资料收集、编辑出版工作，发行采取免费赠送的方式。1993~2001年，主管部门只拨给部分费用，编辑部既要完成年鉴的组织编撰、出版工作，还要筹集部分费用，发行方式以赠送为主、销售为辅。

---

① 国家煤矿安全监察局：《中国煤炭工业年鉴（2008）》（增刊）。
② 国家煤矿安全监察局：《中国煤炭工业年鉴（2010）》。
③ 中国煤炭工业协会：《2009中国煤炭工业发展研究报告》，中国矿业大学出版社，2010，第31~32页。
④ 国家煤矿安全监察局：《中国煤炭工业年鉴（2008）》（增刊）。

2001年以后,主管部门取消拨款,《年鉴》推向市场,收入主要靠广告,发行方式以赠送为辅、销售为主。

二 《中国煤炭工业年鉴》的特色

中国是世界上发现、利用、开采煤炭最早的国家。先秦时期的著作《山海经》对煤炭就有记载。元代来华的意大利著名旅行家马可·波罗的《马可·波罗游记》,专章介绍了中国到处都用黑色石块作为燃料的情况,引起了西欧各国的注意①。

煤炭是一个苦、脏、累、险的行业,职工的劳动强度大,工作环境艰苦,作业时间长,煤矿职工为国家建设、人民生活无私奉献,《年鉴》充分展现行业特点,注意突出了以下主要特色。

1. 传承文化

《年鉴》较全面、系统、真实地记录了煤炭行业在不同时期走过的光辉历程,以及取得的巨大成就。《年鉴》不仅起着汇集信息、记载数据、反映概况、揭示发展趋势的作用;还肩负着记录历史、传承文化的重任。这30卷年鉴衔接起来,展开了中国煤炭工业发展的长篇历史画卷,成为研究煤炭工业发展的珍贵资料。

2. 宣传先进

煤炭被人们喻为黑色的金子,工业的食粮,它是18世纪以来人类世界使用的主要能源之一。中国是世界第一产煤大国,也是煤炭消费的大国。煤炭行业已经成为国民经济高速发展的重要基础,为国家富强、经济快速发展、民族振兴作出了重要贡献。《年鉴》宣传不同时期先进单位和先进个人,弘扬煤炭行业"特别能战斗"精神,燃烧自己、照亮别人,无私奉献的光荣传统。

3. 记录发展

新中国煤炭工业的发展跨越了两个世纪,受到了党中央、国务院的高

---

① 杨江有:《煤炭工业改革与安全生产发展》,中国环境科学出版社,2010,第3页。

度重视，无论在计划经济时期，还是在市场经济的今天①，《年鉴》记载了煤炭在不同历史时期发展的轨迹。1949 年，全国煤炭产量仅有 3243 万吨，到 1996 年产量达到 13.74 亿吨，跃居世界第一②；进入 21 世纪以后，我国煤炭产量又有了大幅度增长，2010 年达到 34.62 亿吨③。与此同时，我国煤矿生产技术水平逐步提高，安全生产条件不断改善，煤炭百万吨死亡率保持平稳下降，全国煤炭百万吨死亡率由 1949 年的 22.54%，逐步下降到 2008 年 1.182%④，2009 年首次降到 1% 以下，2010 年为 0.749%⑤。另外，《中国煤炭工业年鉴》还以大事纪要的形式记述中华人民共和国成立以来中国煤炭工业发展历程。

三　感受与思考

笔者作为长期从事煤炭图书和年鉴编辑工作的编辑，梳理《中国煤炭工业年鉴》30 年的发展历程，感受与思考如下。

1. 适应管理体制的变化，保持年鉴基本内容（数据）的连续性、准确性

《中国煤炭工业年鉴》经历了煤炭工业五次大的管理体制和主要单位的变化，每一次变化都给编辑及基本数据工作带来很大困难和很多问题，我们依靠各方面的支持和编辑部成员锲而不舍的努力，才使《中国煤炭工业年鉴》按期出版，没有中断，使基本内容保持了连续性，得到了国内外和有关方面的好评。

2. 栏目的设置注重创新，与时俱进

年鉴内容要反映时代变化，及时准确。《中国煤炭工业年鉴》创办 30 年，伴随着我国改革开放的不断深入，煤炭工业管理体制、运行机制等都发生了变化。所以，栏目的设置也相应调整。如，2000 年卷增设"上市煤

---

① 杨江有：《煤炭工业改革与安全生产发展》，中国环境科学出版社，2010。
② 国家煤矿安全监察局：《中国煤炭工业年鉴（2008）》（增刊）。
③ 国家煤矿安全监察局：《中国煤炭工业年鉴（2010）》。
④ 国家煤矿安全监察局：《中国煤炭工业年鉴（2008）》（增刊）。
⑤ 国家煤矿安全监察局：《中国煤炭工业年鉴（2010）》。

炭公司主要财务指标"。2007年卷增设"中国煤炭市场分析"等。

3. 充分发挥社会资源,建立、凝聚强大的编撰队伍

《中国煤炭工业年鉴》每年召开一次编写工作及表彰会议,邀请有关专家和全国各省(市、区)特约撰稿人,交流、沟通编写经验及办刊意见,集思广益,对优秀特约撰稿人进行表彰,对栏目的设置进行讨论。年鉴凝结大家的智慧,使每年年鉴在保持原来内容的基础上,不断提高质量。

4. 眼睛向内,不断提高编辑人员素质

保持年鉴编辑部以老带新的好传统,编辑人员认真负责、谨慎细致,热爱年鉴工作。深入有关管理部门、煤炭生产企业调研,参加有关国际国内会议,准确了解和把握煤炭工业的发展和变化。

5. 狠抓质量,打造精品

全面贯彻"二为"方向和"双百"方针,为人民提供更好更多的精神食粮[①]。质量是年鉴的生命,是其生存和发展的基石,年鉴质量贯穿于年鉴编撰各个环节。我们在年鉴编撰、出版工作的各个环节都重视把好质量关,做到收稿有要求,编辑有规定,出版有标准。严格执行稿件审核工作程序,步步有记录,责任到人。为了使年鉴尽早出版,编辑加快工作进度,提高速度,保质保量按时完成年鉴出版工作。

6. 加强与年鉴同行的交流

年鉴编辑部加强与同行的交流力度,深入研究和探讨年鉴编写理论、发展规律,发挥年鉴对经济建设、政治建设、社会建设和文化建设的重要作用。按照党的十七届六中全会的要求,抓住机遇,加快发展,为社会主义文化大繁荣大发展作出应有的贡献。

(作者单位:《中国煤炭工业年鉴》编辑部)

[①] 《中共中央关于深化文化体制改革推动社会主义文化大发展大繁荣若干重大问题的决定》,人民出版社,2011,第17页。

年鉴资料搜集的缺陷和应对之策

丁惠义

在第二轮修志工作中,年鉴应该是入志资料的重要来源,但遗憾的是年鉴资料的缺失较多,年与年之间的资料缺乏连续性,部门与部门之间的资料有重复性,所以有修志人员叹苦说:二轮修志好在年鉴(许多资料可用),坏在年鉴(该有的资料没有)。这件事告诉我们年鉴要正确定位,年鉴不同于当地的媒体,是宣传政府政策的喉舌,它的第一作用是存史,是资料的逐年积累,第二作用才是资政和育人。资料是志书的生命,也是年鉴事业生存和发展的前提,年鉴编辑要把好资料入鉴关。上级主管部门和出版管理部门的质量评比活动,要把入鉴资料的丰富与否在考评的分值上加大力度,引导各地年鉴编辑部门重视资料的搜集。

一 资料缺失缺位的产生原因

资料搜集是年鉴部门的常规工作,许多编辑已经驾轻就熟,但是按照志书的要求,按照年鉴为今后续志积累资料的要求,现在年鉴中还有资料缺失。如果现在不引起重视,若干年后修志就麻烦了。年鉴编辑与修志工作的衔接,应该从现在抓起,为后人修志创造条件。

1. 重要资料缺失

志书对入志内容有一条严格要求,就是横不缺项。凡是在本行政区域内的自然、政治、经济、文化等,都是被记述的对象,不能有缺项,否则就是不合格。即使有人认为要完全做到行不通,改为横不缺要项,但是要项缺失得还是较多。现在年鉴中容易缺失的资料有：党委中的干部任免、政府中的实事项目、建设中的重大工程、商业中的现代服务、规划中的地名管理、民政中的社区管理、社会生活中居民生活方式和质量、附录中的二次文献、人物中区域外的优秀人士等。造成年鉴资料缺失的原因：一是撰稿人员新，不熟悉路径。年鉴的撰稿员队伍变化大，每年有新人加入，这些同志刚接触年鉴，对年鉴的基本知识还不懂，对年鉴编辑的感情还没有建立起来。因为这种原因造成资料缺失的较多，主要靠编辑的辅导和提醒加以弥补。二是撰稿员能力弱，搜集不到其他部门的资料。我们确定的撰稿员一般是办公室或者研究室人员，他们写报告或者搞研究在行，但要协调本机关、本系统各单位，把重要的资料搜全搜齐，是需要一定资历和综合协调能力才能做到的。比如经济口、建设口、农业口等基层单位有许多，要搜集到全面而系统的资料确实有一定的困难。三是撰稿员懒，没有把为年鉴提供资料作为自己的本职工作，而是应付差事，匆忙完成任务，有的上交一份年度工作总结让编辑来选择。四是把关不严，造成年鉴资料的缺失。综合年鉴的审核有一定程序，但是实践证明，基层领导审核一般都比较马虎，上级机关和出版社的审查也没有像对志书那样严格，同时年鉴的编辑出版周期短，有的年鉴还与当地的媒体争宠，要求在最短的时间内与读者见面，因而造成资料不全。

2. 供稿单位缺位

综合年鉴的编纂是按照区域内的行政系统来组稿的，政府能管辖的，就能请他们提供资料，政府不能管辖的就无能为力，这是全国各地的通病。哪个编辑部能够突破这个难题，哪个地区年鉴的资料就全面。无法联系或者联系困难的单位和群体有：一是新设的机构，如开发区、社区、院校等。各地的机构变化大，如果不及时增减撰稿单位，就有可能丢失某方面的资料。二是无隶属关系的单位，如金融部门、中央和省属单位、国有企业、大专院校、部队等，这些单位在这个区域工作、生产和生活，但是因为与编辑部无隶属关系，不能强令，只有通过协商来征集资料。三是新的学会、协会等民间组织，譬如海外联谊会，关心下一代协会，志愿者协会，收藏、集邮、骑游、游泳等组织发展迅猛，是一个地区人民生活的重要组成部分,但是这种资料在志书和年鉴中都很少有反映。四是无法联系的时尚一族,如车友会、宠友、网球俱乐部、老年书画社、企业家沙龙、单身俱乐部、亲子俱乐部等,这些新生事物也在我们身边,已经成为人们生活的重要内容,但志书和年鉴都难以搜集到资料。五是无法统计准确的群体,如工商个体户、外来农民工等,他们就生活在我们身边,为这个城市创造了繁荣,增添了生机,论贡献应把他们载入史册,但翻一下各地的年鉴,很少能够做到记全记实。

二 拓宽资料搜集渠道的应对之策

按理说,只要发生在本行政区域内的事情,这方面资料是能够搜集到的,有些地区和个别年鉴也做到了。现在搜集资料渠道不畅,主要还是行政体制的约束和编辑陈旧的观念造成的,要改变这种状况,就要从组稿方式上动脑筋。

1. 变年终征稿为平时集稿

年鉴编纂的一般规律,十一二月份开会布置征稿任务,三四月份截稿,五六月份编辑,七八月份校核,九十月份出版。也就是说,组织稿源的时间集中在两个月左右。对于编辑而言,一年内最忙的只有四五个月,有足够的时间用于调查研究和搜集资料,拓宽资料搜集的面。这些资料包括文件、简报、总结、报告、书刊等。平时对这些上报的资料进行分类加工保管,到年度布置任务时,编辑认为重要的内容提醒撰稿员报上来,编辑也可以从这些文件、简报中直接编辑成条目。对编辑流程进行改革,由年终一次性征稿,变为平时积累资料,编辑要对自己分工的栏目内容做到心中有数,这样如果基层撰稿员上报的资料有缺漏就能及时地被发现。请各部门、各系统与栏目编辑对应上报文件、简报等资料,此种做法应该作为年鉴工作的制度确定下来。

2. 变书面上报为电子供稿

传统的年鉴稿件上报方式已经落后,现在完全可以从政务网、局域网、因特网上报稿件,用电子供稿的方式可以提高年鉴编辑的速度和效益。这个要求对编辑提出了必须会电脑操作,至少在编辑部要有几个会电脑的年轻人才行。时代进入了信息化,年鉴工作应该跟上这个步伐。年鉴编辑不仅要在网上接收来稿,同时要在网上编辑、网上征求意见,也可以在网上发现入鉴的资料。现在多数政府部门有自己的网站,有的内容十分丰富,编辑应该从他们的网上发现资料,运用资料,使我们年鉴的内容越来越精彩。

3. 变无偿征稿为有偿征集

有些民生方面的资料通过行政渠道无法获得,但这些资料又十分重要,我们必须改变传统的征稿方式,对这些与政府无隶属关系的团体和协会以及个人,采取有偿征集的方法搜集资料。譬如工商个体户的资料,可以通过工商局下属的个私协会提供;外来农民工的资料,可以通过政法委下属的外来人口管理办公室、公安局的户政科、劳动局的综合保险部门征集;民间收藏、艺术家沙龙等资料,可以通过民政局下属的社团管理局去组织征集;暂时无对应的部门或者组织,如车友会、宠物会等时尚组织,可以邀请特约撰稿员提供资料,也可以用发包的形式请社会友人供稿。这种杂志社能够做到的办法,年鉴也可以采用,关键是人员和经费问题。物色到合适的特约撰稿员有难度,但如果年鉴在一个地区有知名度,还是有人写的。有偿征集是必要的,撰稿人付出了劳动应该得到回报。

4. 变上下级关系为朋友关系

年鉴编辑部门在一个地区是无大权力的冷线部门,但是在征集资料的过程中也有架子,下不了基层上不了门,靠电话指挥征稿的现象普遍存在。有红头文件、有条例规定,一些部门和单位有义务提供资料,但是他们提供多少资料,文件和规定上没有那么详细,所以材料多不多,资料全不全,决定权还在各部门和各单位。年鉴编辑人员与基层撰稿员和分管领导交朋友很重要,许多用红头文件解决不了的问题,通过人缘地缘关系顺利地解决了,这样的例子不胜枚举。放下架子,虚心请教,不耻下问,必定能够感动撰稿员和分管领导,少一些硬邦邦的电话训导,多一些面对面的指导;少一些居高临下式的部署,多一些研讨协商式的沟通;少一些大会部署,多一些小组活动;少一些电话联系,多一些上门拜访。建立朋友型的编辑和撰稿员队伍，对于提高年鉴编辑水平十分重要。多下基层调查研究也应该列入编辑部人员考核的内容，把它作为一项制度确定下来。

三 编辑在资料缺失上负有重大责任

高素质的编辑一看到撰稿员的来稿就知道缺什么，低水平的编辑分不清稿子的优劣，撰稿员报什么，他编什么。撰稿员报得多，他就编得多，报得少，他就编得少。所以提高编辑的业务水平是编撰出高质量年鉴的关键。

1. 在查找资料缺失上下功夫

撰稿员上报的条目是否缺漏重要内容，是否抱了芝麻丢了西瓜，栏目编辑的审查十分重要，可以从四个路径去查找缺失的资料：一是从年度大事记中找，大事记中有的内容，条目中应该有反映。二是从党委、政府的工作报告与条目的对比中找，两个报告多数年鉴都作为特载入书，每个编辑人员都要认真学习，把年度的中心工作、重点工作、特色工作在年鉴中加以重点反映。三是从历年年鉴的资料中找，为保持资料的连续性，重要资料每年都要有，如果往年有的资料今年没有就是缺漏。四是从各地优质的年鉴对比中找，各地年鉴特别是连年得奖的年鉴是编辑学习的典范，从他们好的资料中发现自己的不足。

2. 在图文和文表的结合上下功夫

条目是年鉴的血肉，当然十分重要，但是图、照片、数据、表格也是不可缺少的资料，编辑也要下功夫搜集。一图胜千言，好的图片和表格，不仅可以活跃版面，而且可以增添丰富的资料。如果编辑不注意搜集，基层撰稿员往往就会遗漏不报。编辑应该把条目、图片、表格作为同等重要的资料要求基层上报。

3. 在搜集二次文献和相关资料上下功夫

年鉴最根本的任务就是保存资料，有的条目在记述年度工作时有纵向对比的资料，或者有横向对比的内容，编辑可以作为相关信息附在条目之后。有些专业部门的规划、统计调查、专业报告等，资料不可多得，可以选优录用。

4. 在调查研究和采编结合上下功夫

年鉴编辑的一个通病是,调查研究能力弱,编人家写的稿子行,自己写东西的水平一般。克服这个问题,要在编辑部内部提出要求,规定要采编结合,每年应该有一定数量条目来自编辑的采写。要勇于跨出这一步,向有些知名度高的报刊记者学习,在采访工作中培养编辑的综合协调能力。

5. 在综述、概况和条目标题的提炼上下功夫

多数年鉴存在三个问题,即综述不述、概况不概、条目不精,解决这个问题的责任在编辑,编辑的水平决定了年鉴的品位。综述和概况这种条目希望撰稿员写好是不太可能的,编辑应该承担起这个归纳总结提炼的任务,既要综全又要述准,述出特色和亮点来。条目的标题就是文章的眼睛,眼睛不亮,再好的条目内容也没有人喜欢看,做好条目标题应该作为编辑下苦功的一个努力方向。

(作者单位:上海市奉贤区地方志办公室)

年鉴工作管理研究

中国地方志学会年鉴工作专业委员会
第二届学术研讨会论文集

年鉴与时俱进的优势

——地方综合年鉴对地方志工作的重要作用初探

孙学民

国务院《地方志工作条例》把编纂地方综合年鉴，列入地方志工作业务范围；把组织编纂地方综合年鉴，明确为地方志工作部门的职责。回顾近年来地方志工作的状况，认真思索地方综合年鉴的特色和功能，国务院《地方志工作条例》对于地方综合年鉴归口地方志部门编纂和管理，可以说为地方志工作带来了与时俱进的优势，提供了有所作为的平台，其意义和作用值得各级地方志部门深刻理解、思考和挖掘。

一 年鉴可以使地方志部门与时俱进地服务各级党委和政府的中心工作

近些年来，地方志部门作为各级党委或者政府的工作机构，如何紧跟党委、政府的年度中心工作，瞄准工作重点和"热点"，紧跟形势，主动服务，在大局下思考、大局下行动，是摆在各级地方志部门面前一个十分重要的问题，需要认真对待和解决。以往，在很多地方，地方志部门的工作计划和总结，年年讲要为当地党委、政府的年度中心工作服务，地方志工作要与时俱进。但是，如何做到这一点，有什么举措和成效，在具体工作中很少体现。这种现象的存在是有其原因的。有的地方志部门，单纯注重修志业务，认为地方志工作就是编纂志书，没有更多的精力和人员去编撰年鉴；有的地方志部门，没有编纂地方综合年鉴的职能，主要工作就是修志。而修志是"回头看"，记载过去的历史，总结以往的经验教训，几十年编纂出版一次，不可能与各级党委、政府现今的年度中心工作紧密相连，所以地方志工作为党委、政府的年度中心工作服务，往往成为"空谈"，难以与时俱进。

国务院《地方志工作条例》颁布后，把地方综合年鉴，列入地方志工作业务范围；把组织编纂地方综合年鉴，明确为地方志工作部门的职责后，彻底改变了上述状况。地方综合年鉴是按年度编纂出版的，地方志部门每年可以及时反映当地党委、政府的年度中心工作，展示领导部门上年度的发展战略、工作思路和谋划、工作布局和重点、工作"亮点"和"热点"，以及采取的新措施，取得的新成效，开创的新局面，主动投身"主战场"，服务大局。近年来，很多地方综合年鉴在这方面有所作为，专门设置"特载"专栏，反映上述内容。还有的在每年的年鉴编撰指导性意见中，着重分析和提升年度特色，围绕如何落实当地党委、政府的年度中心工作，编排年鉴框架和条目的设置，充分体现年鉴与时俱进服务大局的特色。北京市在奥运会举办之年，市领导专门在全市年鉴编撰工作布置会议上，讲解当年北京市的形势特点和中心工作，就是要全力以赴办好奥运会，强调全市行业也都要围绕奥运会的管理服务工作，编写好当年的年鉴。

二 年鉴可以使地方志部门与时俱进地展示经济社会发展的新面貌，提供新信息服务于社会各界

地方综合年鉴按年度编撰出版，是通过社会各界组织和渠道进行编纂的，也是"众手成鉴"，能够广泛及时地记载和反映社会发展的新情况、新特点和新面貌。特别是在日新月异的今天，一个年度的时间，可以发生许多巨大的变化。以黑龙江省为例，2011年农业粮食产量达到5775万吨，首次在全国名列第一。在公路建设方面，2011年通过三年公路建设大决战，投资1100亿元，建成高速公路3042公里、一级公路420公里、二级

公路 2913 公里、农村公路 60799 公里，取得了历史性的大跨越，极大地促进了黑龙江省"八大经济区"的建设。这些重要的经济信息和成果，通过最新编撰的年鉴，及时、全面、准确和权威地反映出来。因此，地方志部门按年度编撰出版地方综合年鉴，能够与时俱进地展示经济社会发展的新面貌，展示社会各界年度发生的新情况，同时为社会各界提供了有益的服务，取得了良好的社会效益。

　　另外，社会各界对地方综合年鉴发布的年度新信息，经济建设取得的新成效，也十分重视，并且广泛加以利用。据了解，近年来很多外商到一地投资项目时，首先要看当地的年鉴，以便从中了解当地的经济信息、投资环境和经济发展有关方面的情况。很多领导同志调任外地任职时，也是通过地方综合年鉴了解当地的各方面情况。几年前，黑龙江省海事局一位从外地调入的领导，到任后就安排人员到地方志部门借阅《黑龙江年鉴》。年鉴越来越得到广泛的重视，出现了组织部门在考核一地领导干部时，也通过当地年鉴了解政绩和作为情况。在图书馆里，地方综合年鉴也是人们查阅较多，十分关注的书籍。更值得借鉴的是，上海市地方志办公室每年都把《上海年鉴》全文录制下来，提供给市政府网站，设为网站首页的重要栏目，面向国内外广大关心上海的人群服务，点击量十分巨大，受到广泛的欢迎。

三　年鉴可以使地方志部门与时俱进地积累修志资料，为建立地方志工作的长效工作机制服务

　　国务院《地方志工作条例》中明确指出：地方综合年鉴，是指系统地记述本行政区自然、政治、经济、文化、社会等方面情况的年度资料性文献。因此，地方志部门按年度编撰出版年鉴，可以为今后编纂志书及时积累资料。国务院《地方志工作条例》把年鉴编撰纳入地方志工作部门的职责，也是因为年鉴和志书二者是有机的结合，都属于资料性文献。长期以来，修志资料积累和保管的问题，始终影响着志书的编纂工作。"巧妇难为无米之炊"。两轮修志的实践当中，资料的缺失，严重地影响了志书质

量和工作进度。认真总结修志工作的经验教训,决不能让这种现象再发生。在今后的修志工作中,应该通过地方综合年鉴的编撰和其他行之有效的方式,建立起必要的工作制度,形成地方志工作的长效工作机制,彻底解决这个问题。

地方志部门编撰年鉴,按年度积累修志资料,不但是名正言顺的,也是顺理成章的。很多地方志部门从修志工作的需要出发,在年鉴框架和条目的设置过程中,根据不同部门的工作职能和特点,注意记述内容的稳定性和连续性,保持条目年度内容的持续编写。通过年鉴反映重要事物的较长时期发展情况,看出起因、变化、结果,这样就和修志工作有机结合起来了。综观全国各地的地方综合年鉴,连续设置的稳定性条目,一般都在70%以上,都是记述社会各界重要事物的持续发展。地方志部门通过编撰年鉴积累修志资料,可以得到翔实、完整和生动鲜活的史料。这是因为,当年发生的事情,当年记述,可以避免事后因为时间长久发生遗漏不全、史实不准确等诸多弊端。

四 充分认识年鉴与时俱进的优势和作用,破除各种错误观念,努力办好年鉴

通过探讨年鉴与时俱进的优势,我们可以充分认清地方综合年鉴对于地方志工作的重要作用。国务院《地方志工作条例》中明确要求,省、市、县地方志工作机构在编纂三级志书的同时,要按年度编撰三级地方综合年鉴。但是,全国很多地方志部门对年鉴工作重要性认识不足,存在着各种错误观念。以黑龙江省为例,在县级地方志部门,近一半没有编撰年鉴。究其原因,有的认为修志是"硬指标",必须完成的任务,年鉴不重要,是可有可无、可办可不办的。有的存在畏难情绪,在人员少、修志任务重、经费困难的情况下,不想启动这项工作。在一些已经编纂年鉴的地方志部门,也存在认识模糊、质量不高的问题。有的单位把编纂年鉴当成例行公事,不办不行,对付了事。有的认为地方综合年鉴是本"流水账",编写简单,没有什么学问。上

述种种现象的产生，都是因为没有认清年鉴的优势和作用，进而影响了年鉴效能的发挥。

地方志工作者应该破除各种错误观念，看到年鉴是"英雄用武之地"，充分利用这个平台，大显身手，从年鉴为党委和政府中心工作服务、为社会各界服务、为修志工作服务等各方面入手，干出一番大有作为的事业。

（作者单位：黑龙江省地方志办公室）

浅谈县级年鉴现状及发展对策

王萍芳

县、县级市、市辖区、自治旗所编纂的年鉴，都属县级地方性综合年鉴。此类年鉴在20世纪80年代中期全国只有几部，90年代迅猛发展，到2002年已超过500部①。2006年5月18日，国务院颁布《地方志工作条例》，明确了地方综合年鉴的地位、任务和作用后，县级年鉴又有快速发展，数量占到全国各类年鉴总数的1/4强，成为年鉴系列的重要组成部分，而且发展势头不减。而如何让正在编纂出版的县级年鉴步入良性发展轨道，是摆在每一部县级年鉴编纂者面前的重大课题，也是各级管理部门的当务之急。

一 生存现状

在编县级年鉴经过多年发展，总体上都有不同程度的进步，尤其是在完善编纂体例、提高编校质量、创新装帧设计上取得了较大进步。就其生存空间而言，大部分县级年鉴的环境和状况有了改善，有部分县级年鉴生存状态甚至好于省市年鉴，但仍有部分县级年鉴改变不大，两极分化较为严重，强弱之间可谓冰火两重天。以下就强势和弱势县级年鉴的状况作一下比较。

---

① 许家康：《县级年鉴生存发展与内容创新》，《年鉴信息与研究》2002年第4期。

1. 领导重视程度不一致,导致年鉴工作推动力形成反差

县级年鉴编纂工作就领导层面而言有三层:一是分管领导,一般由副县(市、区)长担任,也有部分县由县人大或政协的领导担任;二是年鉴编纂委员会的领导;三是各撰稿单位领导。其中,分管领导重视与否,直接影响其他领导。一般来说,分管领导重视了,会协调督促其他领导,尤其是撰稿单位领导加以重视。目前,年鉴工作发展良好地区的分管领导均相当重视,把年鉴编纂工作与其分管的其他工作视若等同,很关注本地年鉴工作在省市的地位;有的地方分管领导还每月召开办公例会,要求年鉴编纂单位领导或年鉴主编汇报工作,并将年鉴编纂工作或成绩推荐记入政府工作报告。江苏苏南的江阴、张家港、常熟、武进等地,分管领导都主动了解年鉴编纂中的难题,给予及时解决和协调。在这类地区,年鉴工作开展得相当顺利。但还有相当多的地区,年鉴工作还没有引起分管领导的足够重视。有的分管领导虽然会根据编纂单位请求,出面做些组织协调工作,但平时对年鉴工作很少过问;有的分管领导很少听取年鉴工作情况汇报,即便听取汇报,也与其他事项穿插,不给予充足时间,年终总结其分管工作时,年鉴工作也很少提及。在这类地方,年鉴的推动工作处于弱势,年鉴编委会形同虚设,单位领导不予重视,有个别地区的撰稿单位领导,对本单位供稿时间随意拖延不管,稿件质量高低也不问,形成编鉴单位根本协调不动的局面。

2. 保障力度大小不一致,导致年鉴编纂工作呈顺风与逆水之别

已经开启编纂的大部分县级年鉴,其办公设施、人员、出版等经费开支列入财政预算,但由于保障力度不同,呈现不同的状况。保障力度强的地区,不仅办公设备逐年更新、人员工资和奖励与其他部门相同,出版经费有几十万元,并有逐年增长之势,而且年鉴的编纂工作被列入政府管理目标或精神文明建设目标。在部分施行精神文明百分考核的县(市、区),年鉴编纂工作还被列入对机关、乡镇的考核内容,这些地区的年鉴编纂工作可谓顺风顺水,省时省力。与此相反,保障力度弱的地区,办公条件仍然较差,设施陈旧,编纂人员编制不多,有部分县、区只有1~2人。除人头支出费外,所拨的年鉴印制费很少,个别县、区只有三五万元。年鉴编纂单位与所在县（市、区）的其他部门相比，处弱势地位，并有被边缘化的趋势。在有如逆水行舟的艰苦环境中，要让其出产高质量的年鉴是较为困难的。

3. 承编单位不一致，导致年鉴管理强弱不均

目前，多数县级年鉴编纂由当地史志部门或地方志办公室负责，为自主式编纂方式。史志部门是与地方其他部委办局相当的一级建制，且作为志鉴编纂的专职部门，组织体系比较完备，工作计划性和推行力度较强，学术研究氛围比较浓，年鉴编纂工作一般开展较为顺利。但在国务院颁布《地方志工作条例》之前，全国数百部县级年鉴中有大约 1/3 的年鉴已经在非史志部门编纂，有的由政府内设科室编写，有的由档案部门编写，有的由文化部门编写，也有多个部门或单位共同组织编纂的。这些非史志部门不可能将年鉴编纂作为主业，所以投入的精力和时间是有限的，而且由于经费问题，这些部门较少参加史志系统组织的培训或学术研讨，所编年鉴也不参与评比，信息闭塞，编纂质量提高不快。更有甚者，将年鉴编纂工作外包，使年鉴完全与经济利益捆绑。有的地方即使自编，也在年鉴文字编辑上少花功夫，在拉广告上花大力气，导致年鉴编纂质量逐年下降。

4. 编纂队伍良莠不齐，导致编辑水平泾渭分明

如果说领导重视是年鉴编纂工作顺利开展的重要抓手，经费到位是年鉴编纂工作持续发展的必要保障，那么编纂队伍素质提高则是年鉴编纂质量提高的关键。在年鉴工作搞得相对较好、编纂质量较高的地区，编纂队伍有共同的特点：人员编制有 5~10 人，有的在 10 人以上，队伍比较稳定；注意优化队伍年龄结构；在有一定文字功底基础上，提高人员政治素质和业务能力及对行业知识的了解；业务探讨氛围强，经常参加学习培训，撰写学习心得或论文；相互团结协作、吃苦耐劳精神强。同样，在年鉴工作搞得不理想及部分不公开出版年鉴的地区，编纂队伍也有一个共同特点：人员编制 1~3 人，编辑很少参加学习培训，知识老化，由于人手少、工作强度大，没有精力钻研业务和研讨理论。有的编辑参与年鉴工作 10 余年不写一篇论文或经验总结。有的编辑因所编年鉴是内部印刷，要求低、压力小，不愿多花时间学习新知识、新观点，偶尔参加培训研讨还将学习资料中途丢弃。有的编辑少与同事沟通，所编内容几年都存在同样的错误。在这样的编辑水平下，其质量高低可想而知。

5. 编纂质量改进力度不一致，导致品质差距日益拉大

年鉴事业蓬勃兴起30多年来，编纂质量的提高问题一直是各个编鉴机构面临的大问题。针对年鉴编纂中暴露的许多问题，年鉴界口诛笔伐的文章可谓汗牛充栋，尤其是对县级年鉴批评之声颇多。面对这种状况，部分基础较好的县级编鉴机构通过各种有效途径提高编纂质量，通过几年持续努力，取得显著成效，并在实践中摸索出一套管理的成功经验。部分县级年鉴的编纂质量赶上和超过了省市年鉴，并在全国和省级评比中稳居第一方阵，成为县级年鉴不断改进质量的引领者。但就县级年鉴总体而言，确实还存在很多有质量问题。江苏省地方志办公室副主任牟国义曾对参加全国地方志系统第二届年鉴评比和江苏省首届年鉴奖评选的年鉴所存在的问题，进行较为系统的梳理和总结，发表题为《年鉴质量问题浅析》一文①，其中提到的框架结构、内容记述、条目撰写和编辑质量等方面诸多问题，很多暴露在县级年鉴中。有关具体质量问题请大家参阅该文，这里不再复述。参评的年鉴尚且如此，还有很大一部分没有参评的年鉴存在的问题就更多，与质量较高的年鉴品质差距更大。

6. 创新意识强弱不一致，导致创新能力显著差异

创新是时代前进的要求，就年鉴而言，是事业健康发展的需要，是内在动力的驱动。自20世纪90年代以来，年鉴界关于改革创新的呼声从未间断。县级年鉴在改革创新浪潮中，目前展现出三种态势：一种是积极主动创新，已经意识到随着经济社会的迅速发展，尤其是年鉴读者期望值的提高，年鉴必须创新。从2000年起，《南海年鉴》、《宝山年鉴》、《江阴年鉴》、《张家港年鉴》、《萧山年鉴》、《武进年鉴》等一大批县级年鉴走上了改革创新之路，对框架体例、篇目设置、内容编写、图表选用等多方面都进行了大胆创新，直至今天，这一批年鉴仍处于浪潮前沿。一种是编鉴

---

① 本文先刊于《江苏地方志》2011年第1期，后被《中国地方志协会会刊》2011年第3期转载。

者安于现状，没有在改革上多动脑筋，缺乏创新思路，所编年鉴框架长期不变，篇目设计缺乏个性，内容记述单调，资料运用的体例不够齐全等。有些内部印刷年鉴因压力小、要求低，编鉴者根本没有创新意识。一种是编鉴者人手少，面对年鉴繁重的编辑任务、较高的时间要求，疲于应付，根本抽不出时间深入探讨和研究改革创新问题，在紧跟时代特征和地方经济社会发展变化上比较滞后。

7. 出版形式和时间不一致，发挥的资政作用差别较大

县级年鉴中多数采用一年一鉴形式连续公开出版，但也有相当一部分没有公开出版，以资料汇编形式内部印刷。部分年鉴采用2~3年编一鉴，或5年编一鉴形式出版或印刷。即便是作为年鉴大省的江苏，虽然实现县级年鉴编纂的全覆盖，但2010年92部县（市、区）年鉴中仍有12部内部印刷，占13.43%，仍有个别县（市、区）三年或五年编一鉴。包括年鉴在内的地方志系列书籍只有公开出版，才能称为地方文献，其内容和资料才可以被放心引用，所以上述没有公开出版的年鉴只能作参考，可信度大打折扣，发挥的资政作用也小。出版时间的早晚对资政作用的发挥也有重要影响。目前，全国县级年鉴中，少量在每年5月出版，其次是6~7月，在8~10月出版的较为普遍。但有部分年鉴的出版时间没有定性，反映上年度资料的年鉴有时在年底出版，有时要拖到次年的三四月份。对于一年一鉴且出版时间早的年鉴来说，因与读者见面的时间早，为经济社会发展服务的时间也早，在存史的同时，其资政作用得到及时发挥。相反，那些出版时间较晚的年鉴，因时效性差，降低了资政作用。而几年合一鉴的年鉴，除了存史外，资政等其他功能更得不到较好发挥。

8. 年鉴利用率普遍较低，"养在深闺人未识"的状态改变缓慢

提高年鉴利用率是摆在各类年鉴面前的重大课题。目前，地方综合年鉴，尤其是县级年鉴在提高利用率上普遍没有做到位。县级年鉴与省市级年鉴相比，所反映的信息贴近基层，不仅全面，而且微观，更有利于利用；与专业年鉴相比，具有广泛性，更有利于指导各行各业。但县级年鉴大部分没有运用好这一优势。经济发达地区虽做得稍好一些，除报刊宣传外，还能建立网站，将年鉴内容信息选载，但普遍信息更新慢，点击率不高。有些年鉴编辑机构设法开展读鉴用鉴活动，但不能持续。部分发行量小的年鉴在出版发行时也不作宣传，导致利用者信息不通，适时利用率降低。内部印刷的年鉴由于信息可信度降低，利用率一直不高。笔者调查中发现，很多内部印刷年鉴地区的机关部门工作人员，不知道该地区年鉴记载的大体内容。某区科技局的某科室近10年来一直续存该区内部印刷的年鉴，该科室人员除了在年鉴刚发时大致翻阅一下外，过后很少翻阅，一直束之高阁。

9. 发行数量多寡相差悬殊，社会影响力和知名度两极分化

县级年鉴目前发行数量较多的均在3000册以上，《南海年鉴》达5000册，其次在2000册左右；大多数年鉴发行量在1000～200册之间。笔者调查发现，发行量大的年鉴，综合质量普遍较高，其中有不少年鉴持续在全国和各省年鉴评比中获特等奖或一等奖，此类年鉴在地方已形成良好的发行渠道和网络，而且省内外要求征订或交换的较多。因其信息广、质量高，所以到该地投资的客商购买作为参考的也多，相应的社会影响力正在逐年提高，在全省乃至全国都有较高知名度。而发行量少的年鉴，在社会上的影响极小，不公开出版的年鉴，其知名度更无从谈起。笔者曾对某区的内部印刷年鉴作过电话调查，随意抽取的20个部门中，有13个部门工作人员对此部已编印5年之久的年鉴一无所知，占65％。由此而见，这类年鉴的生存状态不容乐观。

10. 面对评比的心态不一样，导致年鉴质量持续程度不一样

年鉴与地方志一样具有存史、资政、育人等功能，所以要求每部年鉴必须注重质量，达到全面、系统、真实、准确的基本要求。为了提高各地年鉴质量，中国地方志系统、版协及各省、市定期举办年鉴的质量评比。多年以来，评比活动确实促进各地年鉴长足发展，使优者更优，弱者转强，同时也不断促进年鉴编纂者深入研究探讨理论，使年鉴编纂的理论研究逐步深入。很多年鉴工作一贯做得扎实的县（市、区），把评比作为提高质量的鞭策，进一步狠抓质量，力争每部年鉴都成为精品佳作，经得起专家、学者及社会各界的品评。但也有部分县（市、区）以应付评比的心态来编年鉴，针对综合质量评比活动几年开展一次情况，狠抓其中一部准备参加评比年鉴的质量,不仅编纂人员认真仔细,反复核实,而且向社会各界征求对年鉴史实、数据等的意见。笔者曾关注某部获得过全国三等奖、省级二等奖的县级年鉴,其获奖年鉴与不参评年鉴的质量明显不同,在没有参评的年鉴中明显存在一般年鉴中都不应有的差错,如目录条目与正文条目数量、名称有偏差,文表数据不一致,同一事件记述前后矛盾,索引缺失页码等。有个别县级年鉴为了应付评比,还自行做成两套版本,在同一书号的情况下,将送出版社、参评、赠送省市上级部门及相互交换的年鉴做得美观整洁,而发行本地区各部门、各单位的年鉴则满眼广告,有些广告还甚为不雅。还有的县(市、区)用于参评的年鉴,纸质内容和随书光盘内容一致性较强,而不参评的年鉴则纸质版内容与光盘的内容有差异,有的二校时就做好光盘,三校、四校以后没有将光盘内容及时修改。持这种争一时强胜而不想步步扎实的心态编纂年鉴,对稳定年鉴质量、发挥年鉴功能是十分有害的。

二 发展对策

县级年鉴要实现可持续良性发展,可谓任重道远。笔者参与《江阴年鉴》的编纂已逾20年,历经一部县级市年鉴如何由弱变强的历史演变。目前,《江阴年鉴》已步入良性发展轨道,经费保障充足,发行渠道畅通,并屡次在全国和江苏省获得特等奖和一等奖,在全国县级年鉴中有较高声誉。下面笔者结合《江阴年鉴》的成长经验就县级年鉴的发展谈一些粗浅的认识。

1. 贯彻《地方志工作条例》,理顺县级年鉴保障机制和编纂体制

条例第五条明确各级地方志机构是统筹规划、组织指导、督促检查年鉴编纂的职能部门,以法律的形式给予了各级地方志机构编纂年鉴的职责。对保障工作一直处于弱势和编纂体制不顺的县级年鉴来说,无疑是浩荡的"东风"。首先,应该深入贯彻,认真宣传,让年鉴编纂是政府行为的条规落到实处。在人力、物力、财力上获得地方财政支持,地方财政确有困难的,也应给予基本保障。其次,理顺编纂体制,将正在由其他部门或系统编纂年鉴的工作转归县级地方志办公室或史志办公室①，使年鉴编纂名正言顺。即使暂时归不到县级地方志机构的，也要通过领导协调，由县级地方志机构参与，以促进年鉴质量改进，发展创新。2008年，江苏省依据《地方志工作条例》制订了实施办法②，明确各级年鉴编纂的组织机构，规范年鉴编纂行为，督促各级保障年鉴经费来源。部分省辖市也出台一系列年鉴管理的办法，规范年鉴编纂工作。至2010年末，全省99%的市、县综合年鉴都由地方志办公室组织编纂③。其他省份只要深入贯彻条例，也可改变年鉴尤其是县级年鉴编纂"政出多门、各自为政"的局面。

2. 巧妙争取领导重视，促进难题迎刃而解

获得财政支持的县级年鉴要顺利完成，就必须争取领导的支持。一是争取分管年鉴工作的县（市、区）领导支持。分管领导作为县级四套班子领导成员，有较强的话语权和协调力，所以争取这一层面领导的支持是年鉴工作顺利开展的关键，要想方设法与领导多汇报、沟通，让领导了解熟悉年鉴工作的作用、成效及编纂过程的不易，这是获得支持的首要任务。在此基础上，才能提出需要帮助协调解决的难题。《江阴年鉴》编纂之初就注意在这方面着力，向领导汇报，不论是口头汇报或书面汇报都精心准备，简明扼要，保证领导听或看的时间短，不生烦，同时聘请刚退下来的老领导做年鉴编纂顾问，帮助争取领导支持，持续获得两任分管领导支持后，逐步形成历任领导支持的传统。现在，分管地方志工作的副市长每月会听取本办工作汇报，还主动帮助我们督促年鉴工作后进单位加以重视。二是争取年鉴编纂委员会（有的地方称地方志编纂委员会）的委员领导支持。经常召集碰头会，联络感情，并用编委会名义发文，明确各委员分工负责有关单位年鉴工作的组织协调工作，发挥各委员的作用，帮助做好督促工作。三是争取各供稿单位领导的支持，年鉴编纂启动时，编纂机构在下发通知的同时，以公函形式要求单位确定审稿领导和分管领导，并在之

---

① 20世纪90年代中后期机构改革中，很多县级地方志机构与党史办合并成史志办公室。
② 《江苏省实施〈地方志工作条例〉办法》于2008年11月25日通过省政府审议，2009年1月1日起施行。
③ 方亚光：《江苏省市、县综合年鉴发展评析》，《中国地方志》2011年第4期。

后的单位供稿上签字。可以通过多联系、加强交流等方式，获得单位领导对供稿时间、供稿质量把握上的支持。

当然，由于领导更替变化较快，巧妙争取各级领导重视的工作也必须持续开展，只要各级领导，尤其是分管领导重视了，年鉴工作中的人力、物力、财力等保障问题均可得到直接或间接解决。

3. 打造团结高效的编鉴队伍，抓牢支撑年鉴事业发展的命脉

人是社会一切事物发展的决定性因素，所以对于年鉴工作来说，队伍建设也是关键。县级编鉴队伍包含一支编辑队伍和一支撰稿队伍，两支队伍同等重要。打造一支好的编辑队伍，必须增强以下五种意识：一是责任意识，不论能力高低，对工作要认真负责；二是大局意识，相互帮助，及时沟通；三是质量意识，对分担的工作尽最大努力做好做优；四是忧患意识，不断提高业务能力，更新知识；五是创新意识，顺应事物发展变化，积极与时俱进。要努力培养编纂人员的政策研究能力、知识更新能力、业务指导能力、协调组织能力、协作参与能力，平时给予较多的学习培训和参加研讨活动的机会，增加实践锻炼。编辑队伍除了强化训练外，还要加强梯队建设，避免青黄不接。《江阴年鉴》编纂中一直坚持共同参与做法，全办人员人人都有年鉴编辑任务，人人都有分工联系的撰稿单位，多年以来以"八有"要求①为工作准则，教育培养工作团队，并形成以老带新、团结协作的良好习惯。

撰稿队伍素质高低对年鉴质量有重大影响，所以要尽可能促使撰稿队伍稳定，有计划地对撰稿人员进行年鉴知识和撰稿要求的培训，提高业务能力和撰稿水平。分工负责联系单位的年鉴责任编辑要与单位保持经常联系，撰稿人员如有变动要及时督促单位调整补充。可以分片分系统组织座谈和研讨活动，使撰稿人员之间相互学习，以先进促后进。

4. 持之以恒提高编辑质量，使年鉴立足之本稳固

编辑质量较低一直是困扰县级年鉴的大问题。提高编辑质量，建议关

---

① 八有：有强烈执著的事业心；有胜任本职的工作能力；有追求卓越的争先意识；有存真求实的职业道德；有用心做事的务实作风；有服从大局的团队精神；有帮助基层的一腔热忱；有克己奉公的修养操守。

注以下几点：一是落实计划，在编前制订细致且切合实际的年鉴工作总体计划，要求各责任编辑根据总体计划编制个人实施计划，并交主编认定。两项计划被确定以后要严格按照计划规定时间、目标要求落实到位。二是强化责任。印发详细的撰稿要求给每个单位撰稿人员，使他们按编鉴单位要求撰稿。初稿上交前必须由单位领导审读签字，并盖单位印章，以确保内容、史实准确无误，让各单位为年鉴把好史实关。针对编辑部门的主编、副主编、责任编辑，提出具体工作要求，明确责任，在编辑审稿中各负其责。很多地方为提高编审质量建立考核制度，《江阴年鉴》编辑中就制订了《千分考核细则》，量化标准。三是严格标准。从单位撰稿人员入手，抓好入鉴资料的选题。在编辑和审稿阶段要层层把关，坚决消除内视信息、重复信息和无价值信息。坚持条目编写必须要素齐全的原则，对不符合要求的条目一律退回补充完善，确保条目信息丰富、准确。四是规范流程。制订完善的编审流程，确立年鉴的内部三审制度，即责编完成编辑后，由相关科室把好一审关，副主编把好二审关，主编把好三审关，每个流程都要求相关审稿责任人签字，出具意见，让流程真正成为控制质量、担负责任的有效途径。五是狠抓校对。认真做好校对工作能使年鉴在印前尽力消除硬伤，很多前后记述矛盾、文表数据不一、交叉重复、行文不统一等问题都可在校对时清除。首先，责编要认真校对，在此基础上实行反复轮校，或请报纸杂志专职校对进行复校，有条件的可以借助应用软件帮助校对。消除差错还有一个有效方法，就是将稿件返回单位进行复校，这一步千万不能省，单位校对每年都能帮助消除很多编审中没有发现的硬伤。在提高校对质量上，许多县级年鉴编纂机构动脑筋、想办法，如有发动全社会有奖捉错，有请报社专职校对轮校，有根据抽检页码校对情况实行奖罚等。

5. 创立独具特色的风格，握紧年鉴保持魅力的法宝

早在 20 世纪 90 年代，学者尚丁就提出要从实际出发，编纂具有中国特色的年鉴。① 自此，各类年鉴编纂注重与本地区、本行业实际相结合，

---

① 1997 年 11 月 26 日，尚丁在上海市第二次年鉴协作会议上提出的观点。

走特色化发展之路。年鉴的特色化，通俗地说，就是在年鉴编纂中融入地域特色、时代特色、年度特色和个性特色而形成的风格。县级年鉴在彰显地域特色方面比其他年鉴更具优势，由于地域不同而形成的经济社会发展特点不同，因此容易在框架设计、内容编排、条目记述等方方面面彰显地方特色和个性特点。综观县级年鉴的特色化发展之路，虽然起步较晚，但不乏成功之作。江苏的《秦淮年鉴》把秦淮古韵中的花窗、榭台、马墙、画舫、国画等人文景观巧妙地设置于封面、扉页、彩页中及内文的页眉处，让年鉴中十代佳境的千秋秦淮从远古走来。年鉴名和类目名全部用艺术字体，每个类目都设置视觉高雅的卷名页，与众不同，别具风格。框架设计和内容编排上突出秦淮名胜和商贸服务，独具特色，个性十足。《江阴年鉴》自2000年起也努力探索摆脱县级年鉴"千鉴一面"的陈式，在封面、卷首环衬、彩页等设计上彰显地方特色，精心打造有个性的地方名片，在类目设置上突出在全国独具特色的港口口岸、资本经营、沿江开发等。只有独具风格的年鉴，才具有长久魅力，经久不衰。县级年鉴可以体现独特风格的地方不光在装帧设计和主体内容上，还可以在附录、专文、补白、插图等年鉴的附属内容上用心体现。《盐城年鉴》副主编于海根曾写过有关年鉴附属内容个性化的论文①，虽然不是站在县级年鉴的角度，但其中的很多做法可供县级年鉴参考。

6. 走结合实际的创新之路，为年鉴长盛注入活力

关于年鉴创新发展的讨论，从20世纪90年代中期开展以来至今，一直为年鉴界理论研讨和实践探索的主题。《中国地方志》杂志自2002年第6期设立"年鉴编纂"专栏以来，收录年鉴论文60多篇，其中涉及创新的有31篇，占51.6%。全国各级方志、年鉴刊物上有关创新的文章更是数不胜数。就县级年鉴来说，实践上的创新探索远比理论上多，它贯穿于年鉴编纂活动的方方面面，可以在编纂体例、框架设计、内容安排、条目编写等内在质量上创新；在宣传工作、组织网络、撰稿队伍等组织体系上创

---

① 于海根：《地方综合年鉴附属内容个性化之我见》，《年鉴信息与研究》2009年第3~4期。

新；在组稿方式、编辑加工等管理模式上创新；在版式、装帧等艺术设计上创新；在出版、发行、销售等营销机制上创新等。2010年获得全国地方系统第二届年鉴评比特等奖的15部县级年鉴均有结合本地实际的创新举措，而且创出特色。江苏省一直注重年鉴的特色化创新，县级年鉴在结合本地实际的创新上更是精彩纷呈。在上述特等奖中有《秦淮年鉴》、《武进年鉴》、《张家港年鉴》、《江阴年鉴》、《栖霞年鉴》、《江宁年鉴》、《鼓楼年鉴》、《宜兴年鉴》8部江苏县级年鉴，占53.33%。所以，县级年鉴要保持活力，必须走结合实际的创新之路，要借鉴别人的创新经验，但不能照搬。有部分县级年鉴照搬省、省辖市年鉴的类目设置，造成框架大、内容少的状况。创新不是对前面的全面否定，是在继承优势的基础上创新，否则创新就成无源之水、无本之木。有部分年鉴对类目、分目一两年进行一次大调整，结果导致资料延续性较差、类目之间篇幅上不平衡，有些很前卫的事物在全省或省辖市发展较好，未必在县级就兴旺。这样的年鉴虽然被编纂者总结为"常编常新"，但缺乏内在活力。所以，结合实际的创新至关重要，不论是上述的框架设计，还是编纂的其他各项工作，创新都应如此。

7. 变换宣传模式，扩大年鉴发行和利用空间

年鉴的宣传工作与年鉴发行、利用是紧密相连的，宣传做好了，就会增加发行量，利用的人就会增多。目前，做好宣传工作仍是县级年鉴工作的重要一环。在继续做好会议宣传、培训活动、报纸杂志介绍、展览、发行推介、对外交流等传统形式宣传外，还可以编印浓缩版的年鉴小册子，或结合年鉴知识做成记事簿，扩大宣传面；利用年鉴资料，与其他部门联合开展市情问答或地情知识竞赛，活跃宣传氛围；利用地方报纸连载年鉴的信息资料，在普通市民中扩大影响；利用年鉴所载数据、图片制作经济、文化、社会发展专题片在电视台播放；与地方政府及相关单位网站链接，提供年鉴信息资料的查询等；像省市编鉴机构一样建立网站，通过网络快捷的优势，提高宣传时效。《江阴年鉴》除了在网站宣传外，还通过"政务微博"等新型交流平台登载年鉴的一些信息等，扩大知名度。

在深入宣传的基础上，要寻找新的发行渠道，主动在新成立机构或各

类合作组织、协会中宣传推广。《江阴年鉴》从 2009 年起，通过科技局在与江阴挂钩的区域产学研战略联盟的专家、教授中推介，一下就增加了 300 多本发行量。年鉴的利用空间挖掘潜力也相当大，笔者曾挑选经常利用年鉴的机关团体、企事业单位秘书或笔杆子 50 人，就如何用好年鉴进行调研，其中 21 人对年鉴的结构十分了解，能较快地通过目录或索引找到各类需要的资料所在；有 15 人对涉及其单位内容的类目较为关注，不了解其他的类目、分目内容变化；有 11 人习惯于纸质年鉴查阅资料，对随书光盘的查阅方法不熟；有 4 人只用目录查资料，不知道年鉴中还有索引这一快捷检索工具。由此可见，让正在利用年鉴的人利用好年鉴还有很多潜力可以挖掘。我们要坚持不懈地做好宣传培训工作，让更多的人利用年鉴、会利用年鉴，利用好年鉴。

（作者单位：江苏省江阴市史志办公室）

年鉴编纂队伍建设研究

王振夫　赵健敏

国务院《地方志工作条例》（以下简称《条例》）明确将地方志综合年鉴作为一项基本职能纳入地方政府和地方志工作机构的职能之中，并且明确年鉴是"年度资料性文献"。《条例》明确了年鉴的资料性、权威性、及时性、时效性，及其工具性和可读性。因而作为县级以上地方人民政府负责地方志工作的机构，在年鉴出版周期中的各个环节都要紧密围绕年鉴的性质、功能扎实开展工作，以最终保证出版问世的年鉴权威性高、信息含量密集、时效性强，进而实现年鉴为现实服务的社会功能的最大化。历史唯物主义认为，劳动者是首要的生产力，发挥着强大的主观能动作用，因而年鉴要稳固发展并持续创新，关键在于在年鉴组织编纂出版过程中，年鉴编纂队伍的思想意识、能力素质，以及知识水平、敬业精神。加强年鉴编纂队伍建设成为县级以上地方人民政府负责地方志工作机构的首要问题。

一　进行年鉴组织建设，形成一个完善配套、各司其职、相互协作、配合得力、运转高效的年鉴编纂组织

地方综合年鉴作为上一年度文献信息的系统汇集，不仅所载资料翔实，而且众多门类与条目及其实效性，决定了年鉴必须"众手成鉴"。这里"众"即是年鉴的队伍。而年鉴又是系统的工程，不能杂乱无章，年鉴队伍也应该是规范有序，有层次、有序列、有链条、有渠道，因此在队伍

建设上，首先要进行组织建设，即开展年鉴工作有抓手。在年鉴运作过程中，第一要务是要组成一个适合年鉴运转的完整配套的工作团队，形成系统完善的工作组织结构。

按照现代管理科学，这个组织团队要有层级，有序列，井然有序，分工明确，各司其职，相互配合，使年鉴高效运转。在组织建设中首先抓层级建设，根据系统的年鉴工程的需要，形成合理畅通高效的年鉴工作层级。

第一层级，年鉴编纂委员会即领导层级，是年鉴组织的关键，也是保证年鉴正常运转的核心。年鉴作为政府大型年刊，县级以上人民政府都成立了年鉴编纂委员会，但目前有不少年鉴编纂委员会成员实为挂名。不能说年鉴编纂委员会没有发生作用，它最基本表明了年鉴是政府的工作年刊，是政府出版物，表明年鉴是有"名分"的。但编委会成员能否真正在每一部年鉴的运作过程中真正发挥作用，真正作为，真正在年鉴运作过程中发挥每个成员的作用，高效地协调好人、财、物、时间、信息等资源，给予年鉴出版发行以强大的支撑，进而实现年鉴工作目标，真正达到《条例》第四条中所讲"县级以上地方人民政府应当加强对本行政区域地方志工作的领导"中所指的"加强"，各地大不相同。年鉴是政府大型年刊，必然要背靠政府，背靠政府的真正体现是真正发挥年鉴编纂委员会的作用。所以，成立年鉴编纂委员会，更重要的事是让年鉴编纂委员会在年鉴实践中干起来，"作"起来，高效有力地调配年鉴运转过程中的人、财、物，给予政策、资金、资源支持，保证领导到位，使年鉴组织从最高层级就有效运转，发挥作用，而不是形同虚设。通过上行下效，有力地推动年鉴的运转。

第二层级，即《条例》中所指的"县级以上地方人民政府负责地方志工作的机构"。即专业专职工作队伍，这是年鉴工作团队的枢纽。专业专职工作队伍，对上级领导机构负责，同时按照《条例》规定：第二层级，即县级以上人民政府负责地方志工作的机构"履行组织、指导、督促和检查的工作"，这个层级是承上启下的层级，它的活跃、素质能力能够带动整个集团的活力。年鉴工作运转是否顺畅，关键在于地方志工作机构的运作。因此在这一层级，专业队伍更要加强综合能力建设，包括协调沟通能力、专业知识文字处理能力、迅速反应捕捉最新信息能力、社会发展前瞻洞察能力等，即精干内行，肯干实干，尽职敬业，并在第一层级的重视下，在各单位部门的配合下，出精品创佳绩，以高质量的工作成果向第一层级和第三层级负责。优秀的工作成果、高价值的年鉴产品无疑是带动整个团队高效运转的最有力的动力和润滑剂，进而保证年鉴工作渠道和大动脉畅通无阻。

第三层级是年鉴供稿单位及相关个人，它们是年鉴稿件的源头，这是保证年鉴质量的基础。年鉴供稿单位和个人能否积极协作配合直接影响着年鉴的内容和质量，对这个层级要加强沟通和协调，通过物质和精神奖励不断进行激励。但第三层次主观能动性的发挥，其积极性是否高涨，主要还是取决于第一层级的重视程度和第二层级协调组织作用的发挥及第一、第二层级的文化权力的影响带动，使第三层级直接感受到做好年鉴工作是人生又一价值的体现，在每一年度的逐年年鉴稿件撰写中逐渐形成使命感，进而真正调动年鉴供稿单位和个人的积极性，从而提高年鉴稿件的质量，从源头上保证年鉴的内容。

其次，抓年鉴队伍序列建设，建立序列完整的年鉴队伍。完整的序列是年鉴内容丰富、可读性强的保证。

年鉴队伍序列至少要有两个序列，即政府序列和社会序列。地方综合年鉴是政府主办的大型年刊，政府发文，行政部门供稿，政府序列必然是主体序列。但是由于随着改革的不断深入和体制的不断完善，年鉴作为系统汇集本行政区域自然、政治、经济、文化和社会等方面的资料性文献，仅单纯依靠政府部门，即政府序列是不够的，信息不够全面，年鉴内容不够完整，不能全面反映上一年度一地的信息，还要广泛面向社会，敞开大门办年鉴，那么年鉴组织中除依靠政府之外，还要将社会相关人士纳入。如在第一层级，可以设顾问、设名誉职衔，将地方人物纳入组织机构中，充分发挥社会人物的作用，为年鉴提供有力的支撑。在第二层级，不仅依靠专职队伍，因为社会分工越来越细，知识结构越来越博广，专职队伍还存在着一定的局限性，可以向社会聘用某一方面专业人才。他们专职承担

年鉴中某一部分稿件的编写校对工作，或直接提供有价值的稿件，作为专业队伍的有力补充，保证年鉴在各个领域的专业性，保证年鉴信息的真实科学。第三层级，除供稿单位和个人外，还可以聘用社会人士和相关单位，并与其保持长期的工作关系，长期为地方志机构提供某一方面的稿件。如当地有名望书法绘画作者，或具有高度敏感和洞察力的记者，提供社会信息等，通过培训，为年鉴专职单位提供稿件，作为年鉴内容的适当补充。当然，还可以考虑第三个序列，如成立学会等社会团体，将更为广泛的人员纳入年鉴组织中，给年鉴工作提供智力支持和友情帮助。

应组建如上所述的系统完善、有层次、有序列的年鉴工作团队，这个团队分工明确，各司其职，三个层级和两个基本序列环环相扣使年鉴工作渠道畅通，从组织上为年鉴工作提供强大的保障。

二 加强年鉴的法律和制度建设，用完善的法律和制度体系为年鉴组织的高效运转保驾护航

首先是加强地方志法制建设。地方志法律法规的宣传贯彻执行，使全民的法律素养提高，以法律为依据从根本上保证年鉴组织的健全和年鉴工作的高效运行。俗话说，没有规矩不成方圆。依法治国是党领导人民治理国家的基本方略，依法办鉴也应当是年鉴工作的基本原则。2006年国务院审时度势，出台了《地方志工作条例》，各省、自治区、直辖市也都纷纷结合该《条例》出台了相应的条例法规，年鉴工作从法律上得到了有力支持。如果地方志法规条例真正深入人心，年鉴队伍也必然得到保障，其队伍的连续性、供稿和编写人员的积极性也自然顺理成章地得到保证。但条例法规能否得到广泛的宣传并真正落到实处，为年鉴工作的开展真正起到保驾护航的作用；年鉴专职工作人员是否真正做到依法行政，运用法律武器维护年鉴这一文化产业和年鉴工作者的自身权益，是一个大问题。这需要年鉴团队每一个人的努力，尤其是第一层级和第二层级的真抓实干。第一层级要做到知法、守法、执法，并自觉接受法律监督，成为地方志法律建设的表率，起到法律建设中的引领作用。第二层级要身先士卒，精心策

划，积极做好宣传和贯彻工作，更主要的是以自身的实干，以"有为"的成果和权威的工作实效，教育和带动第三层级和社会序列知法、守法，同时起到地方志法规的社会监督作用，使整个年鉴工作团队和社会各界真正贯彻落实地方志法律法规，做到有法可依、有法必依、执法必严、违法必究。法制建设加强，法律素养在年鉴团队和社会各界稳步提高，依法办鉴逐步渗透到年鉴的具体工作中，各个层级和序列自然立足本职，全面履行职责，并致力于年鉴的发展创新，年鉴事业焉能不旺，焉能不焕发出勃勃生机？

其次是加强制度建设，完善的规章制度，严格地按章办鉴，年鉴的制度化、规范化成为保证年鉴队伍稳定和高效运转的又一重要手段。邓小平说过："我们过去发生的各种错误，固然与某些领导人的思想、作风有关，但是组织制度、工作制度方面的问题更重要。这些方面的制度好可以使坏人无法任意横行，制度不好可以使好人无法充分做好事，甚至会走向反面。"可见制度建设的重要性。年鉴是"年度资料性文献"。每年一鉴，常出常新，是一项长期的工作，因此年鉴实践要不断适应新形势和新任务，解决新问题；同时年鉴又是庞大的系统工程，要保证年鉴组织和年鉴工作高效运转，"更带有根本性、全局性、稳定性和长期性"的制度建设势必成为法律保障之外的又一有力武器。因此，在年鉴长期运转过程中，逐步建立和完善切实有效的工作制度和组织制度，不断推进年鉴工作制度化、规范化，在稳健推动年鉴工作持续发展中显得尤为重要。地方政府和年鉴工作机构要把制度建设放在首位。在每个层级的职责、每个序列的权利义务责任、年鉴工作环节流程、年度评比检查验收奖惩等年鉴运转诸方面形成诸如职责制度、年鉴报送备案制度、年鉴检查评比制度、年鉴奖惩制度、稿酬支付制度等具体制度，并汇集成册发送到年鉴工作团队中的每个层级和每个序列的具体单位部门和人员手中，或制度上墙以明示，并在年鉴实践中遵章办年鉴，不仅保证了年鉴的正常运转，而且从某一方面也调动了供稿单位和人员的积极性，保证了年鉴组织的健全。因此，在年鉴队伍建设中，不仅要将年鉴制度建设放在重要位置，而且随着实践的深入更要不断提高制度建设的质量和水平，同时严格按制度办事（尤其是第一层级和第二层级),年鉴工作自然健康有序地发展创新。

三 年鉴工作队伍要进行年鉴意识建设,从思想意识形态领域保证年鉴队伍的稳定和高效运转

年鉴意识是人们对年鉴的共识。或者说,是人们对什么是年鉴,怎样运作年鉴,年鉴的作用等的一种理解和认识。年鉴意识来源于年鉴实践,反过来,它又对年鉴编纂实践有重要的影响。这种意识包括两个方面:一种是对年鉴本身的认识,即对年鉴信息的密集性、题材选择的年度性、资料数据的权威性、社会服务功能的鉴戒性、年鉴发布的实效性等的认识。另一种是年鉴工作的意识,即在对年鉴作用和编写认识充分基础上,年鉴工作形成惯性,在每个人的头脑中形成工作意识,使第一年度的年鉴工作及时展开。在年鉴工作团队中每一个成员,对年鉴的重要性、权威性、时效性充分认识,工作形成惯性,达成共识,形成年鉴意识。年鉴意识的形成使年鉴工作自然形成合力,团队意识自然得以加强,形成年鉴团队的向心力和凝聚力,年鉴团队的每个成员对年鉴工作的整体团队产生强烈的归属感和一体感,每一成员由衷感知团队和团队中其他成员,将自己视为年鉴整体组织的一部分,并且关注整体利益。自然对年鉴团队和年鉴工作产生强烈的责任心和荣誉感,自觉地让个人利益与年鉴团队整体利益保持一致并服从整体利益,对年鉴工作有着强烈的业绩观念,年鉴团队的每个成员都关注年鉴的发展创新,关注年鉴进展程度,将年鉴工作作为一项基本职责,视为体现自身价值的又一个平台,自觉互相协作,自觉密切配合专业队伍(即县级以上地方人民政府地方志工作机构)的工作,最终关注年鉴成果能否达到工作目标。年鉴意识对年鉴工作有着强大的推动作用,会使年鉴工作自然不断地发展创新。

在年鉴意识建设中,第一层级的意识建设最为关键。一地之行政首长有年鉴意识,重视文化建设,对年鉴认识充分,真抓实干,工作到位,领导重视,上行下效,令行禁止,即使第二层级、第三层级年鉴意识不够,但在行动上也不敢不为之,也不敢不好好为之。而第二层级和第三层级在

第一层级高度重视下，通过年鉴工作实践的日积月累，工作优良成果的不断涌现，年鉴社会服务功能的日渐强大，年鉴实践也会逐步形成工作惯性，逐渐对年鉴达成共识，形成年鉴意识。在行政首长的年鉴意识带动下，年鉴团队的每个成员会普遍树立年鉴意识并随着年鉴实践的加深而日渐提升和升华。年鉴意识的提升和升华对年鉴编纂实践自然起到推动作用，如此良性循环，年鉴事业逐步发展，年鉴产业逐步壮大，年鉴队伍日渐稳定，素养不断提高，队伍建设自然得到加强。当然，年鉴意识建设、年鉴意识的提升，不是一朝一夕的事，这需要社会整体文化素质的提升和带动，以及当前参与年鉴事业的每一个人的踏实努力。

综上所述，年鉴组织配套完善，法律建设到位，年鉴意识形成，使年鉴运作中的各个关系、各个环节、各个因素、各个层次和谐起来，年鉴自然会高效运转，形成合力和活力，达到年鉴工作目标。年鉴充分发挥社会服务功能，产生社会效益和经济效益，年鉴工作不再成为一项清苦的工作，年鉴工作部门也不再成为边缘部门，得到社会的广泛认可。社会认知程度和社会尊重程度的提高，必将吸引更多的人、更为广泛的部门单位投入年鉴大家庭中，年鉴队伍自然发展壮大。队伍建设得到不断加强，进而带动年鉴的可持续发展。

（作者单位：吉林市地方志编纂委员会办公室）

如何编纂"主编主导型年鉴"

——浅谈年鉴主编应有的作用和素养

马艾民

"主编主导型年鉴"是相对于作者主导型年鉴、编辑主导型年鉴而言的。在这三种年鉴中,后两者体现的分别是作者和责任编辑的意图,编写出版的年鉴或者是"来稿照登",或者是"风格不一",都不是一部成熟的、高质量的年鉴。显然,"主编主导型年鉴"才是我们追求的目标。

一 年鉴主编应发挥的作用

主编一词在《现代汉语词典》里解释为:(1)动词,负编辑工作的主要责任;(2)名词,编辑工作的主要负责人。不论是动词还是名词,"主要责任"都与主编密不可分。各级各类年鉴动辄百八十万字,记述历史、留给未来,要把它办成集权威性、资料性和可查性于一体的精品年鉴,"主编"之责是多么重大,可想而知。有人曾说:"主编的风格和水平决定着一部年鉴的品位。"这话毫不为过。具体说来,年鉴主编在整部年鉴的生产流程中,发挥着六方面的作用。

1. 主编在年鉴大纲的拟定中,起着"课题组长"的作用

年鉴编纂大纲是统领年鉴框架结构、条目编排的纲领,反映着年鉴刊载的所有内容、涉及的供稿单位,体现着编辑部的编纂理念和思维方向,是年鉴在编纂过程中,编辑部和撰稿人共同依循的文件。在拟订年鉴大纲的过程中，编辑部成员都在开动脑筋，甚至可以征求撰稿人的意见，对大纲进行修改和补充，但从酝酿到成稿，主编是灵魂人物，他的意见是决定性的。如同一个课题组，大家分别是某一个领域的专家，但课题组长承担着统领全组，最终完成课题的任务。课题分工、协作部门、工作标准等都是由组长确定的。主编之所以为主编，因为他站位较高、思想深邃，用敏锐的目光看到了一个行政区域内或一个行业内应该着重记述的内容，知道在年鉴大纲中应该做怎样的调整，才能更好地完成这样的记述。

应该说，有什么样的主编，就有什么水平的年鉴编纂大纲，最终就会编出什么质量的年鉴。

2. 在卷首彩页的策划中，主编起着"操盘手"的作用

我们知道，年鉴的卷首彩页越来越受到各级各类年鉴编辑者的重视，编辑部在年鉴的卷首彩页上开动脑筋、肯花功夫，编出了各具特色、厚度不等的彩页，图文并茂，为整部年鉴打下了一个良好的基础。有年鉴界同人把卷首彩页誉为"黄金板块"，它处于先声夺人的位置，在读者的视野中属于"近水楼台"，往往最先受到关注，是整部年鉴最为突出的部分。这个内容需要主编对选题范围、内容来源、所占版面及表现形式等有明确思路。从《吉林年鉴》的编纂实践来看，主编对卷首彩页提出了三个采编要求——以图为主、统一版式、各有主题。确定了四个选材原则——从年度内新事、大事、特事、要事中选取彩页主题。《吉林年鉴》2010年卷在卷首彩页的策划上颇费心思，编辑部根据2009年度吉林省发生的大事、新事、特事、要事，设计了51个通版的卷首彩页，主题分别是：数字吉林、聚焦吉林、感动吉林、精彩吉林、专辑。

选题是主编确定并经编委会审定的，在此后的组织图片、审阅版面等流程中，主编严格把好审查关，发现每个主题应该有一段无题文字进行总体说明，主编亲自执笔。在《吉林年鉴》2011年卷卷首彩页"精彩吉林——抗洪影像"中，主编用深沉和理性的笔触这样写道：

> 2010年夏，接连而至的暴雨一次次冲击着吉林大地，洪峰涌起之处，城市的道路桥梁被掀翻，农村的农田与村庄被吞噬，城乡人民宁

静的家园被摧毁。暴雨强度高、历时长、落点重复;洪水迅猛、量级超高,内涝与外洪并发;丰满水库上下游洪水同时发生,松花江暴发全流域大洪水。

从7月27日晚到8月10日,全省受灾人口625.3万人,倒塌房屋11.8万间,造成直接经济损失499亿元。

洪流滚滚,浊浪奔涌。洪水最先映出的是5位年轻的面孔:关喜志、李守信、刘磊、唐帅、张宏光。他们用年轻的身躯和宝贵的生命与特大洪水顽强抗争,在生命的最后一刻,他们奏出了最美的华彩乐章,奏出了生命最强的音符!他们将名字镌刻在吉林大地上,镌刻在2700万吉林人民的心中。

历史上罕见的洪水,考验着吉林人民的智慧和勇气;突显了吉林党政干部和全省民众迎难而上、不怕牺牲、担当责任的勇气;历练出"以人为本、科学决策、众志成城、顽强拼搏、无私奉献、勇于胜利"的"吉林抗洪精神";绘就了一幅白山松水气壮山河的抗洪画卷!

"抗洪影像"专辑意在将这一画卷永载史册,让吉林军民的壮举定格在2010年之夏。

3. 在审稿中,主编起到"医生"的作用

这一阶段,主编的任务是"诊治"所有大小"病症",统一全书的表述。责任编辑分工负责不同部类的组稿和稿件初编任务,大家对稿件的处理风格有所差异,一些地方处理得不一定到位,对有些单位名称、计量单位、名词概念把握标准不一,比如,有的稿件中表述为"庆祝建国六十周年",有的表述为"纪念建国60年"等,全书应该统一为"庆祝新中国成立60周年",不能说"建国"。这些工作无法交给某一位编辑来做,都需要主编"动刀"加以矫治。

4. 在总纂时,主编起到"法官"的作用

全部书稿(图文)齐全之后,主编开始像法官一样,用一把尺子丈量所有稿件,该删、该减、该调、该增,全部需要"判决"到位。对于

三次校对中出现的问题也要一一解决。比如《吉林年鉴》2011年卷终审时，编纂委员会成员提出：生态省建设作为二级目，到底应该放在哪个部类中更为合适；"十一五"回顾性的文字，应该在各行各业和市（县）概况中均有所体现；全省经济开发区和工业集中区分别列了两张表，是否应把工业集中区表中的项目也全面列出；全省宗教活动场所和三级甲等医院情况应该列表进行反映……对于这些问题，主编应该拿出处理意见，开出"处方"。在给出意见之前，主编当然需要进行一番查阅、咨询。

5. 在出版流程的控制中，主编起到"监理"的作用

每个正规的年鉴编辑部都会有相关的工作制度、出版流程等。一部年鉴能否按计划出版，主要看主编能否有效控制出版流程。这时，主编起到的应该是建设工程领域监理的作用——不仅监督、管理工程质量，还要控制工期，保证大楼按时交工。近年来，许多地方综合年鉴在朝着"369"的目标迈进，即在3月末之前完成组稿任务；在6月末之前完成编稿任务；在9月末之前交付印刷。吉林年鉴编辑部近三年基本实现了这个目标。为按时交付印刷，主编在上一年的11月酝酿新的编纂大纲，12月开始筹划撰稿工作会议，召集撰稿人布置下一轮年鉴写稿任务，同时发放最新出版的年鉴和稿费。此后召开编辑部会议，对新一轮年鉴编纂工作进行分工、提出工作要求，讲清具体的组稿、编稿注意事项。

比如，在《吉林年鉴》2012年卷编纂工作会议上，主编明确了分工之后，强调每个时段的时间要求，并对责任编辑提出了如下要求：（1）处理稿件时，按稿件的内容分类，而不是按供稿单位行政级别分类；（2）严格区分政治部类和社会·生活部类的内容，尽量减轻政治部类"一头沉"的压力；（3）改变社会·生活部类稿件的叙述角度，不要站在有关部门的角度讲做了什么，而应从老百姓的角度看人们的生活状态发生了什么改变；（4）注意涉及港澳台的人物、事件的表述；（5）各民主党派记述量要大致相同，防止过长、过短；（6）严格筛选入鉴条目，内视性信息一律删除；（7）增加各行业、部门的综述性内容，防止"只见树木，不见森林"；（8）胸怀吉林、放眼全省，处理稿件时牢记"所记皆吉林"，不能以部门

的口吻表述事物……

主编提出如此详细的要求，意在保证年鉴质量、保证出版时间。这些做法无疑为《吉林年鉴》顺利开展新一轮编纂工作提供了保障。

6. 在对内对外沟通中，主编起到"一家之主"的作用

主编一边组织编写图文稿件，一边要与排版、印刷、发行部门及广告代理部门、供稿单位等协调、沟通，为的是保证年鉴在各个环节顺利完成阶段性目标，最后按时出版。这就像一家之主，不仅要考虑到全家的吃饭问题，还要处理各类"家务事"，哪件顾及不到都要误事。

二 年鉴主编应有的素养

中国版协年鉴工委副主任王守亚曾把年鉴分为三类：一是作者主导型年鉴——编辑部催要稿件，略加整理分类，草草成书；二是编辑主导型年鉴——责任编辑按照一定的规范认真加工修改，形成局部规范，但全书没有统一的风格和规范；三是总编主导型年鉴——总编对全书按统一体例进行加工，年鉴内容在宏观上科学合理，微观上匠心独具。

笔者以为，主编主导型年鉴堪称鉴中精品，是年鉴界追求的较高境界。如果年鉴的主编发挥了上述六大作用，再加上下文提及的几种素养，那么一定会让编出来的年鉴成为"主编主导型年鉴"。

（1）具有政治家的眼光。站在全省（市、县）的高度，学会用领导的思维思考问题，把握重点问题，捕捉热点问题，分析难点问题，能够判断真与假、善与恶、美与丑。做到"一精百通"。主编对省情（市情、县情）有全面的了解，对本地政治、经济和社会生活等方面情况有深入的研究，这样才能够作出客观、全面的分析。（2）要具有记者的嗅觉。学会捕捉新鲜事物，把新闻工作者的敏感嫁接到年鉴中来。善于从各类新闻媒体中收集年鉴材料，尤其是卷首彩页所需的图片。（3）要善于动笔。主编要带头进行年鉴理论探讨，写出年鉴理论文章，善于在工作实践中总结、升华，把研究成果及时表达出来。（4）年鉴主编要动静结合，该坐下来的时候，一定静心编稿、审稿、写文章，不能终日处于奔波状态，坐不住板凳是无法编出高质量年鉴的。

要编出"主编主导型年鉴",年鉴主编必须发挥"课题组长"的作用、"操盘手"的作用、"医生"的作用、"法官"的作用、"监理"的作用、"一家之主"的作用。一名优秀的年鉴主编,应该具有多种素养:政治家的眼光、学人的知识、新闻记者的嗅觉、作家的笔锋。只有具备了上述素养、发挥了上述作用,才能办出体现编辑部意图、权威可信、风格独特的主编主导型年鉴。

(作者单位:吉林省地方志编纂委员会)

试论我国年鉴信息化建设的发展方向

马驰原

自20世纪80年代兴起的中国年鉴理论研究，经历了"规范"与"创新"两个阶段。2001年之前，主流理念侧重年鉴的规范化，创新的呼声还未形成规模。2001年召开的第十一次城市年鉴研讨会上，中国版协年鉴研究会重点强调了年鉴的创新问题，认为"面对信息技术革命的挑战，年鉴不创新，将不会有读者，不会有市场，不会有前途"①。此后，创新成为中国年鉴理论研究界的重要论题。从提出创新的背景不难看出，年鉴创新的一个重要原因就是应对信息技术革命的挑战，而实现年鉴创新的必经之路也正是年鉴信息化建设。

1997年召开的首届全国信息化工作会议，将信息化定义为："信息化是指培育、发展以智能化工具为代表的新的生产力并使之造福于社会的历史过程。"针对年鉴这种对编纂人员依赖性非常强的行业，实现如定义中所说的信息化将是一个漫长的过程。十多年来，年鉴工作者围绕信息化建设不懈尝试，得出了一些理论成果，本文将梳理已有的信息化建设理论，并在此基础上对年鉴信息化建设的未来提出自己的看法。

一　我国年鉴信息化建设研究的主要内容

我国的年鉴信息化建设研究是伴随着信息化建设实践成长起来的。

---

① 许家康：《地方年鉴创新的几个问题》，《年鉴信息与研究》2001年第4期。

2002～2010年，年鉴信息化建设研究逐步走向高潮期，出现了以北京大学教授、《中国图书馆年鉴》主编李国新的《中国年鉴的创新之路——集团化、数字化、网络化》①为代表的一批年鉴信息化建设理论成果，引发了年鉴界关于信息化建设的长久讨论。与此同时，中国版协年鉴研究会启动中国年鉴数字化、网络化工程，建成中国年鉴网和中国年鉴资源全文数据库，下发《关于进一步加强中国年鉴网和中国年鉴资源全文数据库建设的通知》，以行政、论坛等多种方式推动中国年鉴信息化进程。上海、山东、广东等地区以及100多家中央级年鉴陆续建设门户网站或加入综合性数字化平台，部分年鉴编辑部尝试网络化办公，超过7%的年鉴配套了电子版光盘，1000多种年鉴加入中国年鉴资源全文数据库，年鉴信息化建设发展顺利。综合分析之前的论著，信息化建设研究的主要内容大致可以分为以下几个方面。

1. 年鉴信息化的定义

年鉴信息化的定义是什么，理论研究界始终没有明确的说法。大多数情况下，年鉴信息化建设被笼统地称作年鉴数字化、网络化。笔者所见的相关文章中，80%以上直接以数字化、网络化代替信息化建设概念，还有一部分在概念中用的是信息化，在具体阐述时依旧是数字化、网络化。中国版协年鉴研究会网络中心主任赵海涛认为，"信息化是一个比较大的范畴，不能简单地等同于年鉴的数字化和网络化，更不能等同于电子书和网络出版。对于年鉴来说，信息化建设的核心是对信息资源（内容）的科学开发、合理配置和有效利用。"②这个观点对信息化进行了一定程度的论述，但仍未形成一个明确的定义。《常德年鉴》编辑部王承雄从县级年鉴的信息化实践中得出"年鉴信息化建设是信息资源的科学开发、合理配置和有效利用。它包括办公信息化和年鉴内容信息化两大部分"③的结论。武汉年鉴社的傅万铭将年鉴的数字化、网络化定义为"运用计算机技术将

---

① 李国新：《中国年鉴的创新之路——集团化、数字化、网络化》，《年鉴信息与研究》2002年第1期。
② 赵海涛：《试论年鉴数字化、网络化的发展趋势》，《年鉴信息与研究》2005年第6期。
③ 王承雄：《县级年鉴信息化建设的实践与探索》，常德史志网，2010年1月27日。

年鉴的文字、图片、表格等诸多信息转换成数据存储，然后通过互联网与读者实现信息共享与交流的过程。简言之，就是将年鉴的出版形式由传统的纸质印刷品变为新型的数字网络版，即电子期刊、网络年鉴"。①

2. 年鉴信息化建设的地位和作用

年鉴信息化建设是伴随年鉴创新研究提出的，与年鉴创新有着千丝万缕的联系。中国版协年鉴研究会会长许家康说："关于年鉴创新问题，大致可以概括出三条，一是特色化风格化，二是多样化系列化，三是数字化网络化"②，认为信息化建设是年鉴创新的一个方面，是年鉴创新的必然要求。一部分研究者支持这个看法并作出进一步阐述，如赵海涛指出，"信息化是整个社会发展的必然趋势，也是年鉴创新的重要组成部分"，"将成为中国年鉴创新的必由之路"，"信息化应该被视为促进年鉴创新发展的手段，而不能成为年鉴发展的终极目标"③。也有研究者认为，由信息技术导致的电子版、网络版年鉴是时代发展的要求，是未来年鉴的发展趋势④，这种论断事实上已经将信息化建设从年鉴创新的附属部分变成了年鉴发展的主导方向。

3. 年鉴信息化建设的发展阶段

赵海涛将年鉴信息化建设分为以下几个阶段：铅印阶段、计算机排版、制作电子版、制作回溯数据库、建立门户网站、建立动态数据库、建立决策数据库⑤。不少研究者在谈及信息化建设发展阶段时引用了这个观点。《静安年鉴》编辑部陈彩琴在此基础上进一步提出，这几个阶段不是每个都必须经过，有条件的话，可以直接进行网站建设和数据库开发⑥。

---

① 傅万铭：《刍议年鉴的数字化、网络化及编纂出版创新》，《年鉴信息与研究》2007年第2期。
② 许家康：《年鉴的实用性、读者定位及创新方向》，《年鉴信息与研究》2003年第1期。
③ 赵海涛：《试论年鉴数字化、网络化的发展趋势》，《年鉴信息与研究》2005年第6期。
④ 周景梅、王承玮：《数字化：行业年鉴的创新道路与思考——以〈中国建筑业年鉴〉为例》，《中国地方志》2010增刊。
⑤ 赵海涛：《试从信息化角度解析年鉴创新》，载《中国地方志协会年鉴工作专业委员会首届学术年会论文集》。
⑥ 陈彩琴：《浅议年鉴信息化发展》，载《中国地方志协会年鉴工作专业委员会首届学术年会论文集》。

4. 年鉴信息化建设的内容

年鉴信息化建设的内容，大致可分为硬件建设和软件建设两部分。硬件建设的内涵比较明确，主要指相应的设备建设，如计算机、服务器、办公设备等。软件建设涵盖内容较广，已有的研究成果大致分为三类：（1）信息化产品，包括网络化管理系统、年鉴数据库、年鉴网站等；（2）信息化人才队伍，一支掌握编辑知识并且能够进行信息化操作的专业编纂队伍；（3）信息化管理，包括利用信息化手段进行编辑、办公、经营、宣传等。硬件建设部分在以往的理论研究中很少被提及，因为相关工作往往是外包给专业公司完成的，不是考虑的重点。软件建设中关于信息化产品的研究较多，主要讨论产品的形式、服务方式、产生时间等；关于信息化人才队伍建设的研究较少见诸笔端，《黑龙江商务年鉴》编辑部雷鸣曾以《网络时代年鉴编辑如何应对挑战》为题探讨过互联网背景下年鉴编辑应具备的素质[1]；信息化管理研究多在年鉴经营管理研究中作为经营管理的一种手段被提及，更多侧重于编辑部自身的信息化管理，如办公自动化和编辑过程信息化，对于对外提供服务的信息化管理较少论述[2]。

5. 年鉴信息化建设的发展方向

不少研究者在论述中将年鉴信息化建设的未来设想为网络出版年鉴。河南石油勘探局通信公司的王素红认为："电子、网络系统将成为承载编辑、传递年鉴信息的主要媒体"[3]；陈彩琴认为，"年鉴信息化的未来势必也要走网络出版这条路"[4]。除了这个受到广泛认同的论点外，上海地方志办公室沈思睿在考察国外年鉴的信息化建设经验后提出，利用年鉴数据库

---

[1] 雷鸣：《网络时代年鉴编辑如何应对挑战》，载《中国地方志协会年鉴工作专业委员会首届学术年会论文集》。

[2] 孙志红：《浅谈计算机辅助校对在年鉴编纂中的应用》，《年鉴信息与研究》2006年第4期；张鑫：《浅谈计算机在〈宝钢年鉴〉编纂中的应用》，《年鉴信息与研究》2008年第2期。

[3] 王素红：《论年鉴光盘版与网络版制作》，《年鉴信息与研究》2007年第3期。

[4] 陈彩琴：《年鉴人才建设专业化道路和年鉴信息化发展》，《年鉴信息与研究》2007年第1期。

已有资料为读者提供信息定制服务,应该是年鉴信息化建设的趋势①。版协年鉴研究会则按照集团化、数字化、网络化的设想,致力于整合行业资源,建立尽可能涵盖全国所有年鉴的年鉴网和数据库,并以一网一库为入手点,推动年鉴数字化、网络化建设。

二 年鉴信息化建设研究简评

我国的年鉴在20世纪初便已问世,年鉴理论研究则是在20世纪80年代才掀起第一个高潮,而作为新生事物的信息化建设研究,其发展历程更只有短短十年多一点。在这么短的时间内完成信息化建设研究这么庞大、前所未有的课题,我们的准备显然有些不足,在探索的过程中难免出现些许遗憾。

首先,年鉴信息化建设研究尚未形成体系,不能充分发挥对信息化建设实践的指导作用。一个完整的理论体系,应该包括定义、性质、途径、目标等,而年鉴信息化建设理论连最基础的定义都没有明确,相关的论述尚未形成规模,毋庸谈形成完整的体系。此外,相对于近些年发展较快的办公自动化、年鉴数据库建设、年鉴网站建设,理论研究处于较为滞后的状况,已有的反响较大的理论都是在2010年之前提出的,近年来相关文章明显减少,对信息化建设实践的指导和推动也较为有限。正如许家康所说,"年鉴的发展相当迅速,而我们的理论准备严重不足"。②

其次,关于年鉴信息化建设与政务信息化建设关系的论述十分缺乏。年鉴是"官书",从诞生之日起就与政府有着不可拆分的关系。绝大部分中央级年鉴、行业年鉴、地方综合年鉴都是政府或政府相关部门主管的,不少年鉴的网站依托政府门户网站建立,也有相当数量的年鉴数据库本身就是政府公共服务平台的一部分。以《中国测绘年鉴》为例,年鉴网站是

---

① 沈思睿:《地方综合年鉴的数字化、品牌化、多元化发展之路》,载《年鉴论坛(第一辑)》,中国林业出版社,2010。
② 许家康:《关于年鉴出版周期和年鉴编纂理论研究的建议——在第二十一次全国城市年鉴研讨会上的讲话》,《沧桑》2011年第6期。

国家测绘地理信息局门户网站的子网站,在局门户网站有相关链接;年鉴网站数据库、图片库也是局门户网站数据库的一部分。其他部委和地方综合年鉴也有此类尝试,《中国统计年鉴》一部分数据可直接在国家统计局门户网站查询,《上海年鉴》已加入上海市地情资料库("上海通"网站)。门户网站、公共服务平台等都属于政务信息化建设。近年来,我国政府大力倡导政务信息化建设,投入了大量人力物力,政务信息化程度远高于年鉴信息化程度。年鉴信息化建设大可借助已有的政务信息平台,如地方综合服务平台、行业数据库、国家部委或地方政府门户网站等开展信息化建设,一方面能够借助政府力量,在一个较为成熟的平台上开展各项工作,免去前期筹备和摸索过程;另一方面也可以达到资源整合的效果,宣传面也会更加广。遗憾的是,关于年鉴信息化建设和政务信息化建设之间的关系,以及如何利用这些关联推动年鉴信息化建设的论著非常罕见。2005年,曾有人提出依托政府门户网站来进行年鉴宣传[1];2007年,有研究者提出"年鉴的数字化、网络化必须与政府信息化建设同步发展[2]"的观点,但未在更大范围内引起广泛关注。

最后,网络出版是信息化建设的一个重要内容,但是将其视为信息化建设的最终目标则有待商榷。不少研究者认为,网络出版代替纸质出版物是大势所趋,并因此断定网络出版年鉴是未来年鉴的存在方式。但是,年鉴的功能、服务对象有相当的特殊性,年鉴的出版方式更直接影响年鉴部门的经营性收入,在一定程度上影响了年鉴是否能更好地发展。武断地将网络出版作为年鉴信息化建设的最终目标,并不假思索地朝这个方向进发,很有可能对年鉴发展造成伤害。从目前国内的网络出版实际来看,最早尝试网络出版并且取得一定成绩的盛大、新浪等,其收益绝大部分来源于广告、游戏、影视改编等衍生产品的收入,网络出版本身的收益只占很小一部分,而且绝大多数网络作者必须依靠每天坚持不懈的大量内容更新

---

[1] 庄会柏、安鹰:《依托政府门户网站 深化年鉴宣传工作》,《年鉴信息与研究》2005年第5期。
[2] 郭剑泉:《试论地方综合年鉴对政府的依附性及其信息化建设》,载《中国地方志协会年鉴工作专业委员会首届学术年会论文集》。

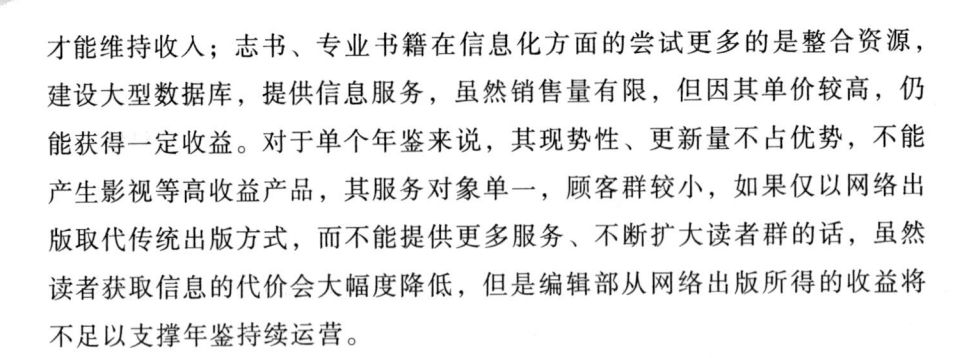

才能维持收入；志书、专业书籍在信息化方面的尝试更多的是整合资源，建设大型数据库，提供信息服务，虽然销售量有限，但因其单价较高，仍能获得一定收益。对于单个年鉴来说，其现势性、更新量不占优势，不能产生影视等高收益产品，其服务对象单一，顾客群较小，如果仅以网络出版取代传统出版方式，而不能提供更多服务、不断扩大读者群的话，虽然读者获取信息的代价会大幅度降低，但是编辑部从网络出版所得的收益将不足以支撑年鉴持续运营。

三 年鉴信息化建设的途径和最终产品

信息化建设是一个非常大的题目，也是一个常变常新的题目。技术的飞速发展、资讯的极度发达，都使得信息化建设的道路难以描摹。参照其他方面的信息化建设经验，结合年鉴的特点和《中国测绘年鉴》的实践，笔者以为，信息化建设可以尝试以下的途径。

1. 年鉴信息化建设可借力政府政务信息化建设

多数部委已经建成政务信息化系统并投入使用，对于部委主管的一部分年鉴来说，完全可以利用这个便利进行信息化建设。自2006年《中国测绘年鉴》创刊以来，一直在进行这方面的尝试。首先，依托国家测绘地理信息局门户网站，开通了中国测绘年鉴子网站，发布年鉴工作动态、重要资料以及部分年鉴原文；其次，利用国家测绘地理信息局外网系统，给各通讯编辑分配了邮箱，作为年鉴日常联络之用；第三，利用国家测绘地理信息局门户网站，发布年鉴重要信息，包括组稿进度、征订情况、优秀表彰以及会议、培训情况等，提高和扩大了年鉴在全行业的知名度和影响力。目前，中国年鉴编辑部正在尝试利用局域网系统建立编辑部内部工作交流的平台，进一步提高工作效率。从这些年的实践来看，借助于相对比较成熟的政务信息系统，年鉴信息化建设将会事半功倍。对于大多数年鉴来说，因为是由政府主管，得到政务信息化建设的支持不会太困难，利用已有的政务信息化平台，如政府内网办公系统、外网交流平台（论坛、微博、邮件系统等）、门户网站等，进行信息化组稿、编辑、宣传、发行等，将是年鉴信息化建设非常值得探索的一个方向。

2. 信息化建设的发展方向是以信息化手段整合资源、合理配置，提高年鉴编纂、经营效率，并对外提供高度整合的、以需求为导向的信息服务

这个发展方向的重点在于提供，也就是为读者提供高度整合的、以需求为导向的信息服务。对于编辑部来说，只要取得上级主管部门支持并投入一定的人力、物力，参考政务信息化建设已有经验、模式，信息化建设是一个可以逐步实现的目标。但是，向读者提供高度整合的、以需求为导向的信息服务，则是绝大多数年鉴工作者未曾尝试的一项工作。目前，读者只能被动接受年鉴提供的信息，几乎不享有自主权。但是，从《中国测绘年鉴》的实践来看，每年都有相当一部分人到编辑部索取年鉴中没有编写但编辑部在编纂过程中已经获取的信息。从这点不难发现，通过年鉴系列工作，编辑部获得了大量资讯，已经具备对外提供信息服务的条件。这种信息服务必须区别于以往信息的简单堆积和提供，必须以读者的需求为导向，内容更全面、分析更深入、获取途径更便捷。假设读者需要某方面的图片，可以通过信息定制获取编辑部掌握的所有可以公开的相关图片，而不仅仅是年鉴已刊登的。甚至读者需要了解某方面情况变化、预测未来走势时，编辑部也能够通过对以往信息的海量掌握和统计分析来提供。

3. 年鉴信息化建设的最终产品将是容纳全国所有年鉴，有个体有整体的信息化年鉴服务平台

这个平台将分为面向编辑部开放的内网平台和面向读者的外网平台，包含编纂管理系统、网络版年鉴、年鉴数据库、信息分析系统等多种信息化产品。编纂人员可通过内网完成编辑、出版、宣传、发行、数据库建设、资料整合分析等工作，读者可通过外网完成阅读、购买、查询、定制个性化服务等。这个平台将在统一的行业标准指导下建设，全国主平台可以通览我国年鉴的全貌，了解年鉴发展的历史、现状，了解国内年鉴的数量、分布，购买年鉴、享受信息服务等；单个年鉴的服务平台是全国主平台的分节点，可以对单个年鉴做更加深入的了解，享受单个年鉴提供的特色服务，分节点由单个年鉴编辑部管理，接受主平台的指导，与主平台和其他分节点互联互通，彼此可以调用公共信息，并可在多个分节点共同参与的基础上完成某项指标的综合分析，得出具有参考价值的分析报告。这个目标是一个非常长远的目标，在目前我国年鉴行业尚没有主管部门、没有统一行业标准的情况下，这盘棋显得有点大、有点空。在当前，各年鉴编辑部可尝试进行单个平台的开发，在条件成熟的时候，作为试点和经验在年鉴行业中进行推广。

信息化建设是中国年鉴发展的必由之路。只有结合年鉴特点和我国年鉴发展的实际，找准信息化建设的切入点，加强理论建设，科学引导实践，这条路才能走得更加顺畅。

（作者单位：中国测绘年鉴编辑部）

论年鉴品牌创新和市场营销策划

杨 隽

2012年,为适应年鉴市场需求,提高年鉴质量,树立精品意识,各地年鉴纷纷在框架、版本、信息刊载、装帧设计上有不同的创新,还相继涌现出了一批更适合读者阅读的百姓(生活)年鉴或非冠名年鉴的"小册子"。这些年鉴的出现,无疑为国内年鉴创新吹来了新风,从而加快了年鉴界"创新品牌年鉴"的实践步伐。

年鉴创新是大势所趋,品牌创新是首要因素。建立一个更适应读者群体的年鉴品牌势在必行,这是年鉴生存的需要,也是各地年鉴适应市场经济条件下竞争的需要。一批新兴年鉴就是看准了市场,先行一步,尽管面临困难,毕竟勇于尝试,得到了一手宝贵的经验。

品牌创新,关键是营销策划,对市场定位要求十分重要。这需要年鉴管理层充分调研市场,明确目标,细化分工,树立全新的编辑模式,以适应图书市场、适应读者群体。笔者认为,品牌年鉴就是那些能够鲜明、系统、集中地体现出年鉴出版方品牌特色的图书,它是一个现代年鉴社(编辑部)的标志和品牌的象征。它通过给年鉴社造成形象效应而为其带来经济效益。对于一个年鉴社而言,它的品牌年鉴可能是单种书,也可能是丛书、套书或系列书。无论如何,品牌年鉴都有如下特点:一是符合一个年鉴社战略定位的精品选题;二是符合年鉴社的公众形象;三是应与年鉴社现在的各种资源相匹配;四是品牌年鉴是长期积累、逐步形成的"名牌产品";五是品牌年鉴往往是由几种或几套年鉴相互交织而成,从各个层面上构成一个反映年鉴社整体形象的品牌图书系统。

第一，品牌年鉴策划和定位直接关系年鉴社的生存与发展。品牌年鉴属于知识产业范畴，对于年鉴社来说，品牌年鉴的发展尽管需要种种条件，但它要取得成功，获得市场份额和主动权，则主要依赖三个要素，即资源、人才与品牌。占有、重组资源与广纳人才的重要意义不言而喻，而打造品牌的作用则在市场经济环境中更为显现。所谓市场的竞争即品牌的竞争。年鉴社的品牌靠什么支撑，靠的是品牌产品，也就是品牌年鉴。当前，一些年鉴社之所以出现生存危机、发展困难的局面，究其原因，除年鉴官书所拉广告日益减少、发行量没有大的突破外，还由于这些年鉴社至今还没有创立自己的新兴品牌，并为广大读者所认可。这里所说的品牌，是指还没有直接或间接创立出一个适应大众参阅的年鉴，而官方年鉴无法适应市场竞争的需要，造成发行量减少、广告收入大不如前等一系列问题。一些官方年鉴则采取政府拨款、不做广告、一律赠送的模式，这样也带来印数减少、市场占有量进一步萎缩等问题。因此，合理的策划与定位，有利于年鉴社的生存与发展。

第二，品牌年鉴有利于年鉴社树立自身形象，形成战略发展的向心力和凝聚力。品牌年鉴一般都有特色清晰、长销不衰的特点。如《上海年鉴》的信息含量、装帧设计很有特色，加之策划得力，宣传得法，使得其销量每年均在6000册以上；《大连百姓年鉴》定位百姓生活，从衣食住行、出行交通、旅游文化、政策法规、养生保健等贴近百姓生活的栏目入手，以低定价、小开本的又一特点确保其发行量超过8000册。一些年鉴社的副产品，诸如某某手册，发行量甚至超过2万册。可见，品牌年鉴的特色往往从主题、内容、装帧设计甚至印刷等诸方面表现出来。这些特色实际上也是年鉴社特色、品牌的组成部分。通过这些特色，年鉴社在读者当中逐渐树立起自己的良好形象，增强了品牌年鉴在读者心目中的地位和可识别性，让读者成为年鉴社忠诚的"回头客"，从而使读者睹社思书。可见，品牌年鉴与读者形象之间形成的是一种良性互动关系，最终受益者当然是年鉴社。从这个意义上讲，品牌的力量是无穷的。

在年鉴社开拓市场的进程中，品牌年鉴是其推广营销的首要产品，品牌年鉴将直接带动整个年鉴社其他图书产品的销售，并在销售份额中占有较高的比例，是形成战略发展的向心力和凝聚力的具体体现。品牌年鉴在年鉴社发展中所发挥的拉动作用是不容忽视的，同时品牌年鉴也是年鉴社长盛不衰的连续性出版图书。低成本、低费用、长销性是品牌年鉴的一个明显特色。现实当中很多年鉴社的大部分收益都来自其品牌或创新品牌年鉴。

第三，品牌年鉴策划有利于年鉴社整合内部的各种资源，成为创造经济效益的重要手段。品牌年鉴的确立使全社员工达成共识，使年鉴社的经营目标明确，使经营管理者找到了选题工作的重点与突破口。年鉴社整合编、印、发各个环节的资源，从人、财、物各个方面集中力量抓品牌年鉴的开发与培育。这对于年鉴社坚持正确的选题方向，以点带面推动全局工作、实现跨越式的发展十分重要。

年鉴的生存与发展，无论是"官办民助"还是"市场运作"，都必须十分重视出版环节，必须强化出版内部整合力度，打造年鉴精品。在当前年鉴管理体制尚未彻底改革以前，各地年鉴将生存与发展定位在广告之上，这是没有办法的办法，仅仅是权宜之计。目前，年鉴的运行机制大约归结为两种：上海模式，即年鉴出版经费完全由政府承担；广州模式，即年鉴采用市场运作机制。因此，改变这两种模式最有效、最可行的方法是实行"三跨"战略，即跨地区、跨行业、跨所有制战略。从理论上讲，通过兼并、联合、重组等形式，在全国形成若干个"三跨"年鉴出版集团，但目前国内的一些图书出版集团的现状却决定了"三跨"战略与我国年鉴出版业相对封闭的状态之间将存在不可调和的矛盾。从这一角度出发，成立若干个年鉴出版集团应及时强化内部整合力度，迅速壮大自身实力，然后适时从小圈子里走出来，逐步跨出地区和行业，跨出单一所有制以至最终走向世界，就显得十分必要。

国内年鉴编纂单位除了一部分划归政府参照公务员管理外，另一部分尚未"参公"的可考虑在现有的模式下注册独立企业，在机构方面加强对各年鉴社"大而全、小而全"的现行体制改革，将其中可以作为社会化、集约化经营的环节剥离出来，同时实行必要的分化、兼并与重组，对不同种年鉴实行效益淘汰制，逐步把社会效益和经济效益较差的年鉴社的优良年鉴资源向效益好的年鉴社流动，给所有强者、能者提供较好的发展条件和最大的施展空间。所以，要在年鉴出版市场竞争中占据优势，首先必须强化各年鉴社内部整合力度，突出品牌，从而使年鉴社真正取得规模效益，具备一定市场控制能力，这是实现年鉴出版市场大整合的前提条件。

第四，品牌年鉴发行至关重要，依托图书公司连锁经营不失为良策。发行是年鉴生存的关键，建立一个全国性的年鉴发行连锁机构势在必行，这将最终导致产销分离，有利于年鉴的生存与发展。发行的前提要搞好市场营销和策划。首先，要重视对市场的调研，要对目前年鉴市场的走向及热点有一个理性的认识，便于及时分析市场潜在的热点，开发适应市场需求的年鉴选题，要对读者的需要有较为明确的了解和掌握，什么类型的年鉴适合何种类型的读者，特定类型的读者又需求什么类型的年鉴。搞好市场调研是策划选题的前提和基础，对年鉴市场信息量掌握的多少，在很大程度上会影响选题的质量和发行量。其次，重视对年鉴选题的准确定位、定价和包装，一本成功的年鉴不仅要内容质量上乘，也要物美价廉，物有所值。再次，要重视参与年鉴的宣传和推广工作，引发读者对年鉴的需求，在策划年鉴选题时最好也策划一个明确的宣传方案。年鉴出版前在行业媒体上发布即将出版的年鉴书评会有助于批发商、书店和图书馆的订阅；行业内对一本好年鉴的评介也是年鉴社对一本新书日后如何营销的重要参考依据，因此新书出版前进行必要的宣传应引起足够的重视。

市场营销的第二个大环节是如何提高年鉴的发行量。笔者认为，开展连锁经营不失为一种简便、快捷的选择。现有的连锁经营方式，如图书贸易公司，以其"以利而连，以管而锁"的独具优势成为世界商品流通业中最具竞争力的经营形式之一。我们国内年鉴的发行也应有所参照，如已经成立的"史志鉴中心"、"中国图书贸易有限公司"等企业，他们走的就是一条连锁经营之路，这类公司少之又少，每年发行年鉴的数量不可能达到一个较大的规模。但连锁经营的理念已逐步被国内年鉴同行所认同，这是因为：一是开展连锁经营可改变我国年鉴发行现状，提高规模效益；二是开展连锁经营可降低自身经营风险，扩大年鉴市场占有率。可见，连锁经营的开展，将逐步建立行业跨地区和多种经济成分的连锁网络，将成为国内年鉴整合出版市场、提高我国品牌年鉴出版竞争实力的最主要选择。

总之,年鉴社要立足于市场,就必须有自己的品牌产品。品牌年鉴的策划事关年鉴社的整体形象和发展规划,要求年鉴社的管理者要有明确的经营方向、清醒的经营头脑、果断的开拓精神和较强的决策能力。成功的品牌年鉴创新与策划,必将推动全国的年鉴掀起新一轮的创新热潮,必将给各年鉴社的发展带来更加灿烂的明天。

参考文献

许家康:《年鉴的实用性、读者定位及创新方向》,《年鉴信息与研究》2003年第1期。

傅万铭:《年鉴条目的选题与撰写》,《年鉴信息与研究》2003年第3期。

叶宝根:《创新——年鉴出书、制作多媒体光盘、上互联网的认识与探索》,《年鉴信息与研究》2003年第3期。

徐祖白:《地方年鉴采编和经营方式转型探析》,《中国地方志》2003年第2期。

杨隽、张建堂:《关于打造年鉴出版产业集团的战略思考》,《上海志鉴》2006年第3期。

杨隽:《浅析影响年鉴市场集中度的主要因素》,《江苏地方志》2003年第5期。

(作者单位:浦东年鉴编辑部)

对年鉴读者定位的再认识

郑 彬

年鉴读者定位这个话题,在年鉴发展初期,实在没有多少人真正下功夫进行研究。20世纪80年代,年鉴在中国热了起来,但我们没有准备好就上路了,许多人在不知道什么是年鉴,不知道年鉴的历史和源流,不知道年鉴的类型及其个性,不知道年鉴的编纂特点和规律的情况下,就糊里糊涂地当了年鉴的编辑,甚至当上了主编。在缺乏经验和理论指导的情况下,只好"天下一大抄",互相效法。《中国百科年鉴》效法外国的百科年鉴,我们大家则对着百科年鉴"依样画葫芦"。后来,年鉴越办越多,尤其是地方志机构基本完成修志任务后都来编年鉴,这对于繁荣年鉴事业起到了很大的推动作用,但许多地方编年鉴不是为了现实,不是为了实用,而是为今后续志积累资料。①

随着年鉴数量的急剧增加,年鉴界于1984年春举行了全国年鉴座谈会,对年鉴的地位、作用、性质、特点、结构、体例及编纂流程和索引的编制等问题展开了讨论,随后又举行全国年鉴编纂经验交流会和年鉴研讨班,对年鉴编纂工作、年鉴编纂总体设计、年鉴性质等进行了交流,对年鉴的选题和组稿、年鉴的编辑加工、年鉴印制工艺流程、年鉴的宣传和推广等进行培训。以上都是侧重于对年鉴的编纂理论和编纂实践的讨论与交流,也就是说大家基本在研究如何编纂年鉴,但至于为谁编纂年鉴、编纂年鉴给谁用的问题,即年鉴的读者如何定位则基本没有涉及。直到20世纪

---

① 许家康:《年鉴的实用性读者定位及创新方向》,《年鉴信息与研究》2003年第1期。

90年代末期,在年鉴界开展年鉴与市场经济研究时,大家开始关注到年鉴的读者群,但也仅仅是蜻蜓点水,没有作深层次的研究和探讨。21世纪初,年鉴界开展年鉴创新问题的研究时,大家才真正把研究目光转移到年鉴读者定位上来,但仍没有定论。如今,再次提出对年鉴读者定位的再认识基于两种考虑:一是在年鉴发展过程中,这个问题仍然困扰着年鉴界,此问题不解决,对年鉴的持续发展极为不利。因为这个问题是根本性的问题,它不但涉及年鉴的编纂出版宗旨、年鉴的框架设计、选题选材及内容的取舍,而且涉及年鉴编纂者的自信心和工作动力。二是读者定位不仅是读者群的定位,更是读者群需求的定位,而读者群及其需求都是变化的、模糊的。就年鉴的读者群需求来说,有直接需求,也有间接需求;有现实需求,也有潜在需求;有明确需求,也有模糊需求,具有鲜明的动态性,是伴随其发展始终的,因此需要不断调整、不断完善、不断升华。

一 以往年鉴读者定位的观点及影响

关于年鉴读者定位的研究,集中在21世纪初期年鉴界开展的年鉴创新讨论之时,当时许多年鉴编纂者在实践和调查中,对这个问题有了许多认识,主要观点梳理如下。

1. 年鉴读者定位不应该单一化

年鉴与学术专著不同。学术专著一般是给同行看的,读者面不会太宽。年鉴是资料性工具书,完全没有必要让它神秘化、贵族化。即使是专业性、知识性年鉴,也带有普及性,理应拥有广大的读者。那么,政府年鉴(地方综合年鉴)的读者群是不是就可以简单地定位为政府官员、专家学者和企事业单位的高层人士?恐怕不行。[①] 年鉴是公开出版物,读者具有社会广泛性,除了某些专门为特殊读者群而编纂的年鉴(如少儿年鉴)外,一般年鉴的读者都应该定位为具有中等以上文化程度的各界人士,具体包括专业工作者、研究人员,机关和机构工作人员,学生及其他求知

---

① 许家康:《年鉴的实用性读者定位及创新方向》,《年鉴信息与研究》2003年第1期。

者,有业余爱好的其他读者。① 年鉴是普及性公开出版物,读者具有社会广泛性。对于地方综合年鉴来说,其涵盖范围有多宽,读者面就有多宽。②

2. 年鉴的读者定位不是宽泛的,而是具体的、有条件的

年鉴读者具有以下特征:从分布看,主要在一定的行政区域内;从使用性质看,主要是职务使用;从使用方式看,主要是查阅相关资料;从使用形式看,多为共同使用,使用频率低,时间跨度长。对年鉴读者的这些特征作出具体分析,可以得出的结论是:无论从使用的需要还是使用的范围看,年鉴的读者都具有很大的局限性。③

3. 年鉴的读者对象要细分

年鉴读者定位是对不同读者的分析比较选择的过程,因此读者定位首先要对读者进行科学划分,即将读者细分为若干读者群体,为年鉴读者定位提供依据。④ 要对读者的需要有较为明确的了解和掌握,什么类型的年鉴适合何种类型的读者,特定类型的读者又需求什么类型的年鉴。⑤

以上三种观点中,在年鉴界影响较大且普遍得到认同的是第一种观点,即年鉴的读者群不是单一的,是宽泛的,年鉴涵盖范围有多宽,读者面就有多宽,年鉴面向具有中等以上文化程度的各界人士。由此,年鉴界便有了如何把年鉴办成能满足所有人需求的通俗读物、如何能让年鉴进入寻常百姓家、如何扩大发行量、如何让年鉴走向市场的提法,并积极付诸行动。比如,有的年鉴为了吸引读者,纷纷在年鉴中增加所谓实用性很强的便民资料,如火车时刻表、公交线路站点等;有的另辟蹊径,在利用年鉴资料的基础上,编辑出版袖珍版年鉴、百姓年鉴、生活指南手册等,希望以此来争取广大读者,扩大发行量,让年鉴成为寻常百姓家用得着、用

---

① 许家康:《提高专业年鉴编纂质量的几点设想》,《年鉴信息与研究》2003年第5期。
② 许家康:《年鉴编纂必须全面贯彻以人为本的科学发展观》,《年鉴信息与研究》2004年第4期。
③ 胡新力:《地方综合年鉴读者定位和市场定位思考》,《出版专业理论与实务》,上海辞书出版社,2003。
④ 杨树民、刘百宽、张煜峰:《年鉴读者细分与定位的探讨》,《年鉴信息与研究》2002年第3期。
⑤ 张建明:《关于创新年鉴出版理念的思考》,《年鉴信息与研究》2004年第5期。

得上的工具书。事到如今,近10年时间过去了,年鉴仍然没有成为满足所有人需求的通俗读物,没有进入寻常百姓家,没有走向市场,当初被大家热衷的一些提法已被证明有些稚嫩、偏颇,当初被视为创新的一些尝试大多已成过眼云烟。为此,年鉴编纂者心中不免生出些疑惑,也不免产生一些焦虑。自己辛辛苦苦编纂的年鉴没有进入寻常百姓家,没有让更多的读者所认识、接收、使用,是年鉴本身的功用不足,还是年鉴编辑本身能力不足?笔者认为,主要原因还是年鉴读者定位问题没有搞清楚,这个问题如果不搞清楚,就会一直困扰年鉴编纂者,使之在编纂年鉴中无所适从,束手束脚,既想照顾寻常百姓,又要顾及党政机关工作人员、科研人员、专家学者、企事业单位的管理人员以及编史修志人员等。

二 年鉴读者定位宽泛的原因分析

长期以来,年鉴界将年鉴读者定位比较宽泛,而且在此定位引导下编纂年鉴,并产生一些比较稚嫩、偏颇的做法,笔者认为主要有以下几方面原因。

1. 忽略了年鉴有多种类型

中国年鉴事业在20世纪80年代再次兴起,截至2008年11月,全国编纂出版的年鉴已从1980年的6种发展到2500种。[①] 在这2500种年鉴中,"可分为综合性年鉴、专业性年鉴和专题性年鉴三大类"[②],"专题性年鉴其实也是专业性年鉴的一种或者说是一个分支。因此,可将中国年鉴分为综合性年鉴和专业性年鉴两个大类。按照年鉴收录资料信息的不同区域和范围,综合性年鉴可分为国家综合年鉴和地方综合年鉴两种,专业性年鉴同样可分为国家专业年鉴和地方专业年鉴。上述四种年鉴基本可以涵盖目前我国编纂出版的所有年鉴"[③]。既然年鉴被分为四种类型,那么年鉴的读者

[①] 孙关龙:《铸造具有中国特色的年鉴及其年鉴学》,《年鉴信息与研究》2009年第5~6期。
[②] 许家康:《年鉴编纂入门与创新》,线装书局,2006。
[③] 武星斗:《试论年鉴定义的表述》,《年鉴论坛(第一辑)》,中国林业出版社,2010。

定位显然不能以一而概之,不同类型的年鉴其读者定位一定是不相同的。如前所述,将所有年鉴不分类型统一定位为面向具有中等以上文化程度的各界人士,不能不说在这个问题上存在一些模糊认识,存在着简单化和随意化倾向。

2. 把目标读者与外围读者混为一体

任何一本读物都有其自己特定的目标读者,年鉴也不例外。不能把所有关注年鉴的读者全部作为年鉴的读者,而不论其对记述对象关注的角度、深度、广度和层次如何。当然,理论上讲,年鉴读者是多元的,所有人都有可能使用年鉴。但是,在对读者进行定位时,却不能只考虑到读者对象的范围,而不去仔细分析使用年鉴的读者的具体特征。

3. 受年鉴定义的影响

年鉴是逐年编纂连续出版的资料性工具书。[①] 既然年鉴是工具书,就应该解决尽可能多的人们的需求。实际上,任何一部年鉴,即使是内容再全面,也不可能涵盖所有的人类知识和信息,当然也不可能满足所有人的需求。

4. 受国外年鉴的影响

由于年鉴是舶来品,因此外国一些成功的年鉴很容易成为中国年鉴编纂者羡慕的对象和努力的目标。最著名的莫过于创刊于 1868 年、年销量 200 万册,长期拥有大量读者的美国《世界年鉴》,以及英国的《惠特克年鉴》、日本的《朝日年鉴》等。人们认为外国年鉴能做到的,中国年鉴经过努力也一定能做到。实际上,国外拥有大量读者且"真正走进寻常百姓家的年鉴基本上都是知识性、便览性年鉴"[②]。而中国拥有的 2500 种年鉴大多数是地方综合年鉴,具有显明的中国特色,不能简单地加以比较。

---

① 许家康:《年鉴编纂入门与创新》,线装书局,2006。
② 孙关龙:《铸造具有中国特色的年鉴及其年鉴学》,《年鉴信息与研究》2009 年第 5~6 期。

三 地方综合年鉴的读者定位

通过以上的分析可见,年鉴读者定位不应是宽泛的,而应根据不同类型的年鉴去界定不同的读者群,即不同年鉴应有其特定的读者群。就地方综合年鉴而言,其读者定位为党政机关工作人员、科研人员、专家学者、企事业单位的管理人员以及编史修志人员等。这样定位的原因除了前面的分析外,还有以下几点。

1. 在理论上符合年鉴定义的要求

国务院《地方志工作条例》将地方综合年鉴定义为"系统记述本行政区域自然、政治、经济、文化、社会等方面情况的年度资料性文献"。同时,也符合地方综合年鉴自身的性质、特点和规律。首先,地方综合年鉴记述的范围是本行政区域,这在年鉴的读者范围上已经有了明确的限定;其次,地方综合年鉴记述的是一地的自然、政治、经济、文化、社会等方面情况的年度资料性文献,不是记述与寻常百姓息息相关的日常生活类资讯,将资料的类型进行了框定;再次,地方综合年鉴记述的内容是年度性的,在为读者提供资料的时间上作了限定,而且在年鉴出版时资料的时效已过去10个月左右,不能完全满足寻常百姓对资料信息的适时需求;最后,地方综合年鉴的规模一般都较大,省级年鉴、城市年鉴大多在100万字以上,区县年鉴也有几十万字,规模大导致的直接结果就是价格偏高,一般都在200元左右,这显然不符合寻常百姓的消费心理。

2. 符合目前年鉴事业发展现状

年鉴事业在中国经过30多年的发展,数量得到了急剧扩张,中国在世界上已经成为年鉴大国,但到目前为止,地方综合年鉴的发行量还很小,覆盖面还很窄,甚至有萎缩的趋势,这不能简单地归罪于年鉴编纂者。30年间,年鉴编纂者一直在探索,也作出了不懈的努力,但收效甚微,这也许从另一个侧面告诉年鉴编纂者,地方综合年鉴读者定位不可能是宽泛的,而是有局限性的,受制约的。为了摸清地方综合年鉴的受众群,广大的地方综合年鉴的编纂者也作了多次读者调查。结果显示，无论是省级综合年鉴、城市综合年鉴，还是区县级综合年鉴，其读者分布较广的均为党政机关工作人员、科研人员、专家学者、企事业单位的管理人员以及编史修志人员等，这与发行的方式、范围可能有极大的关系。地方综合年鉴目前的实际情况的确如此，要想改变其受众群，不可能是一蹴而就的事情。地方综合年鉴编纂者现在应该放弃让年鉴进入寻常百姓家的美好愿望，放下包袱，轻装上阵，去努力打造能满足地方综合年鉴的真正读者需求的年鉴。

（作者单位：大连市地方志办公室）

评奖：撬动年鉴编纂规范与创新的有效杠杆

——以浙江省第三届年鉴优秀成果奖评奖活动为例

颜越虎

规范与创新是年鉴编纂工作永恒的主题。推动年鉴编纂的规范与创新，有很多方法。而通过评奖，引导年鉴编纂的规范与创新，不失为一条有效途径。换句话说，评奖是撬动年鉴编纂规范与创新的有效杠杆。本文试以浙江省第三届年鉴优秀成果奖评奖活动为例来加以阐述。

此次评奖前后历时近一个月，在整个评奖过程中，我们始终坚持"评审和引导兼顾，规范与创新并重"的原则，力求以年鉴评奖的规范促进年鉴编纂的规范，以年鉴评奖的创新推动年鉴编纂的创新。既抓好年鉴评奖本身，又注重评奖之后的后续系列工作，争取获得多重收效。从评奖产生的反响看，无论对评奖的方式方法，还是对评奖的最终结果，全省年鉴界都给予了充分的肯定，认为这是一次成功的、富有积极意义的评奖活动，对浙江的年鉴编纂产生了重要影响。

关于此次评奖，我们有所思考，有所探索，也有所收获。笔者不揣浅陋，把我们的一些想法与做法整理成文，以求教于年鉴界同人。

一 评奖是为了检验过去，更是为了引导未来

近年来，浙江年鉴编纂的发展势头较好，每年都有一些新的地方和部门启动年鉴的编纂工作。到目前为止，全省共有地方综合年鉴50余种，全省性行业年鉴20余种，省部属高校、企事业单位年鉴10余种，共计近百

种。另有各级各类统计年鉴近百种，设区市级行业年鉴数十种。为检验全省年鉴编纂的成果，推动新时期年鉴编纂工作朝又好又快的方向发展，浙江省决定开展第三届年鉴优秀成果奖评奖活动。

如何做好新形势下的年鉴评奖工作？我们在全面调查、了解情况的基础上，对全省年鉴工作的历史与现状进行了深入思考。

此项工作启动之前，我们先对以往的年鉴评奖工作进行了反思。1998年以来，浙江省进行过两次全省性的年鉴评奖活动。每次评奖都是召集若干人员，花一两天时间，突击式地评审数十部年鉴。奖项公布后，评奖工作也就宣告结束。如此评奖，既不可能全面深入地"探测"年鉴中存在的问题，也无法利用评奖的方式对全省的年鉴编纂实施有效的引导（事实上以往也没有开展过类似的工作），一些人关心的是甲单位有没有获奖，乙单位获的是什么奖，对年鉴中存在的这样或那样的问题无心关注。事实证明，这样的评奖过程和评奖方式很难对评奖之后的年鉴编纂带来什么指导性的影响。

众所周知，一个奖项的评定，首先是为了对以往工作中取得成绩的单位和个人给予肯定、给予奖励。特别是文化方面的奖项，往往是聘请相关的专家学者，以严肃的态度、严格的标准，审视参评的每一部作品，作出科学的、实事求是的评价，并对优秀者予以褒扬。就浙江省第三届年鉴优秀成果奖评奖而言，无疑也应该是对几年来全省年鉴编纂工作的一次检阅。浙江的年鉴以《浙江年鉴》、《杭州年鉴》、《桐乡年鉴》、《萧山年鉴》、《余杭年鉴》等为代表，《温州年鉴》、《绍兴年鉴》、《海宁年鉴》等则是年鉴界的后起之秀。它们既代表了浙江省年鉴编纂的水准，又成为全国年鉴界的佼佼者。回顾以往年鉴编纂工作，总结其中的得失，嘉奖优秀年鉴，这些都是年鉴评奖的目的，但我们认为不是根本的目的。根本的目的应该是通过评奖引导广大年鉴编纂工作者总结经验，吸取教训，取长补短，精益求精，从而促进年鉴质量的全面提高。正是基于这样的考虑，从评奖的准备到评奖的实施以及评奖之后的一系列工作，我们不仅从审视既往的角度，而且更多地从引导未来的角度来设计、来展开，努力让评奖工作真正成为全省年鉴编纂朝规范与创新并重方向发展的一种指南，真正引导和推进全省年鉴编纂质量的提高。

二 以年鉴评奖的规范与创新带动年鉴编纂的规范与创新

正是基于"使年鉴评奖成为今后年鉴编纂的引导"这样一种指导思想,我们从评奖本身做起,力求从评奖方案、评奖标准的制订,到评奖过程的实施都体现出规范与创新,以年鉴评奖的规范与创新带动今后全省年鉴编纂的规范与创新。

1. 指导思想体现在年鉴评奖方案的制订上

一项工作或一项活动的开展,其方案既决定了这项工作或活动的进行方式、展开过程等程序性事务,也在很大程度上决定了该项工作或该项活动的最终效果,所以必须全面考虑,精心设计,尽可能体现出规范与创新。

在评奖方案设计时,首先考虑到规范方面的问题,在此以参评年鉴的资格认定为例加以说明。前面提到,浙江有近十种地方综合年鉴、全省性行业年鉴及大型企事业单位年鉴,其中绝大部分是由出版社出版的,也有一小部分是内部印行的。是否让内部印行的年鉴也参加评奖,是一个非常现实的问题。我们经过慎重考虑,决定不将这部分年鉴纳入评奖范围。因为,尽管内部印行的也是年鉴,有的在编纂和印刷等方面做得还不错,但为了引导全省年鉴编纂更加注重规范,不将非正式出版的年鉴纳入评奖范围是必要的。因为一部年鉴在编辑部的各道工序完成之后,交付出版社,出版社会从专业的角度对全书各个方面,尤其是在编纂体例、文字编校等方面认真做一番工作,这样至少会使年鉴在规范化上大大提高,也可以说会使全书的质量提高。从这个意义上讲,不将非正式出版的年鉴纳入评奖范围,就是为了今后的年鉴编纂整体上更加规范,更有质量。

在评奖方案设计时,尽量体现创新意识,在此以评奖时间的安排为例来加以说明。方案设计时,我们对评奖时间的安排上也作了一些改变,就是评奖不再是匆匆忙忙的一两天，而是延长至3个多星期，按程序分步实施，先评编校质量与装帧设计两个项目，再评框架设计与条目编写两个项目，既改变了以往年鉴评奖给人一种走过场的印象，也切切实实提高了评奖质量。评奖时间安排的变化，既体现了评奖组织者对参评年鉴认真负责的态度，也体现了对全省今后年鉴编纂的引导意图——评奖时间的延长可以细化评奖的内容，可以更深入、更有效地检查参评年鉴的内在质量。

2. 指导思想还体现在年鉴评奖标准的制订上

在评奖标准起草之初，我们反复研读了中国版协年鉴研究会颁布的《第三届全国年鉴编纂出版质量评奖方案》中有关的标准，同时参考了山东、江苏等地的年鉴评奖标准。他们的年鉴评奖起步早、起点高，经验丰富，方法成熟，兄弟省市的这些规范化做法给了我们很好的启示，提供了有益的借鉴。

当然，在起草年鉴评奖标准时，考虑的不仅仅是规范，创新同样是我们的目标。在借鉴各地成功经验的基础上，力求结合浙江省情况，创新评奖标准，制订出符合浙江实际、具有浙江特色的评奖标准。比如对目录的要求，中国版协年鉴研究会的《第三届全国年鉴编纂出版质量评奖方案》中规定："目录编排得体，准确无误，易于检索。"但对照浙江的实际，我们觉得还不够。浙江是沿海开放地区，社会事业发展较快，经济的外向度较高，方方面面对外联系较多。以拥有"神州第一市场"——中国小商品城的义乌市为例，目前义乌市已在全国20多个省、市、自治区开办了20多家分市场和配送中心，商品畅销全国各地，还在韩国、南非、泰国、乌克兰等国设立了5个分市场，出口商品已占全部交易额的50%以上，销往206个国家和地区，有80多个国家和地区的6000余名外商常驻义乌，境外企业在义乌设立办事机构的有478家，联合国开发计划署、难民署、儿童基金会等也在义乌设立了采购信息中心。面对这样的现实，年鉴如何与社会需求对接？我们认为在年鉴目录设置时，附一份英文目录，对浙江省的年鉴来说，也许是一个最起码的要求，或者说这是浙江的年鉴一个必不可少的要求。为此，评奖标准中增加了"英文目录"的要求，并设置了相应的分值。这是和其他年鉴评奖标准的一个不同之处。

还有关于对"年鉴创新"列入评奖标准这一问题，我们也做了一些探索。近几年来，全国年鉴界就创新问题展开了热烈讨论，提出了许多很好的意见和建议，但是这样的要求体现在年鉴评奖标准或评奖方案之中的情况似不多见。我们认为，既然创新是年鉴永恒的主题，在年鉴编纂中具有重要意义，那么在年鉴评奖标准中就应该有明确的规定和要求，以鼓励和引导各级各类年鉴在编纂实践中勇于尝试，大胆创新。因此，在评奖标准的"框架设计"这一大类中专门加上了一条："在内容或形式上有所创新"，并设置了 5 分的分值。这也可以说是我们在年鉴评奖标准制订上的一点创新。

在年鉴评奖标准制订过程中，还注重多方征求意见。在评奖标准初稿形成之后，下发至一些年鉴编纂单位征求意见。他们工作在年鉴编纂的第一线，具有丰富的实践经验，知道哪些是年鉴评奖必须要求的，哪些是可以不作要求的，同时他们也有一些困惑和疑问。把这些意见和建议征集上来，有助于集思广益，完善评奖标准。另外，征求意见的过程，也有助于年鉴编纂单位深入思考年鉴编纂中存在的问题，从而进一步强化年鉴编纂的质量意识。这种做法是前两届浙江年鉴评奖中没有的，它既是规范化的做法，又具有创新的价值，受到了年鉴编纂单位的好评。

3. 指导思想也体现在评奖实施过程中

我们首次委托专业团体和专业人士对年鉴的相关项目进行评审。本次评奖内容为"框架设计"、"条目编写"、"编校质量"、"装帧设计"四个方面，前两个方面由省地方志办公室组织省内年鉴界人士评审，"编校质量"委托浙江省出版协会进行评审，"装帧设计"则委托浙江省出版协会书籍装帧艺术委员会负责评审。这样的处理既是一种规范的做法，又是一种创新的做法。

说它规范，因为浙江省出版协会及其装帧艺术委员会是全省出版界的专业机构，也是浙江出版界评奖的权威机构（浙江省一年一度的出版奖——"树人奖"即由其评选），对书籍的编校质量和装帧设计的评选有一套规范严格的制度和标准，协会中的相关人士都是浙江德高望重的老编辑、老校对和老书籍装帧艺术家，具有很高的专业水准和丰富的评选经验，由他们进行编校质量和装帧设计的评审，无疑要比年鉴界、方志界的人士来得更专业，也更规范。

说它创新，因为这是浙江年鉴界前两次评奖未曾有过的，它既改变了非专业人士评选不熟悉的专门项目的状况，在评选程序上也改变了一两天时间突击评审数十部年鉴的做法：我们先把参评年鉴送至省出版协会，请他们以两个多星期的时间，按规定对各部年鉴进行审读、评选，让他们有充裕的时间进行仔细审查，从而保证评选的质量。实践证明，委托专业机构和专业人士进行年鉴相关项目的评审是提高评奖质量的有效措施，这一做法也得到了全省年鉴界的一致肯定。

年鉴评奖本身的规范与创新给浙江年鉴编纂的规范与创新带来了良好的示范效应。

三 通过评奖后续系列工作，进一步引导浙江年鉴编纂的规范与创新

和以往的年鉴评奖不同，这次评奖之后不是"曲终人散"、"万事大吉"。我们认为评奖工作和评奖之后的工作应当"两手抓"、"两手都要硬"，只有这样，才能使评奖的引导作用得到最大限度的发挥。

总结、培训等工作就是年鉴评奖的后续工作，也可以说是评奖工作的延伸。要做好这些后续系列工作，同样需要围绕规范与创新的主题，针对存在问题，从宏观到微观，有的放矢，扎实推进，努力促进全省年鉴质量更上一层楼。

从参评年鉴的现状看，浙江年鉴质量不容乐观。规范方面存在的主要问题是：（1）在框架设计上，一些年鉴分类随意，归属不当，既不科学，也不合理，如把"旅游业"放到"社会生活"部类之中，就有违"按资料的性质进行科学分类，即将信息资料以知识体系、学科领域、社会领域等为基础，按其内在联系或统一的逻辑规律分类归集，加以编排"[①] 的原

---

① 许家康：《年鉴编纂入门与创新》，线装书局，2006，第48~49页。

则；还有一些年鉴或者是没有索引，或者是有了索引而不规范，诸如仅有图片索引、表格索引，而没有主题索引；索引变成目录的搬家和重新排列，等等。（2）条目编写上，一些年鉴条目的内容要素不齐全，条头和释文的内涵与外延不一致，个别年鉴甚至没有条目的样式，主要内容不过是一堆资料的汇集。至于编校质量和装帧设计方面，许家康于 2004 年 3 月在温州举行的第三届全国年鉴奖颁奖大会上指出：当时的年鉴存在"两大问题"："一是片面追求豪华"，"二是编校质量问题不可小视。"[①] 同样的不足在目前的浙江年鉴中也不同程度地存在，尤其是编校方面的不规范显得更为严重。创新方面浙江的年鉴也存在许多问题：浙江虽有《浙江年鉴》、《杭州年鉴》、《温州年鉴》等年鉴在国内各领风骚，但多数年鉴创新意识不强，框架雷同，缺少特色，栏目陈旧，条目写法单调，很少甚至没有二次文献等情况大量存在，无新意、一般化的年鉴为数不少。

从以上罗列的这些问题中可以看到，浙江的年鉴编纂无论在规范方面还是创新方面都任重而道远。针对这些问题，我们通过总结、培训等手段，着力解决一些主要的、共性的问题，从而全面提高浙江年鉴编纂的质量与品位。

1. 摆问题

首先是把评奖中发现的问题公之于众，要求年鉴编纂单位对照检查，认真分析原因，并在此基础上开展学术探讨，力求找出有针对性的解决办法。2010 年 3 月，浙江省地方志办公室召开了浙江省年鉴工作交流会。会上不仅介绍了中国地方志协会年鉴工作专业委员会第二届会员代表大会暨第二届理事会第一次会议的情况和第四次全国年鉴编纂出版质量评比情况，还交流了工作经验，探讨了解决相关问题的方法，既有理论性，又具实践性。

2. 树典型

《杭州年鉴》是中国版协年鉴研究会三次评奖的"三连冠"，规范与创

---

① 许家康：《五年一度的大检阅——在中国年鉴奖颁奖大会上的讲话》，《年鉴信息与研究》2005 年第 2 期。

新都做得比较好；《绍兴年鉴》在规范化方面卓有成效，它较早以《国民经济行业分类》来规范年鉴的框架设计，并取得了成功；《温州年鉴》的创新意识比较强，许多创新之举屡受好评。它们应该成为浙江省年鉴编纂的标杆。我们要通过推介，让更多的人了解它们，更好地发挥它们的示范效应。

3. 拟规章

前面提到，这次评奖中发现的大量问题是规范方面的问题。我们认为"没有规矩，不成方圆"，规范的问题不解决，提高质量就是一句空话。我们借鉴了兄弟省市的经验，在集思广益的基础上，制订《浙江省年鉴编纂规范细则》，使浙江年鉴编纂更为规范，为进一步提高年鉴质量夯实基础；我们还将加大鼓励年鉴编纂创新的力度，引导各级各类年鉴尤其是地方综合年鉴编纂在规范的基础上更加创新。

4. 抓培训

要提高年鉴编纂的质量，人的因素是第一位的。我们加强了人员培训，力求通过培训提高年鉴编纂人员的素质，通过培训增强他们的规范意识和创新意识，通过培训把全国年鉴界规范与创新的做法介绍给各年鉴编纂单位和年鉴编纂人员，以取人之长补己之短，从而达到规范与创新并举、全面提高浙江年鉴编纂质量的目的。2009年10月，我们在杭州举办了较大规模的"2009浙江年鉴论坛暨年鉴培训班"，邀请了许家康、孙关龙、杨军仕、韩荣根、鲁孟河等领导和专家前来授课。这是浙江省首次举办年鉴方面的培训活动，在省内产生了广泛影响和良好效益。

5. 建组织

到目前为止，浙江省还没有全省性的年鉴学术组织。众所周知，一个学术团体建立与健康运转，对一个学科的发展具有非常重要的意义。对于年鉴工作而言，建立年鉴学会或年鉴研究会，一是可以密切"年鉴同行间的关系，变关门式年鉴编纂为开门式年鉴编纂"；二是可以"相互交流切磋业务，起到取长补短的作用"；三是可以"交流资料信息，有利于提高年鉴质量"；四是可以加强各方面的合作，取得双赢或多赢的效果。① 我们将在认真研究本省年鉴编纂实际、虚心学习兄弟省市年鉴社团运作经验的基础上，适时建立全省性的年鉴研究学术团体，为全面提高浙江省年鉴编纂与研究水平提供有效的学术支撑。

（作者单位：浙江省人民政府地方志办公室）

---

① 姚金祥：《上海市年鉴编纂二十年回顾》，《上海市年鉴编纂二十年》，上海社会科学院出版社，2004，第8页。

附录

中国地方志协会年鉴工作专业委员会
第二届学术研讨会纪要

2012年8月21~23日，中国地方志协会年鉴工作专业委员会第二届学术研讨会在乌鲁木齐市召开。新疆维吾尔自治区人民政府副主席、自治区地方志编委会副主任贾帕尔·阿比布拉出席会议并致辞。中国地方志指导小组成员、中国地方志指导小组办公室党组书记、中国地方志协会年鉴工作专业委员会会长田嘉出席会议并讲话。中国地方志指导小组秘书长兼办公室主任、中国地方志协会年鉴工作专业委员会常务副会长李富强出席会议。中国地方志指导小组办公室副主任、中国地方志协会年鉴工作专业委员会副会长邱新立作会议总结。新疆维吾尔自治区地方志编委会党组书记、副主任廖运建代表新疆维吾尔自治区编委会致辞。中国地方志协会年鉴工作专业委员会副会长、江苏省地方志办公室主任方未艾，湖北省地方志办公室主任文坤斗，上海市地方志办公室副主任莫建备，河南省地方史志办公室副主任王中华分别主持会议。中国地方志协会年鉴工作专业委员会常务理事、理事，论文作者及会议特邀代表等近100人参加会议。

本届学术研讨会的主题是"年鉴研究的回顾与总结"。主要目的是期望通过对20世纪初尤其是80年代以来我国的年鉴研究成果，特别是重要学术观点的梳理、归纳、分析、评述，摸清家底，理清学术发展史，增强今后研究的前瞻性、计划性和针对性，推动年鉴研究进一步深入，为推进年鉴学建设、提高年鉴编纂质量、保持年鉴事业持续繁荣打下坚实的理论基础。围绕会议主题，田嘉在讲话中总结分析了我国年鉴研究的历史与现状,肯定了20世纪初尤其是80年代以来年鉴界在年鉴基础研究、编纂研究以及在工作管理研究等方面所取得的成绩,他认为20世纪80年代以来年鉴研究具有较强的时代性、实践性、针对性等特性。田嘉指出,当前,年鉴研究又遇到了新的发展时机。全国上下正在喜迎党的十八大召开并正在深入贯彻落实党的十七届六中全会精神,全力推动文化体制改革,努力实现社会主义文化的大发展大繁荣。年鉴工作作为文化建设的基础性工程和重要组成部分,既面临着非常好的发展机遇,又存在一系列严峻的挑战。为此,田嘉对今后年鉴研究提出三点意见。一是年鉴研究要和年鉴质量建设、年鉴事业长远发展结合起来。年鉴研究首先要围绕如何提高年鉴质量这个中心展开,不仅要研究年鉴的性质、功能、读者定位、框架设计、条目编写、资料搜集、内容表现形式等关系年鉴质量的基础理论和编纂理论等问题,还要研究年鉴质量的保障体系和评鉴体系建设问题。此外,年鉴事业在当前形势下也有一些问题亟须研究和回答。我们还不能懈怠,要以艰苦奋斗的精神、更长远的眼光来大力开展年鉴研究。二是年鉴研究要有计划、有重点地进行。今后,在鼓励共同研究、广泛参与的基础上,要集中年鉴界的部分专家学者,在科学总结和分析年鉴研究成果的基础上,结合年鉴实践发展的需要,编制全国年鉴研究发展规划,成立课题攻关小组,分期、分批解决困扰我们的一些理论问题,促进年鉴研究不断深入。三是年鉴研究要充分发挥中国地方志协会年鉴工作专业委员会等学术团体的作用。中国地方志协会年鉴工作专业委员会要继续按照2009年11月换届会议上提出的工作任务和努力目标,积极联系和团结其他年鉴学术团体,尽快筹备成立学术委员会,经常性举办小型专题研讨会,适时开展年鉴教材的编写工作,调动开展年鉴研究的积极性,推动年鉴理论研究和学科建设向前发展。

会议进行了主题发言。中国地方志指导小组办公室年鉴处副处长、中国地方志协会年鉴工作专业委员会秘书长杨军仕介绍了《地方综合年鉴编纂出版规定(试行)》制订工作情况及遇到的问题;江苏省地方志办公室副主任牟国义,广东省人民政府地方志办公室年鉴处处长刘波,广州市地方志办公室年鉴处副处长阳晓儒,分别对年鉴框架设计研究、年鉴规范与创新研究、年鉴功能研究进行了述评；新疆维吾尔自治区地方志编委会副主任刘星介绍了《新疆年鉴》编纂情况及体会；上海市地方志办公室年鉴处处长王继杰、湖北省地方志办公室市县志处副处长卢申涛分别介绍了上海市年鉴审读制度和湖北省开展年鉴工作的做法及经验。

  小组讨论中，各位代表围绕田嘉同志的讲话精神，结合本地（部门）年鉴研究实际或个人研究方向发表了意见。大家认为，我国的年鉴研究取得了丰硕成果，但是研究还存在比较散、比较浅，研究缺乏动力等问题。在今后的工作中，要进一步认识年鉴理论研究的重要性，通过制订出台年鉴编纂规范、设立年鉴研究课题、编写年鉴编纂教材、发挥年鉴学术团体的作用、组织开展年鉴评奖等一系列措施，进一步推动年鉴理论研究，提升年鉴编纂质量，促进年鉴事业科学健康发展。

  邱新立在总结讲话中指出，本次研讨会的召开深化了对年鉴编纂理论的理解，促进了全国年鉴界的学术交流，增强了全国年鉴工作者的共识，会议达到了预期目的，取得了较为理想的效果。他要求与会代表要学习好、领会好、传达好会议精神，特别是要进一步认真学习田嘉同志的讲话精神，扎实做好年鉴理论研究，加强年鉴学术交流，切实提高年鉴编纂质量，共同推动全国年鉴事业发展再上一个新台阶。

编后记

为了系统总结我国年鉴研究成果，摸清年鉴研究现状，有计划地推动年鉴研究进一步深入，2012年初，中国地方志协会年鉴工作专业委员会决定于本年8月召开第二届学术研讨会。2月23日，下发《关于征集中国地方志协会年鉴工作专业委员会第二届学术研讨会论文的通知》（中地协年字〔2012〕1号），确定本届研讨会的主题为"年鉴研究的回顾与总结"，着手进行论文征集工作，并提出会后遴选优秀论文结集出版。8月21~23日，中国地方志协会年鉴工作专业委员会第二届学术研讨会在新疆乌鲁木齐市召开。会议前后，共收到论文60多篇。对收到的论文，中国地方志协会年鉴工作专业委员会秘书处（中国地方志指导小组办公室年鉴处）杨军仕、曲巍、和卫国、杨卓轩进行了认真审读，从中选取33篇，按照年鉴基础研究、年鉴编纂研究、年鉴工作管理研究等专题编排。入选论文，在格式上做了统一，对部分论文的内容做了删改，力求编成一部高质量的论文集。因中国地方志协会年鉴工作专业委员会名称已更改，书名定为《中国地方志学会年鉴工作专业委员会第二届学术研讨会论文集》。

中国地方志指导小组办公室党组书记、中国地方志学会年鉴工作专业委员会会长田嘉和中国地方志指导小组秘书长兼办公室主任、中国地方志学会年鉴工作专业委员会常务副会长李富强对本书编辑出版工作始终给予大力支持，提出了许多指导性意见，并审定了全部书稿。

社会科学文献出版社及编辑陈颖为本书的顺利出版付出了大量劳动，在此表示诚挚的谢意。

中国地方志学会年鉴工作专业委员会

2012年11月19日

图书在版编目(CIP)数据

中国地方志学会年鉴工作专业委员会第二届学术研讨会论文集／中国地方志指导小组办公室，中国地方志学会年鉴工作专业委员会编．—北京：社会科学文献出版社，2012.12
 ISBN 978-7-5097-4204-4

Ⅰ.①中… Ⅱ.①中…②中… Ⅲ.①地方志-编辑工作-中国-学术会议-文集②年鉴-编辑工作-中国-学术会议-文集 Ⅳ.①K290-53②G237.4-53

中国版本图书馆 CIP 数据核字（2012）第 317796 号

中国地方志学会年鉴工作专业委员会第二届学术研讨会论文集

编　　者 / 中国地方志指导小组办公室
　　　　　　中国地方志学会年鉴工作专业委员会

出 版 人 / 谢寿光
出 版 者 / 社会科学文献出版社
地　　址 / 北京市西城区北三环中路甲29号院3号楼华龙大厦
邮政编码 / 100029

责任部门 / 皮书出版中心（010）59367127　　责任编辑 / 陈　颖
电子信箱 / pishubu@ssap.cn　　　　　　　　责任校对 / 谢　敏
项目统筹 / 陈　颖　　　　　　　　　　　　　责任印制 / 岳　阳
经　　销 / 社会科学文献出版社市场营销中心（010）59367081　59367089
读者服务 / 读者服务中心（010）59367028

印　　装 / 北京季蜂印刷有限公司
开　　本 / 787mm×1092mm　1/16　　　印　张 / 18.75
版　　次 / 2012年12月第1版　　　　　 字　数 / 280千字
印　　次 / 2012年12月第1次印刷
书　　号 / ISBN 978-7-5097-4204-4
定　　价 / 68.00元

本书如有破损、缺页、装订错误，请与本社读者服务中心联系更换

▲ 版权所有　翻印必究